KB190001

행복 외 출입 금지

행복 외 출입 금지

초판 1쇄 발행일 2025년 3월 10일

지은이 정일섭
펴낸이 양옥매
디자인 송다희 표지혜
교　정 조준경
마케팅 송용호

펴낸곳 도서출판 책과나무
출판등록 제2012-000376
주소 서울특별시 마포구 방울내로 79 이노빌딩 302호
대표전화 02.372.1537　**팩스** 02.372.1538
이메일 booknamu2007@naver.com
홈페이지 www.booknamu.com
ISBN 979-11-6752-594-9 (03100)

내 마음속 행복을 찾아 떠나는 지혜의 여행

행복 외 출입 금지

정일섭 지음

추천사

누구나 행복한 삶을 꿈꿉니다. 하지만 삶이 행복하다는 사람은 드뭅니다. 그럼에도 불행에서 벗어나고자 행동하는 사람은 적습니다. 방법을 잘 모르기 때문입니다.

《행복 외 출입 금지》는 인생이라는 망망대해에서 행복으로 가는 길을 찾고 싶은 분들을 위한 책입니다. 30년 이상 사회생활을 한 생활인으로 삶 속에서 얻은 깨달음을 담은 글이라 내용이 아주 구체적입니다.

경쟁 사회에서 행복해지려면 마음을 낮추라고 합니다. 초조해하는 대신 '발효의 과정'을 즐기면서 기다리는 마음을 가지라는 겁니다. 나아가 노력 끝에 얻게 되는 모든 결과는 배움이자 성장의 거름이며 새로운 기회를 열어 주는 도구임을 잊지 말라고 합니다.

성공을 원한다면 웃으라고 합니다. 웃는 사람이 성공한 사람이라는 겁니다. 범사에 감사하면 행복한 마음이 저절로 따라오고 자주 웃게 된다고 합니다. 또한 작은 원칙이라도 지키며 살 것을 권합니다. 그런 사람들이 세상을 구하는 사람들이라고 합니다.

《행복 외 출입 금지》에는 삼법인, 사성제 등 불교의 핵심 교리와 가르침도 쉬운 말로 잘 설명되어 있습니다. 저자에게 나침반은 불교입니다. 하지만 부처님과 선지식은 물론 동서양 현자들의 말을 빌려 현대인들에게 행복해지는 방법을 제시합니다. 불교의 가르침이 뼈대지만 책은 노장사상을 포함해 동서양의 철학을 넘나듭니다.

무엇보다 이 책에는 지구를 다녀간 성자와 현자들이 남긴 주옥같은 가르침이 사전처럼 빼곡히 들어 있습니다. 어느 한 구절이라도 인연이 되어 독자에게 도움이 되기를 바라는 마음에서입니다. 행복한 삶을 바라지만 방법을 모르는 이들에게 작은 도움이라도 되길 바란다는 마음이 담긴 글은 또 얼마나 따뜻한지.

위로가 필요한 분들, 행복하고 싶은 분들, 삶의 의미를 알고 싶은 분들에게 일독을 권합니다.

2025년 3월

권복기 명상 콘텐츠 기업 아시웨이브 대표 | 전 한겨레신문 수행 담당 기자

머리말

복잡한 세상, 경쟁에 지친 현대인은 어떻게 사는 것이 잘 사는 것인지, 어떤 삶이 가치 있는 것인지를 고민하고 있습니다. 각자도생의 바다에서 떠돌고 있습니다. 젊은 세대는 젊은 세대대로, 노년 세대는 노년 세대대로, 그 사이에 낀 세대는 낀 세대대로 마음고생이 심할 수밖에 없습니다.

지친 인생에 대한 위로, 무상한 세상에 대한 지혜, 인생의 의문에 대한 해답을 함께 찾아 나가고자 합니다. 함께 힐링하고, 함께 여행해 보고자 합시다. 당나라 시인 한산은 "자기 마음속에 귀중한 보물이 있음을 알지 못하면, 눈먼 나귀가 걷는 대로 따라가는 것처럼 위험하다."라고 하였습니다. 로마의 철학자 마르쿠스 아우렐리우스는 "행복하기 위해서 우리에게 필요한 것은 거의 없다."라고 하였습니다. 로마의 철학자 세네카도 "당신의 가장 큰 문제는 바로 당신 자신이다."라고 하였습니다.

세네카의 말대로 우리가 바라는 행복은 바깥에 있는 것이 아니라 내 안에 있는 것임을 알게 되었습니다. 현대인은 채울 줄은 알고 비울 줄은 모른다고 합니다. 마음은 반대입니다. 내려놓았는데 더 충만해지고, 더 부자가 되는 것입니다. 내려놓으면 거기가 행복의 자리입니다. 내 마음속으로 들어가 고요해집시다. 나를 낮추면 그 자리에 사랑이 흘러 들어옵니다. 행복 이외에는 출입 금지시킵시다. 함께 행복을 찾아 여행을 떠나 봅시다.

인생의 길을 묻는 젊은 세대, 아이들 문제로 고민하는 부부, 하루하루가 스트레스인 직장인, 은퇴하고 마음이 허전한 분들에게 이 책이 힐링이 되고, 마음에 작은 위로라도 줄 수 있다면 더 이상의 기쁨이 없겠습니다. 이 책에 쓸 만한 내용이 있다면 모두 선지식의 말씀이고, 잘못된 내용이 있다면 모두 제대로 이해하지 못한 제 허물이니, 눈 밝은 선지식의 넓은 혜량을 바랍니다.

퇴직 후 책만 읽는 남편을 아무 말 없이 묵묵히 이해해 준 인생의 동반자 김미경 님과 언제나 사랑으로 응원해 주시는 가족, 친구, 직장 동료, 선후배님들에게도 감사의 말씀을 올립니다. 아울러 바쁜 가운데서도 추천의 글을 써 준 중앙일보 이현상 논설 주간님과 명상 콘텐츠 기업 아시웨이브 권복기 대표님께도 심심한 감사의 말씀을 드립니다.

2025년 3월

정일섭

차례

제3장 초원의 빛, 꽃의 영광

제4장 마음이 머무는 곳

제5장 연꽃 향기 바람에 날리고

제6장 산은 산, 물은 물

제1장

행복 외 출입 금지

고독한 미식가

일본 드라마 중에 《고독한 미식가》라는 프로그램이 있습니다. 먹는 것에서 자유로움과 치유를 느끼는 사람의 이야기입니다. '고로'라는 사람이 일을 마치고 허기를 느껴 여기저기 맛집을 찾아다닙니다. 그리고 음식을 맛보면서 희열을 느낍니다. 그 희열을 독백으로 표현합니다. 드라마를 보는 사람도 대리만족을 느낍니다. 고로 씨는 혼자서 먹습니다. 그래서 고독합니다. 먹는 데서 치유를 받습니다. 마치 현대인의 고독한 인생을 비유하는 것 같습니다. 드라마에서는 식당에 혼자 가서 먹어도 전혀 차별받지 않습니다. 거기에서 자기만족의 위로를 받습니다. 고독한 고로 씨의 위로처입니다. 우리에게는 그러한 위로처가 있을까요?

지방 근무 중에 혼자 관광하고 식당에 들렀습니다. 그런데 1인분은 팔지 않는다고 문전박대를 당했습니다. 그것도 두 군데씩이나 말이지요. 그래서 슈퍼에서 빵으로 점심을 때운 기억이 있습니다. 이제는 요령이 생겨서 아예 2인분을 주문합니다. 문전박대를 받지 않기 위해서 2인분을 먹습니다. 고로 씨가 상징하는 것은 독백 외에도 있습니다. 항상 우롱차를 마신다는 것입니다. 우롱차 하면 고로 씨입니다. 원작자인 쿠스미 씨도 나중에 나오는데 쿠스미 씨는 항상 맥주를 마십니다. 본인도 TV에서 맥주를 마시는 것이 멋쩍던지 맥주를 항상 음료수라고 하면서 마십니다. 고로 씨는 우롱차에서 치유를 받고, 쿠스미 씨는 맥주에서 위로를 받습니다.

나는 무엇에서 위로를 받을까요?

어떤 사람은 하얀 소주에서 위로를 받고, 어떤 사람은 편의점 앞 의자에서 먹는 캔맥주에서 위로받고, 어떤 사람은 맛집 투어에서 위로를 받습니다. 술을 잘 못 마시는 저는 커피에서 위로를 받습니다. 그래서 저와 같은 사람이 많은지 우리나라 사람들의 커피 사랑은 유별납니다. 한 집 건너 한 집은 커피집입니다. 이젠 통닭집의 백 배는 많은 것 같습니다. 그래서 밤에는 삼겹살에 소주 한 잔이, 낮에는 아이스 아메리카노 한 잔이 현대인의 위로처일 것입니다. 시인 안도현은 〈퇴근길〉이라는 시에서 "삼겹살에 소주 한 잔 없다면 아, 이것마저 없다면"[1]이라고 하였습니다. 시인 황지우는 〈거룩한 식사〉라는 시에서 "나이 든 남자가 혼자 밥 먹을 때 울컥, 하고 올라오는 것이 있다"[2]라고 하였습니다.

그만큼 현대인은 고독합니다. 매일 다른 것은 안 봐도 《고독한 미식가》 재방송을 보는 이유는 고독을 나누고 싶기 때문일 것입니다. 고독하고 소외된 현대인이 살아갈 수 있는 길은 서로 위로하고 위로

받으며 살아가는 것입니다. 사랑은 나누면 커지지만, 고독은 나누면 희석이 됩니다. 나만 고독한 것이 아닙니다. 그도 고독하고, 그녀도 고독하고, 현대인은 모두 고독하다고 물타기 하면 훨씬 마음이 편합니다. 이 세상 나 혼자 고독하지 않습니다. 그래서 위로가 됩니다. 시를 읽으면 고독이 치유되는 이유는 시인은 특히 고독하기 때문입니다. 그래서 시를 읽으면 다소 위안이 되는 것입니다. 오늘 고독하다면 고독의 물타기를 시도해 보는 것도 좋습니다. 이 세상에 나만큼 고독한 사람이 있음을 알고 나면 흐뭇한 미소가 번질 것입니다. 세상 살아갈 힘을 얻을 것입니다.

500원짜리 맥심커피

시집(詩集)을 읽다 보면 시 한마디가 가슴을 찌릅니다. 안도현 시인의 〈너에게 묻는다〉라는 시가 있습니다. "연탄재 함부로 발로 차지 마라 너는 누구에게 한 번이라도 뜨거운 사람이었느냐"[3] 나는 언제 누구에게 한 번 뜨겁지는 못해도 따뜻한 사람이었는지 묻게 됩니다. 시장 상인들이 돌려 마시는 500원짜리 맥심커피보다 못한 인생을 살지 않았나 후회됩니다.

성공을 좇던 때가 있었습니다. 성공을 좇았으나 성공을 잡을 수가 없었습니다. 마치 나를 향해 달려오는 것 같던 말이 내 앞을 싹 지나가 버리듯이, 성공은 잡히지 않는 것이었습니다. 내 인생도 잡히지 않는 것이었습니다. 잡으려고 하면 손에서 모래가 빠져나가듯이 스르르 빠져나가는 것이었습니다. 성공도, 인생도, 시간도 잡는 것이 아니었습니다. 성공도 놓아주는 것이고, 인생도 놓아주는 것임을 뒤늦게 알게 되었습니다. 그것은 그것의 길로, 나는 나의 길로 가는 것입니다. 그래서 이제 잡을 수 없는 것은 놓아주어야 하는 것임을 알았습니다.

살아 보니 500원짜리 맥심커피보다 나은 삶만 살면 되는 것이었습니다. 살아 보니 인생에 뭐 거창한 것이 있는 것이 아니었습니다. 연탄재같이 누구에게 따뜻함을 줄 수 있으면, 그것으로 연탄재도 최선을 다한 것이고, 내 인생도 최선을 다한 것입니다. 《채근담》에 "사람이 좋은 말과 좋은 일을 하지 않으면 백 년을 살아도 흡사 하루를 산 것도 같지 않다(士君子 幸列頭角復遇溫飽 不思立好言行好事 雖是在世百年 恰似未生一日)."라고 하였습니다.

마더 테레사 수녀(Mother Teresa)는 "우리의 가난한 이웃은 오늘 빵 한 조각과 물 한 잔이 필요하다."라고 하였습니다. 그들에게 빵 한 조각과 물 한 잔이면 충분합니다. 누군가에게 따뜻한 빵 한 조각, 물 한 잔이 된다면 더 무엇이 필요할까요? 내 인생도 그것이면 충분할 것입니다.

열두 광주리

삭막한 현실에서 그래도 위안이 되는 것은 사랑이 있기 때문입니다. 무상한 세상에 빛이 있는 것은 변치 않는 우정, 사랑, 진리, 믿음이 있기 때문입니다. 일본의 선사 스즈키 다이세쓰(鈴木大拙)는 "차별의 세계가 참다운 의미를 가지게 되는 것은 무차별의 광명에 비치어 부수어질 때"[4]라고 하였습니다. 서로에 대한 사랑, 진리에 대한 믿음, 절대적 존재에 대한 믿음과 사랑이 있기에 어두운 세상에 기댈 곳이 있는 것입니다. 그렇지 않다면 사바세계(娑婆世界)에서 어디에 기댈 곳이 있겠습니까? 부처님은 법(法)에 기대라고 하였고, 예수님은 사랑에 기대라고 하였습니다. 공자(孔子)님은 인(仁)에 기대라고 하였고, 노자는 무위(無爲)에 기대라고 하였습니다. 법, 인, 무위는 사랑의 다른 말입니다. 말은 달라도 같은 내용입니다. 진리라는 같은 길입니다.

세상에서 의미를 가지는 것은 재물이나 지위, 명예가 아닙니다. 이러한 것들은 아침 이슬처럼 사라질 것입니다. 오래갈 수 없습니다. 세상에 사랑이 있어서 의지가 되고, 등불이 되고, 희망이 되는 것입니다. 삶에서 사랑을 찾고, 발견하고, 실현하는 가운데 삶이 의미가 있는 것입니다. 계곡의 물소리, 바람 소리가 부처의 설법, 도(道)라고 합니다. 물소리, 바람 소리에는 아무런 욕심이 없습니다. 그래서 무차별의 도라고 하는 것입니다. 대숲을 스치는 바람 소리에 무슨 욕심이 있겠습니까? 그 청정함은 아무것도 더 필요하지 않습니다. 청정한 바람 소리, 그것이면 충분합니다. 계곡을 흐르는 물소리면 충분합니다.

그 이상 바랄 것은 없습니다. 그 이상은 욕심입니다. 인생에서 사랑, 자비 외에 필요한 것은 없습니다. 거기에 기대어 살아갑니다. 어두운 세상을 밝혀 주는 사랑의 등불이 있기에 거기에 기대어 살아갑니다. 장 루슬로(Jean Rousselot)는 만일 빵이 부족하고 세상이 춥다면 그것은 사람들이 너무 작은 심장을 가졌기 때문이라고 하였습니다.

《성경》에 '빵 다섯 개와 물고기 두 마리(五餠二魚)'로 오천 명이 배불리 먹었는데, 먹고 남은 것을 모았더니 열두 광주리가 남았다고 합니다. 그 불가사의 한 일이 사랑입니다. 내 것을 내어 주는 것이 사랑입니다. 세상에는 사랑이 숨겨져 있는 것입니다. 모두의 가슴 속에는 사랑의 등불이 숨겨져 있습니다. 내가 몰라도 내 가슴속에는 사랑이 숨겨져 있습니다. 그것을 내어놓으면 됩니다. 그것이 열두 광주리가 되는 것입니다. 열두 광주리의 사랑이 되는 것입니다.

현대인의 공허

현대인은 무언가 끊임없이 하려고 합니다. 무언가 하지 않으면 뒤떨어지는 것 같고 낙오하는 것 같습니다. "너 요즘 무슨 일 하니?" 누구를 만나면 처음 묻는 말입니다. 일하는 것이 사람을 규정하는 것이 현대사회입니다. "당신은 누구입니까?" 하고 물으면 "나는 직업이 무엇입니다."라고 대답합니다. 현대인은 사람을 처음 만날 때 직업이 무엇인지를 가장 궁금해합니다. 자신도 자신의 직업을 자신과 동일시합니다. 그리고 두 번째로 궁금해하는 것이 어디에 사느냐 하는 것입니다. 첫 번째가 직업이고, 두 번째가 재산입니다. 그래서 직업에, 재산에, 돈에, 물질에 집착합니다. 행복은 물질에 있다고 생각합니다. 그러다가 어느덧 물질이 주인이고, 사람은 물질의 노예가 되는 것입니다.

북미 크리족 언디언은 말합니다. "마지막 나무가, 마지막 강이, 마지막 물고기가 사라지고, 더럽혀지고, 잡힌 후에야 깨닫게 되리라. 돈을 먹고 살 수 없다는 것을"[5] 인간은 왜 공허한가요? 뭔가를 좇기 때문에 공허한 것입니다. 무언가를 좇는 사람은 공허한 사람이고, 공허한 사람은 계속 무언가를 좇고 있습니다. 그림자를 좇고 있는 것입니다. 공허한 공간을 무언가로 채우고 싶은 것입니다. 그러나 모든 것은 그 자리에 있습니다. 급한 것은 마음입니다. 빨리빨리 얻고자 하는 조급한 마음입니다. 무언가 채우지 못했다는 초조한 마음이 공허함을 불러옵니다. 《죽음의 수용소에서》를 쓴 오스트리아 정신과 의사 빅터 프랭클(Viktor Emil Frankl)은 현대인은 실존적 공허를 메우기 위해 권력과 돈과 쾌락을 추구한다고 합니다.

《한비자》라는 책에서 환공이 관중에게 "부(富)에는 끝이 있느냐?" 고 묻습니다. 이에 대해 관중은 "물가에는 물이 없습니다."라고 대답합니다. 사람이 스스로 만족할 수 없다면 부의 끝이란 없다는 이야기입니다. 현재 이대로, 가진 것 그대로 자족한다면 공허하지 않습니다. 자족하지 않으니 공허하고, 끝없이 무언가를 추구하는 것입니다. 무언가를 잃어버린 것 같고, 남들이 하는 무언가를 나는 하지 않고 있는 것 같습니다. 그런데 다른 사람도 같은 생각을 합니다. 아무것도 하지 않으면 자신만 뭔가 뒤떨어진 것 같은 느낌입니다. 현재에 만족하지 못하고 과거로, 미래로 헤맬 때 사람은 공허해집니다. 과거나 미래는 실체가 없습니다. 물질도 실체가 없습니다. 실체가 없으니 잡을 수도 없는 것입니다. 잡을 수 없는 것을 잡으려고 하는 것이 공허입니다.

《금강경》에 "범소유상 개시허망(凡所有相 皆是虛妄)"이라고 하였습니다. 모든 형상 있는 것은 모두 허망한 것인데 물질로 채우려고 하니 공허한 것입니다. 우리는 원래 잃어버린 것이 없습니다. 잃어버린 것이 없는데 끝없이 찾고 있는 것입니다. 인간은 원래 무상(無常)한 존재입니다. 그래서 '약견제상비상 즉견여래(若見諸相非相 卽見如來)'라고 하였습니다. "모든 형상 있는 것이 영원한 것이 아님을 알면 진리를 본다."라는 말입니다. 물질은 영원하지 않습니다. 영원하지도 않은 물질을 추구하려다 보니 공허한 것입니다. 그래서 〈전도서〉에도"헛되고 헛되며 헛되고 헛되니 모든 것이 헛되도다."라고 하였습니다. 독일 사회학자 게오르크 지멜(Georg Simmel)도 "돈은 단지 최종적 가치로 가는 다리에 불과하다. 사람이 다리 위에서 살 수는 없다."라고 하였습니다. 물질은 다리에 불과한 것입니다. 인간에게 진정한 만족을 줄 수 없는 것입니다.

해 질 무렵 헐벗은 가난한 나환자가 마더 테레사의 집 문을 두드립니다. 그리고 테레사 수녀에게 말합니다. "수녀님, 수녀님이 어디선가 큰 상을 받았다고 들었습니다. 그래서 제가 오늘 구걸해서 번 돈을 선물로 드리기로 마음먹었습니다. 약소하지만 제 선물을 받아주십시오."[6] 우리에게는 큰 사랑이 필요한 것이 아닙니다. 작은 사랑이 필요합니다. 심리학자 세드 J. 길리한은 사랑은 다른 사람과 나누기 위해 우리가 가진 빵의 일부를 포기하는 단순한 행위 속에 있다고 하였습니다.

아시시의 성 프란체스코는 "한 줄기 빛이 어둠을 몰아낼 수 있다."라고 하였습니다. 무상의 바다에는 사랑의 등불이 필요합니다.

마하트마 간디(Mahatma Gandhi)는 “사랑이 있는 곳에 삶이 있다. 사랑이 있는 곳에 신도 있다(Where there is love, there is life. Where love is, there God is also.).”라고 하였습니다. 공허했던 이유를 알았으니, 물질로 공허를 채우려고 하지 말아야 하겠습니다. ‘일등조우(一燈照隅)’라는 말이 있습니다. 하나의 등불이 구석지고 어두운 곳을 밝힌다는 말입니다. 서로가 나누는 가슴속의 작고 따뜻한 사랑의 등불 하나가 현대인의 공허를 채울 수 있습니다.

작화추색도

조맹부(趙孟頫)의 〈작화추색도(鵲華秋色圖)〉라는 그림이 있습니다. 그림을 보면 낚시하는 젊은 남편이 있고 가까운 곳에 집이 보이는데, 그 집 문 앞에 주황색 치마를 입은 아내가 빼꼼히 남편이 고기 잡는 모습을 내다보는 장면이 그려져 있습니다. 부끄러운 듯 아내가 낚시하는 남편의 뒷모습을 쳐다봅니다. 그림이 아니라 인생 같습니다. 우리의 인생도 뒤돌아보면 이 그림같이 아름답지 않겠습니까? 우리의 청춘은 아름답지 않았나요?

청춘은 고됩니다. 해야 할 일도 많고, 가야 할 길은 잘 보이지 않습니다. 수중에 돈도 없습니다. 젊음 하나, 패기 하나, 사랑 하나, 주머니에 넣고 다닙니다. 그러나 지나고 보면 그때가 그립습니다. 건강한 몸이 있고, 이상이 있고, 맑았기 때문입니다. 젊은 부부의 모습을 보면 문명의 발전과 행복은 상관관계가 없는 것 같습니다. 사람의 수명과 행복과도 상관관계가 없는 것 같습니다

원나라 시대의 문명과 사람의 수명은 현재와 비교해 보면 훨씬 낮

고 짧았지만, 그림에서 보이는 젊은 부부의 애틋함은 더 사랑스럽습니다. 행복과 사랑은 애틋함에서 나오는 것 같습니다. 사람은 죽을 때가 되면 정직해진다고 합니다. 애틋하면 무엇이 소중한지 알게 되는 것이죠. 그동안 쌓아 놓았던 지위와 부가 아니라 그동안 쌓았던 사랑이 소중한 것임을 알게 되는 것입니다. 800년도 지난 그림 하나가 잔잔한 감동을 주게 될지 누가 알았겠습니까? 그것도 청춘 남녀의 애틋한 사랑 그림이 말입니다.

행복 외 출입 금지

관공서나 건물에 가면 "출입 금지"라는 문구를 붙여 놓은 곳이 있습니다. 구체적으로 "관계자 외 출입 금지"라든가 "스태프 외 출입 금지"라고 쓰여 있고, 절에 가면 "외부인 출입 금지"라는 표지판도 있습니다. 관계자, 스태프 외의 외부인은 들어오지 말라는 경고 메시지입니다.

우리 인생에도 출입 금지가 있는가요?

일본의 시인 다니카와 슌타로(谷川俊太郎)는 〈봄〉이라는 시에서 "봄 이외에는 출입 금지"[7]라고 노래하였습니다. 우리 인생에도 희망 외 출입 금지, 행복 외 출입 금지라는 표지판을 세워 놓아야 하지 않을까요? 우리는 머릿속으로 온갖 부정적인 시나리오를 잘 만들어 냅니다. 인생에 긍정적인 일만 있는 것도 아니고 부정적인 일도 있기 때문이지요. 하지만 부정적인 시나리오는 결국 부정적인 결말을 가져올 뿐입니다. 그래서 우리들도 건물에 붙여 놓듯이 "행복 외 출입 금지"라는 표지판을 붙여 놓아야 할 것 같습니다.

어디에 붙여 놓느냐고요? 내 마음 곳곳에 붙여 놓아야 합니다. 잊히지 않게 곳곳에 부적처럼 붙여 놓아야 합니다. 그것이 나를 지켜주는 호신부가 될 것입니다. 마치 외부인 출입 금지가 외부인으로부터 나를 지키듯이 행복 외 출입 금지는 불행으로부터 나를 지켜 줄 것이기 때문입니다.

나에게 기쁨과 슬픔이 있다는 것은 내가 기쁨과 슬픔을 가지고 있다는 말입니다. 기쁨과 슬픔은 따로 있고, 나는 그것을 가지기도 하고, 가지지 않기도 하는 것입니다. 내가 기쁨 자체이고 내가 슬픔 자체일 수 있을까요? 언제나 기쁘기만 하고 언제나 슬프기만 한 사람은 없을 것입니다. 나는 기쁨을 가질 수도 있고, 슬픔을 가질 수도 있습니다. 기쁨이 저 멀리서 나를 불러도 나는 외면할 수도 있고, 슬픔이 저 멀리서 나를 불러도 나는 외면할 수 있습니다. 그러므로 기쁨이 나를 부르면 맨발로 달려 나가고, 슬픔이 나를 부르면 못 본 척하십시오. 기쁨 이외에는 항상 출입 금지시키면 슬픔은 함부로 들어오지 못할 것입니다.

항상 기뻐하려면 기쁨 이외에는 출입 금지시키면 됩니다. 절 입구에 사천왕이 막고 있듯이 내 집의 입구에는 기쁨만 통과시키세요. 집에 들어오기 전에 근심과 걱정은 모두 밖에 털어놓고 들어오세요. 행복 이외에는 출입 금지시키세요. 그러면 늘 행복한 가정이 될 것입니다.

행복의 꽃길

세상에는 없는 것이 많이 있는데 특히 알아야 할 없는 것은 "감사하지 않을 일이 없다."는 것입니다. 모든 것은 감사의 대상이 되는 것이지요. 감사는 수용입니다. 감사해야 받아들이고, 기회로 활용할 수 있습니다. 어떤 것을 받아들이지 않고서 그것에서 배우거나 활용할 수는 없습니다. 받아들여야 피가 되고 살이 되는 것과 같습니다. 수용은 그다음 단계로 올라가기 위한 첫 단계입니다. 수용하고 나면 더욱더 자신에게 집중할 수 있습니다. 현재에 집중하는 것이 인생을 제대로 사는 것입니다. 현재라는 광산에서 행복이라는 보물을 캐서 나누는 것이 인생을 제대로 사는 것입니다. 그래서 우리는 현재라는 광산에서 열심히 행복이라는 다이아몬드를 캐내야 하는 것입니다.

행복은 여기저기에 있습니다. 보지 못할 뿐입니다. 독일의 심리상담가 자브리나 플라이슈(Sabrina Fleisch)는 "나누면 나눌수록 늘어나는 것이 행복이다."[8]라고 하였습니다. 행복은 나누면 늘어나고, 슬픔은 나누면 줄어듭니다. 행복은 나눔을 먹고 자라는 나무입니다. 심지

어 행복을 나누면 더 행복해집니다. 기쁨을 나누면 더 기뻐집니다. 웃음을 나누면 모두 행복해집니다. 행복을 키우려면 행복을 나누어야 하는 것입니다. 일본 초등학교 1학년《국어》교과서에 오카 노부코(岡信子)의 〈꽃길(はなのみち)〉이라는 동화가 실려 있습니다.[9] 곰 아저씨가 길을 가다가 주머니 하나를 발견했습니다. 곰 아저씨가 주머니를 둘러매고 다람쥐 친구에게 물으러 갔습니다. 곰 아저씨가 주머니를 열자, 주머니에는 아무것도 없었습니다. 주머니에 구멍이 나 있었던 것입니다. 이윽고 따뜻한 바람이 불기 시작했고, 길고 긴 한 줄기 꽃길이 생겨났다는 이야기입니다.

곰 아저씨가 다람쥐 친구에게 들고 간 구멍 난 주머니에 꽃씨가 들어 있었던 것입니다. 구멍 난 주머니에서 꽃씨가 뿌려진 것입니다. 곰 아저씨가 다람쥐 친구에게 가면서 뿌린 꽃씨가 봄이 되자 아름다운 꽃을 피운 것입니다. 곰 아저씨가 걸어간 길이 꽃길로 변한 것입니다. 물지게꾼이 구멍 뚫린 물통을 지고 지나간 자리에 꽃이 핀 것과 같습니다. 꽃씨를 흘리고 간 자리에 꽃이 핍니다. 사랑을 흘리고 간 자리에 사랑의 꽃이 피어납니다. 우리가 지나간 길에 흘린 것이 사랑이었으면 좋겠습니다. 우리가 걸어간 길도 행복의 꽃길이 되었으면 좋겠습니다.

파랑새는 어디에 있나요

《파랑새(L'Oiseau Bleu)》라는 동화가 있습니다. 벨기에의 셰익스피어라는 모리스 마테를링크(Maurice Maeterlinck)의 희곡입니다. 어느 크리스마스이브 밤, 가난한 나무꾼의 어린 남매 틸틸(Tyltyl)과 미틸(Mytyl)은 자신의 아픈 딸을 위해 파랑새를 찾아 달라는 요술쟁이 할머니의 부탁을 받고 꿈의 세계로 떠났지만, 파랑새를 찾지 못합니다. 잠에서 깨어난 남매는 파랑새가 자신들의 집 새장 안에 있었다는 사실을 깨닫는다는 이야기입니다. 행복은 먼 곳에 있는 것이 아니라 늘 가까운 곳에 있다는 것을 가르쳐 주는 동화입니다.

그런데 '파랑새 증후군(Bluebird syndrome)'이라는 것이 있습니다. 현재의 삶에 만족하지 못하고, 늘 다른 어딘가에 행복이 있을 것이라고 찾아 헤매는 증상을 말합니다. 누구나 재산을 쌓고, 높은 지위에 오르기를 원합니다. 파랑새를 좇고 있는 것입니다. 그러나 파랑새는 산 위에 있는 것이 아닙니다. 파랑새는 누구나 볼 수 있고 찾을 수 있게 낮은 곳에 있습니다. 파랑새를 보려고 산 정상에 가면 파랑새를 볼 수 없습니다. 세상에서 가장 낮은 자리에 파랑새는 있습니다. 자신을 아래로, 아래로 낮추는 사람이 파랑새를 볼 수 있습니다. 마더 테레사 수녀님처럼 말이지요.

낮은 길은 평안함을 줍니다. 낮게 배열된 건축물과 물건은 평안함을 주고 높게 배열된 건축물과 물건들은 위압감을 줍니다. 로마의 신전은 높게 건축되어 있어 위압감을 줍니다. 대신 낮은 길이나 낮은 출입구는 편안함을 줍니다. 낮은 돌담이나 낮은 꽃들은 정겨움을 줍니다. 작고 낮은 것들은 안도감을 줍니다. 그래서 작은 강아지, 고양이, 화초를 키우는 것인지도 모릅니다. 집 안에서도 평안함을 느끼려면 모든 것을 낮게 배치하면 평안함을 느낄 것입니다. 옛날 다방에 가면 소파가 매우 낮았습니다. 바닥에 거의 붙어 있어서 거의 누울 수도 있게 되어 있었습니다. 낮은 조명도 자신의 몸과 마음을 낮출 수 있게 해 주었습니다. 낮은 곳은 자신도 낮추게 합니다. 어떤 식당에서는 주문받을 때 담당자가 몸을 낮추어서 주문받습니다. 주문자를 높이는 것이지요. 그런데 주문자가 낮게 자리한 담당자에게 자신을 낮추어 주문을 하면 더 편안함을 느낍니다. 자신을 낮추면 더 편안해지는 것입니다.

일본에서는 차를 마실 때 다실의 출입구를 낮게 합니다. 자신을 낮추고 들어오라는 의미입니다. 그리고 다실을 작고, 좁게 만듭니다. 작고 좁을수록 편안함을 느끼고 집중하기 때문입니다. 작고 좁을수록 집중이 더 잘됩니다. 사물이 작을수록 사람은 더 커지고, 더 소중해집니다. 크고 넓은 것이 꼭 좋은 것은 아닙니다. 나에게 다가

가기는 작고 좁은 것이 좋습니다. 그래서 고해실도 좁은지 모르겠습니다. 우리 마음이, 영혼이 필요로 하는 것은 크고 넓은 것이 아니라, 작고 좁은 것입니다. 작고 소박할수록 우리 영혼에 더 가까이 다가갈 수 있습니다. 내 영혼을 편안하게 쉬게 하는 것은 한 평이면 족할 것입니다. 크면 클수록 내 영혼은 편히 쉬지 못합니다.

세상을 구하는 것은 작은 사람입니다. 큰 꿈을 가지고, 거짓말하고, 사기 치는 사람보다 조그마한 원칙을 지키는 사람이 세상을 구하는 사람입니다. 이 세상을 구하는 사람은 낮은 곳에서, 작게, 소리 없이 살아가는 사람들입니다. 마더 테레사 수녀는 "만약 당신이 하나의 위대한 일을 이루고자 한다면 그것은 불가능하다는 것을 알게 될 것입니다. 당신은 큰 사랑이 아주 작은 많은 일들을 할 수 있다는 것을 알게 될 것입니다(If you try, you will find it impossible to do one great thing. You can do many small things with great love.)."라고 하였습니다. 김영미 시인의 〈붕어빵〉[10]이라는 시가 있습니다. 세 개 천 원 하는 붕어빵이 한 개 사면 삼백 원입니다. 한 개 사는 가난한 사람에게는 할인해서 삼백 원이랍니다. 파랑새는 작고 낮게 있어서 잘 보이지 않습니다. 그러나 자세히 보면 보입니다. 행복의 파랑새는 손이 닿는 가까운 곳에 있습니다.

부자와 웃음

"웃음은 최고의 보약(Laugh is the best medicine.)"이라는 말이 있습니다. 웃음이 몸과 마음을 치료하는 최고의 명약입니다. 웃음은 돈을 주고 살 수가 없습니다. 부자는 더 많이 웃을 수 있고, 가난한 사람은 웃을 수 없는 것이 아닙니다. 웃음은 평등합니다. 빈부귀천 없이 누구나 웃을 수 있습니다. 그러나 오늘날은 숨만 쉬어도 돈이 나간다는 시대입니다. 웃음을 돈을 주고 사야 한다면 어떻게 될까요?

돈이 없어서 웃을 수 없다면 사람들은 웃음을 사기 위하여 죽도록 일할 것입니다. 웃기 위해서 열심히 벌 것입니다. 그래서 30초짜리 웃음, 1분짜리 웃음을 사서 마음껏 웃으려 할 것입니다. 사람이 마음대로 웃을 수 없다면 얼마나 답답하겠습니까? 가족과 웃을 수 있는 것이 가장 큰 행복이 될 것입니다. 세상에서 가장 부자는 마음껏 웃을 수 있는 사람이고, 가난한 사람은 웃을 수 없는 사람일 것입니다. 천국과 지옥의 차이는 천국에는 웃음이 있고, 지옥에는 웃음이 없다는 것입니다.

이렇게 생각한다면 웃을 수 있으니 얼마나 다행한 일입니까? 웃음을 돈을 주고 사지 않아도 되니 실컷 웃을 일입니다. 웃을 수 있으면 천국에 사는 것입니다. 우리는 웃음이 공짜여서 웃음의 가치를 과소평가하고 있는 것입니다. 공기가 없으면 살 수 없듯이 웃음이 없으면 살 수 없습니다. 《채근담(菜根譚)》에 "천지도 따뜻한 기운이 없으면 하루라도 존재하지 못하는 것처럼, 사람의 마음에도 하루라도 기쁨이 없어서는 살 수가 없다(可見天地不可一日無和氣 人心不可一日無喜神)."라고 하였습니다. 미국 시인 엘라 윌러 일콕스(Ella Wheeler Wilcox)는 〈고독(Solitude)〉이라는 시에서 "웃어라, 그러면 세상이 너와 함께 웃는다. 울어라, 그러면 너 혼자 울게 될 것이다."라고 하였습니다.

만해 한용운 선생은 "동해에 이는 파도 하나도 똑같은 것이 없으니 세상사 분개할 일이 없다."라고 하였고, 조선 시대 부휴 선수(浮休 善修) 스님은 "바람에 꽃 떨어지니 강호에 봄이 다하고, 저물녘 한가한 구름이 푸른 허공을 지나가는구나. 그것을 보다가 인간사 헛된 것을 깨달으니, 한바탕 웃음으로 세상만사 모두 잊는다(江湖春盡洛花風 日暮閑雲過碧空 憑渠料得人間幻 萬事都忘一笑中)."[11]라고 하였습니다. 세상사 헛됨을 깨닫는다면 분개할 일도 없고, 한바탕 웃음으로 넘길 수 없는 일도 없습니다. 당나라 시인 백거이(白居易)도 "전광석화처럼 짧은 삶인데 달팽이 뿔 같은 세상에서 무엇을 다투는가, 부유하면 부유한 대로 가난하면 가난한 대로 즐거움이 있으니, 입 열어 웃지 않으면 어리석은 사람이네(蝸牛角上爭何事 石火光中寄此身 隨富隨貧

且歡樂 不開口笑是癡人).”라고 하였습니다. 웃지 않으면 어리석은 사람입니다. 미국의 심리학자 윌리엄 제임스(William James)는 “행복해서 웃는 것이 아니라, 웃기 때문에 행복한 것이다(We don't laugh because we're happy, we're happy because We laugh.).”라고 하였습니다.

웃음은 천지, 우주의 운행 법칙과 같은 것입니다. 비나 눈이 땅을 가려서 내리지 않듯이 웃음도 사람을 가리지 않습니다. 그러나 누구나 웃을 수 있지만 아는 사람만 웃을 수 있습니다. 찰리 채플린(Charles Chaplin)은 “우리 삶에서 가장 의미 없는 날은 웃지 않은 날”이라고 말했습니다. 웃음은 신이 주신 치유의 식량입니다. 누군가 웃는다면 신이 주신 선물을 받은 것입니다. 니체(Friedrich Wilhelm Nietzsche)는 “웃음이 없는 진리는 진리가 아니다.”라고 하였습니다. 미소가 없는 모나리자는 모나리자가 아닙니다. 웃음과 함께하는 사람은 신과 진리와 함께하는 사람입니다. 신이 나누어 주신, 진리가 보내 준 웃음이라는 선물을 감사히 받아야 할 것입니다. 웃으면 복이 들어온다고 합니다(笑門萬福來). 웃음은 무한합니다. 제한이 없습니다. 복이 없다고 탓하지 말고 웃어서 무진장의 복을 받읍시다. 웃음에 돈 받기 전에 실컷 웃어야 하겠습니다. 언제 봉이 김선달이 나와서 웃음값을 받을지 모릅니다. 웃음이 공짜일 때 실컷 웃읍시다. 하하하하….

호흡 명상

산에 자신을 버렸다는 박상설 선생은 "남들에게는 목표가 있겠지만 나는 숨 쉬는 것만으로 족하다."[12]라고 합니다. 틱낫한(Thich Nhat Hanh) 스님도 "우리가 살아 있다는 것이 좋은 소식이다."라고 하였습니다. 참으로 낮은 목표이지만 가장 중요한 목표입니다. 숨 쉬는 것보다 더 중요한 것은 없습니다. 사람은 숨을 쉬어야 살 수 있습니다. 숨만 잘 쉬어도 성공적인 인생을 사는 것입니다. 숨을 잘 쉬면 분노도, 어리석음도, 탐욕도 쫓아낼 수 있습니다. 목숨은 숨과 숨 사이에 있다고 합니다. 인생도 숨과 숨 사이에 있는 것입니다. 붓다(Gautama Buddha)도 숨쉬기를 통해서 깨달음에 이른다고 하였습니다. 망상을 없애는 데는 숨쉬기만 한 것이 없습니다. 망상을 없애기는 매우 어렵습니다. 그러나 망상은 복잡한 이론이 아니라 단순한 숨쉬기 하나에 무너집니다.

삶과 죽음은 해가 뜨고 지는 것과 같다고 합니다. 인간은 덧없는 것들이 영원하다고 속아서 살아가고 있습니다. 숨 쉬는 것이 목표가 되면 다른 것들이 사람의 마음을 흔들지 못합니다. 왜냐하면 숨만 쉬어도 행복하기 때문에 다른 것들이 행복을 방해하지 못합니다. 행복은 이렇게 단순한 것에 있습니다. 가까이 있는 것입니다. 복잡한 이론도 필요 없고, 워크숍도 필요가 없습니다. 숨쉬기는 나를 내려놓는 것입니다. 숨을 들이쉬면서 우주를 마시고, 숨을 내쉬면서 우주에 나를 내보내는 것입니다. 우주와 교류하는 것입니다. 우주의 에너지로 자신을 정화하는 것입니다. 숨만 잘 쉬어도 걱정, 괴로움을 연기처럼 없애고 지극히 행복해질 수 있습니다.

불교 수행법에 호흡 명상이 있습니다. 숨을 들이쉬고 내쉴 때 숫자를 세는 것입니다. 숨을 들이쉬거나 내쉴 때 숫자를 세거나, 숨을 들이쉴 때와 내쉴 때 모두 숫자를 세는 것입니다. 동국대학교에서 강의하시는 정운 스님이 권하는 호흡 명상이 있어서 소개하고자 합니다.

"눈을 감습니다. 내가 웃는 얼굴을 하고 있는지, 찌푸린 얼굴을 하고 있는지 확인합니다. 찌푸린 얼굴이면 미소 띤 얼굴로 바꿉니다. 명상하고 있는 현재 이 순간이 행복하다고 느낍니다. 숨을 내쉬면서 하나, 들이쉬면서 둘, 다시 내쉬면서 셋 하면서 열까지 셉니다. 열까지 세는 것을 적어도 3번이나 5번 정도를 반복합니다."[13]

이 명상법은 정운 스님이 마음을 가라앉히고 마음을 고요히 하는 데 매우 효과적이어서 처음 명상을 하는 사람들에게 추천하는 명상법입니다. 명상을 처음 접하시는 분들은 한번 해 볼 만한 것으로 생각되어 소개해 봅니다. 정운 스님의 명상 내용 중 "내가 웃는 얼굴을 하고 있는지 확인해 본 후 미소 띤 얼굴로 바꾼다."라는 내용이 인상적입니다. 나는 하루에 몇 번 웃는 얼굴을 하고 있는지, 찌푸린 얼굴을 하고 있지는 않은지 반성하게 되었습니다. 인상 쓰며 명상하는 것은 의미가 없기 때문입니다. 인상 쓰는 인생은 성공한 인생이 아닐 것입니다.

또한 나는 얼마나 감사하는 마음으로 살아가고 있는가도 반성하게 됩니다. 찌푸린 얼굴로 감사하지는 않을 테니까요. 찌푸린 얼굴을 환한 얼굴로 바꾸면 마음도 즐거워집니다. 살다 보면 얼굴이 굳어집니다. 마치 성난 사람 같지요. 명상이 내 찌푸린 얼굴을 미소 짓는 얼굴, 환한 얼굴, 행복한 얼굴로 바꾸어 준다면 매일 해야 할 것입니다. 웃기만 해도 명상은 성공입니다. 웃는 얼굴이 성공한 얼굴입니다. 웃는 얼굴에 행복이 찾아옵니다. 그렇다면 명상이 성공과 행복을 가져다주는 것입니다. 거기에 더해 마음의 평안도 가져다주니 일석삼조(一石三鳥)입니다.

인생 진면목

사람은 누구나 성공하고 싶고, 행복하기를 바랍니다. 그래서 현대인은 바쁩니다. 두 마리 토끼를 한꺼번에 잡기 위해서 바쁘게 움직입니다. 그러나 성공에 몰입하다 보면 행복은 저 멀리 있고, 행복을 좇다 보면 성공은 저 멀리 있는 것입니다. 그래서 선택한 방법이 성공할 때까지 행복을 담보 잡히고, 성공한 후에 행복하게 살면 된다고 이를 악물고 성공을 향해 달립니다. 그런데 성공하면 행복할 줄 알았는데 성공해도 행복하지 않습니다. 성공했다고 생각했지만, 성공도 오래가는 것이 아니었습니다. 성공하고 나면 내려와야 합니다. 성공은 성공이고, 행복은 행복입니다. 성공 따로, 행복 따로입니다. 따로국밥입니다. 결국 성공도, 행복도 제대로 느끼지 못하고 늙어 버립니다.

그래서 지금, 현재를 즐기고 행복에 열중합니다. "성공이 행복이 아니야, 지금 즐거운 것이 최고야."라고 생각합니다. 그러다 보니 뭔가 대열에 밀리는 듯한 느낌이 듭니다. 잘나가는 친구, 선배, 동료들을 보면 주눅이 들고, 나는 잘 살아가고 있는지 회의도 듭니다.

어떻게 사는 것이 맞는 것인지 의문이 들게 됩니다. 인생을 성공 아니면 행복으로 이분하기 때문에 이러한 혼란이 오는 것입니다. 성공도 행복도 아니면 무엇이 있을까요? 인생은 성공과 실패로 나누어지는 경쟁도 아니고, 행복과 불행으로 나누어지는 승패도 아닙니다. 성공과 행복이 과대 포장되어 있는 것입니다.

인생을 잘 사느냐, 못 사느냐는 자신의 삶을 사느냐, 자신의 삶을 살지 못하느냐에 달려 있습니다. 누가 돈을 많이 벌었느냐, 누가 TV에 많이 나오느냐 하는 것이 아니라 내가 내 삶의 방식에 만족하고, 내가 좋아하는 일을 하고 있느냐 하는 것이 잘 살아가는 것의 기준이 되는 것입니다. 누가 돈을 더 잘 버느냐, 누가 더 성공했느냐가 아니고 말입니다. 누가 돈을 더 많이 벌었느냐, 누가 더 성공했느냐의 관점에서 인생을 바라보기 때문에 답이 없는 것입니다. 성공과 행복은 추구한다고 달성되는 것이 아니라 자신이 좋아하는 일을 하다 보면 만나게 되는 것일 뿐입니다. 성공과 행복은 신기루일 뿐입니다. 아무리 쫓아다녀도 잡을 수 없습니다. 잡았다고 하는 순간, 사라지고 맙니다. 성공과 행복을 좇는 것은 신기루를 좇는 것과 같습니다.

성공과 행복은 무지개가 아니고 그림자입니다. 성공도, 행복도 자신이 좋아하는 일을 하다 보면 드리워지는 그림자와 같은 것입니다. 자신의 삶에 충실할 때 따라오는 그림자와 같은 것이 성공이고 행복입니다. 그러므로 그림자를 좇는 것은 허망한 일입니다. 《장자(莊

子)》에 자신의 그림자로부터 도망치는 사람의 이야기가 있습니다. 그림자로부터 도망치기 위해 쉬지 않고 달리다가 마침내 지쳐 쓰러져 죽습니다. 현대인은 반대로 성공과 행복이라는 그림자를 잡으려고 쉬지 않고 달리고 있습니다. 앞을 보고 달릴 것이 아니라 뒤를 돌아보면 그림자는 자신의 뒤에 있습니다. 성공과 행복은 자신의 앞에 있는 것이 아니라 자신의 뒤에 앉아 있는 것입니다. 앞만 보고 달리는 사람은 그림자를 잡을 수 없습니다. 그림자는 늘 그 자리에 있는데 그림자를 잡기 위해서 지쳐 쓰러지도록 달리고 있는 것입니다.

그래서 소동파(蘇東坡)는 여산(廬山)에 빗대 인생을 노래했습니다. "여산의 안개비, 절강의 물결이여, 와서 보기 전에는 못 본 것이 한스러웠는데, 와서 보고 나니 별것 없고, 여산의 안개비요, 절강의 물결이네(廬山煙雨浙江潮 未到千般恨不消 到得還來無別事 廬山煙雨浙江潮)." 내가 봐도, 보지 않아도 인생은 늘 그 자리에 있다는 말입니다. 행복은 뒤돌아보면 있습니다. "가로로 보면 고개인 듯, 옆으로 보면 봉우리인 듯, 멀고 가까움, 높고 낮음에 따라 그 모습이 다르게 보이네, 여산의 진면목을 알 수 없는 것은 단지 이 몸이 여산 속에 있기 때문이네(橫看成嶺側成峰 遠近高低各不同 不識廬山眞面目 只緣身在此山中)."

내가 인생의 진면목을 알아보지 못한 이유는 내 몸이 인생 안에 있기 때문입니다. 집 떠나야 집 소중한 것을 알고, 고국 떠나야 고국 소중한 것을 알고, 지구 밖에서 바라봐야 지구가 아름다운 것을 더 잘 알게 됩니다. 인생도 드론을 띄워 내려다봐야 소중한 것을 알게 됩니다. 영국 소설가 이안 맥클레런(Ian Maclaren)은 "친절하라, 모든 사람들에게. 그들도 당신처럼 힘든 싸움을 하면서 살아가고 있을 터이니."라고 하였습니다. 밑에서 아웅다웅해도 드론에서 내려다보는 세상은 더없이 아름답습니다. 틱낫한 스님도 "평화로 가는 길은 없다. 평화가 길이다. 기쁨으로 가는 길은 없다. 기쁨이 길이다."[14] 라고 하였습니다. 답은 우리 안에 있습니다. 그것이 인생 진면목입니다.

꽃자리

직장에 처음 들어가면 초심(初心)을 간직하라는 말을 듣습니다. 또한 "초발심이 곧 깨달음이다."라는 말도 있습니다. 처음 시작할 때의 마음이 초심입니다. 초심은 동심이고, 때 묻지 않은 마음입니다. 때 묻지 않은 마음은 두려움이 없습니다. 사람을 두렵게 하는 것은 결과에 대한 걱정, 욕심 때문입니다. 사람을 두렵게 하는 것은 미래이지 현재가 아닙니다. 초심으로 사는 사람은 두려움이 없습니다. 현재에 살기 때문입니다. 결과에 연연하지 않기 때문입니다. 결과는 활시위를 떠난 활과 같은 것입니다. 그것은 내가 어떻게 할 수 있는 것이 아닙니다.

그래서 종교를 믿는 사람은 두려움이 없습니다. 부처님이, 하나님이 다 알아서 해 줄 것이기 때문에 뒷일은 걱정하지 않습니다. 극락이나 천당에서 영접해 주실 것이니 결과는 걱정하지 않고, 소신껏 할 수 있는 것입니다. 결과를 걱정하지 않으면 소신껏 할 수 있습니다. 그래서 두려움이 생긴다면 결과에 대한 욕심, 걱정 때문임을 알아야 합니다. 초심으로 돌아간다는 것은 욕심 없는 마음으로 돌아간다는 것입니다. 처음 직장에 출근하는 사람은 직장에 가는 것만으로도 행복할 것입니다. 그러다 직장에 적응되고 나면 이런저런 불만이 터져 나옵니다. 초심을 잃은 것입니다.

로마의 철학자 세네카(Lucius Annaeus Seneca)는 "네가 가지고 있는 것이 불만스럽게 생각된다면 세계를 소유하더라도 너는 불행할 것이다."라고 하였습니다. 또한 고대 그리스 철학자 에픽테토스(Epictetus)는 "삶에서 잃을 것은 아무것도 없다. 어떤 경우에도 나는 무엇을 잃어버렸다고 말하지 말고, 그것이 제자리로 돌아갔다고 말하라."[15]라고 하였습니다. 에픽테토스의 말대로 내가 본래부터 가지고 있었던 것은 없습니다. 세상이 허락했기 때문에 내가 가지고 있는 것입니다.

무엇을 잃어버린 것이 아닙니다. 본래의 자리가 공(空)의 자리입니다. 지금 가지고 있는 것은 임시로 보관하는 것입니다. 임시로 보관한 것을 잃어버렸다고 상심할 것도 아니고, 임시로 보관할 것을 얻었다고 기뻐할 것도 아닙니다. 임시로 보관한 것은 잘 사용하고 돌려주면 됩니다. 영원한 나의 것은 없습니다. 감사히 사용하면 되는 것입니다. 초심으로 돌아가는 것은 아무것도 가지지 않았던 본래의 자리로 돌아가는 것입니다. 세상에 처음 태어났을 때의 마음으로 돌아가는 것입니다. 〈법성게〉에서 "초발심시변정각(初發心是便正覺)"이라고 했습니다. 초발심이 변하지 않으면 깨달음도 이루게 된다는 말입니다. 《채근담》에도 "눈앞의 일에 만족하면 신선의 세계에 사는 것이지만 만족을 모르면 사바세계에 사는 것이다(都來眼前事 知足者仙境 不知足者凡境)."라고 하였습니다.

지금 가진 것이 적다고 불평하지 말고, 본래 가진 것이 아무것도 없었던 때를 생각해야 합니다. 아무것도 가진 것이 없었을 때 마음은 더 부자였습니다. 가진 것이 생기니 불만이, 욕심이 생기는 것입니다. 구상(具常) 시인은 〈꽃자리〉라는 시에서 "네가 시방 앉은 그 자리가 바로 꽃자리니라"[16]라고 하였습니다. 내가 가진 것에 만족하면 그 자리가 꽃자리입니다. 달리 꽃자리가 없습니다. 내가 지금 앉은 자리가 꽃자리입니다.

장미와 덤불

하루하루를 살아가는 것은 기적입니다. 직장인이 출근해서 쌓아 두었던 그 많은 일을 해내는 것도 기적이고, 악성 고객을 상대해 낸 것도 기적이며, 박봉의 월급을 가지고 생계를 꾸려 나가는 것도 기적입니다. 군대에서 하루를 어떻게 보내야 하나, 훈련은 또 어떻게 받아야 하나 생각하다가 무사히 제대한 것도 기적이고, 학생이 시험 기간을 어떻게 보낼까 걱정하다가 시험 기간을 무사히 넘긴 것도 기적입니다. 과락 맞지 않고, 유급당하지 않고 진급한 것도 기적입니다. 살벌한 고3 시절을 무사히 넘긴 것도 기적이고, 신입생 환영회에서 고주망태 술을 먹고 집으로 무사히 돌아온 것도 기적이며, 어찌어찌해서 취직을 하게 된 것도 기적입니다.

취직은 그렇다 치더라도 결혼하게 된 것은 더 큰 기적입니다. 인생의 짝을 만나기란 참으로 어려운 일입니다. 나이가 들수록 주관이 강해져서 내 마음에 들지 않는 사람과 사귀기는 어려워지는데, 나이 들기 전에 결혼 상대자를 만난 것도 기적입니다. 그것도 마음에 드는 상대를 만난 것은 엄청난 기적입니다. 박봉에 절약해 가면서 집을 마련하고 자식 노릇, 부모 노릇을 할 수 있는 것도 기적입니다. 요사이 연애, 결혼, 출산을 포기한 젊은 세대를 3포 세대라고 하기도 합니다. 포기하지 않고 사는 것만 해도 기적입니다.

예전에는 무언가 남들이 못하는 것을 이루는 것을 기적이라고 하였습니다. 그러나 현대는 하루를 살아가는 것이 기적이고 칭찬할 만한 일입니다. 아인슈타인(Albert Einstein)은 "세상을 살아가는 데에는 기적이 없다고 믿으며 살아가는 방법과 모든 것이 기적이라고 믿으며 살아가는 두 가지 방법이 있다(There are only two ways to live your life. one is as though nothing is a miracle, The other is as though everything is.)."라고 말했습니다. 인간이 태어나는 것 자체가 기적이고, 서로 부대끼며 살아가는 것 자체가 기적입니다. 일상을 살아가면서 기적은 없다고 생각했는데 나이를 먹어 보니 모든 것이 기적이었습니다. 마치 물고기가 물속을 헤엄쳐 다니면 물이 눈에 보이지 않지만 자신이 살고 있는 곳이 물이듯이, 사람이 살아가는 곳이 기적의 물이었던 것입니다. 피천득 시인은 "나무가 강가에 서 있는 것이, 새들이 하늘을 나는 것이 얼마나 복되고, 기쁜 일일까요."[17]라고 노래하였습니다.

기적을 바라보는 태도는 경이로움입니다. 기적을 평범하게 바라보는 사람은 없을 것입니다. 평범하면 기적이 아니겠지요. 기적은 놀라움입니다. 내가 평범하게 생각했던 것이 평범이 아니고 기적이었던 것입니다. 두 발로 걷고 있는 것도 기적이고, 눈으로 볼 수 있는 것도 기적입니다. 심 봉사가 눈을 뜬 것만 기적이 아닙니다. 살아 있는 것이 기적이니 기적 아닌 것이 없습니다. 병원에 가면 아파서 오시는 분들이 많습니다. 아프지 않은 것이 기적입니다. 수술을 받고, 약을 먹고 나은 것이 기적입니다. 녹내장이 있어 하루 세 번 약을 넣습니다. 약이 있는 것이 기적입니다. 하루하루가 기적인 것입니다. 기적이 눈앞에 늘 펼쳐져 있지만 그것이 기적인지 모르는 것이 인간의 어리석음입니다.

보고도 알지 못하는 것을 어리석음이라고 합니다.

일상을 보고도 그것이 기적이고, 소중한 것인지 모르는 사람이 어리석은 사람입니다. 어리석어 눈앞에 있는 기적을 보지 못하는 것이지요. 바로 눈앞에 있는 사람이 기적같이 고마운 사람인지, 귀인인지 모르는 것입니다. 그냥 같이 사니까 고마운 줄 모르고, 그냥 같이 만나니까 고마운 줄 모르고, 그냥 나를 잘 보살펴 주니까 고마운 줄 모릅니다. 부모니까 다 해 주어야 한다고 생각하고, 배우자니까, 친구니까 다 해 주어야 한다고 생각합니다. 이 모든 사람이 나를 도와주고 있는 귀인임을 모르는 것입니다. 우리는 감사하기에 행복할 수 있고, 행복하기에 감사할 수 있습니다.

프란치스코 교황은 "겉모습에 속지 마세요. 잿더미 속을 들여다보고 거기에서 불과 불씨, 석탄과 불꽃을 찾으세요."[18]라고 하였습니다. 헨리 데이비드 소로(Henry David Thoreau)는 "천국은 우리들 머리 위뿐만 아니라 우리들 발밑에도 있다."라고 하였습니다. 잿더미 속에서 불과 불씨를 찾듯이 일상에서 기적을 찾을 수 있어야 합니다. 기적이 없다고 여기면서 우울하게 살 것인지, 모든 날이 기적이라고 여기면서 행복하게 살 것인지의 선택이 인생입니다. 미국의 영화배우 톰 윌슨(Tom Wilson)은 "장미에 가시가 많다고 불평할 수도 있고, 가시덤불 속에 장미가 피었다고 감사할 수도 있다."라고 하였습니다. 일상을 기적으로 보면 감사하게 되고, 감사하게 되면 행복하게 됩니다. 인생은 기적과 감사와 행복을 배우는 과정입니다. 기적과 감사와 행복은 인생의 꽃입니다. 틱낫한 스님은 "우리가 수행하는 것은 우리 안에 있는 꽃을 피우기 위해서이다."라고 하였습니다.

당신은 당신 인생의 꽃을 피우고 있나요?

주파수

사람에게는 안테나가 있습니다. 그 안테나로 주파수를 맞춥니다. 어느 주파수에 안테나를 맞추느냐에 따라 나오는 음악이 다릅니다. 슬픈 일에 주파수를 맞추면 슬퍼집니다. 마치 슬픈 음악을 들으면 슬퍼지는 것과 같습니다. 즐거운 일, 행복한 일에 주파수를 맞추면 즐겁고 행복해집니다. 과거의 어느 시기에 주파수를 맞추고 슬퍼하거나, 즐거워할 수도 있고, 미래의 어느 시기에 주파수를 맞추고 가슴 뛰거나, 불안해할 수도 있습니다.

틱낫한 스님은 어느 화분에 물을 주느냐로 이것을 표현합니다. 즐겁고 행복한 화분에 물을 주느냐, 괴롭고 불행한 화분에 물을 주느냐에 따라 어떤 화분이 더 잘 클 것인가를 스스로 선택할 수 있다고 합니다. 체로키(Cherokee) 인디언에게 전해져 오는 두 마리의 늑대 이야기가 있습니다. 어둠과 절망의 늑대와 빛과 희망의 늑대가 싸우면 누가 이길까요? 바로 당신이 먹이를 주는 쪽이 이깁니다. 공중에 떠돌아다니는 주파수 중 어느 주파수를 잡을 것인가는 자신의 선택 사항입니다. "오늘 기분이 안 좋으니 슬픈 주파수를 잡아

볼까, 오늘 기분이 좋으니 즐거운 주파수를 잡아 볼까?" 하고 선택할 수 있는 것입니다.

오늘은 아름다운 음악이 나오는 주파수에 채널을 맞추고 세상을 즐겨 보세요. 자신과 세상에 감사하느냐, 원망하느냐는 자신이 어느 주파수에 채널을 맞추느냐에 달려 있습니다. 대체로 자신이 좋아하는 주파수가 있습니다. 슬픈 노래를 좋아하는 사람이 있고, 신나는 노래를 좋아하는 사람이 있습니다. 당신은 어디에 주파수를 맞추고 있나요? 자신이 좋아하는 여행에 주파수를 맞추고 여행 간 즐거운 시절을 생각하면 어느새 웃음이 나오게 되고, 자신이 좋아하는 축구, 야구, 운동에 주파수를 맞추면 가슴이 뜁니다. 그러다 미래의 불안, 과거에 잘못한 것에 주파수를 맞추면 어느새 우울해집니다. 주파수를 어디에 맞추느냐에 따라 가슴이 뛰기도 하고, 우울해지기도 하는 것입니다.

슬픈 사람은 슬픈 주파수가 당기고, 즐거운 사람은 즐거운 주파수가 당깁니다. 과거에 슬픈 노래가 유행인 때가 있었습니다. 슬픈 노래가 삶의 애환을 노래하고, 카타르시스를 준다고 생각했기 때문입니다. 그러나 슬픈 노래를 많이 들으면 그 사람의 인생도 슬퍼집니다. 가랑비에 옷 젖듯이 슬픔에 젖어 드는 것입니다. 셰익스피어도 《햄릿》에서 "슬픔이 올 때는 혼자 오는 것이 아니라 부대를 이끌고 온다(When sorrows come, they come not single spies, but in battalion.)."라고 하였습니다.

미국 작가 매기 스미스(Maggie Smith)는 "비관주의는 자신에게 커피를 타 주지도, 아이들 빨래도 해 주지 않는다."[19]는 것을 깨달았다고 했습니다. 그리고 낙관적인 생각이 내가 나에게 줄 수 있는 선물이라는 것도 깨달았다고 합니다. 오늘도 하루를 시작하는 아침에 주파수를 잘 맞추고 시작해야 하겠습니다. 하루 종일 행복하게, 행복의 주파수에 내 안테나를 맞추어야겠습니다. 아침에 주파수를 잘 맞춰 놓으면 하루 종일 행복할 수 있습니다. 아침에 타인을 위해 기도하거나 관세음보살 정근을 하면 하루 종일 맑을 수 있습니다. 내가 행복을 부르면 행복이 오고, 내가 슬픔을 부르면 슬픔이 옵니다. 아무도 방해할 수 없습니다. 내가 부르기 나름입니다. 오늘도 행복한 하루 되시기를 바랍니다.

기쁘고 떳떳하게

초대 안동교구장을 지낸 프랑스에서 오신 두봉(Rene Dupont) 주교라는 분이 계십니다. 그분이 TV에 나오는 것을 본 적이 있는데, '나', '너'라는 말을 쓰지 않고 '우리'라는 말을 쓰는 것이 인상적이었습니다. 나와 너를 구별하지 않는 것입니다. 즉, 비교하지 않는 것이지요. 월드컵 때 온 국민이 하나 되어 '대한민국'을 외쳤습니다. '나'와 '너'가 따로 없는 것입니다. 잘사는 사람도 없고, 못사는 사람도 없고, 잘난 사람도 없고, 못난 사람도 없이 모두가 하나가 된 것입니다. 또한 두봉 주교님은 누구에게든 부정의 말은 쓰지 않고, 긍정의 말을 쓰는 것도 인상적이었습니다. 내가 부정의 말은 쓰면 너와 나는 부정적이 되고, 내가 분열의 말을 쓰면 너와 나는 분열이 됩니다. 내가 통합의 말, 긍정의 말, 평화의 말을 쓰면 모두 통합되고 행복해지는 것입니다. 그래서 많은 사람이 두봉 주교님을 찾아갑니다. 함께 있으면 긍정의 기운을 받고, 위로를 받기 때문입니다.

두봉 주교님을 보면 아시시의 성 프란체스코(St Francis of Assisi)의 기도가 생각납니다. "미움이 있는 곳에 사랑을, 다툼이 있는 곳에 용서를, 분열이 있는 곳에 일치를, 의혹이 있는 곳에 신앙을, 그릇됨이 있는 곳에 진리를, 절망이 있는 곳에 희망을, 어두움에 빛을, 슬픔이 있는 곳에 기쁨을 가져오는 자 되게 하소서. 위로받기보다는 위로하고, 이해받기보다는 이해하며, 사랑받기보다는 사랑하게 하소서. 우리는 줌으로써 받고, 용서함으로써 용서받으며, 자기를 버리고 죽음으로써 영생을 얻기 때문입니다."

'화광동진(和光同塵)'이라는 말도 있습니다. 빛을 부드럽게 하고 세상의 티끌과 함께한다는 말로 자신의 잘남을 감추고 세상 사람들과 함께한다는 뜻입니다. 노자는 《도덕경》에서 "아는 사람은 말하지 않고, 말하는 사람은 알지 못한다. 이목구비를 막고 그 문을 닫아서 날카로움을 꺾고, 다툼의 근원을 제거하여 그 빛을 누그러뜨리며 세속에 동화한다. 이를 일러 현묘하다고 하며, 그러므로 천하의 귀한 것이 된다(知者不言 言者不知 塞其兌 閉其門 挫其銳 解其紛 和其光 同其塵 是謂玄同 故爲天下貴)."라고 하였습니다. 지혜롭고 덕이 있는 사람이 겸손하게 행동해서 세상 사람들과 잘 어울리므로 오히려 존경을 받는다는 말입니다. 안동교구의 사명(使命)이 "기쁘고 떳떳하게"라고 합니다. 함께하면 기쁘고, 바르게 살면 떳떳합니다. 그분의 밝은 미소와 당당한 모습에서 위로와 힘을 얻습니다. 희망과 빛을 봅니다.

제2장

인생의 길을 묻는 사람들에게

인생의 길을 묻는 사람들에게

할머니들이 택시에 탔습니다.

“기사 양반! 전설의 고향으로 갑시다.”

“예!”

택시는 예술의전당 앞에 섰고, 할머니들은 택시에서 내려서 늦었다며 급하게 예술의전당으로 발걸음을 재촉하였습니다. 전설의 고향도 다섯 자, 예술의전당도 다섯 자입니다. 할머니들이 그 어려운 예술의 전당을 기억하기 어렵습니다. 전설의 고향이면 충분한 것 같습니다. 할머니들의 기억력을 탓할 필요가 없습니다. 다섯 자 이름을 기억한 것만 해도 대단한 것입니다. 세상에 천사가 있을까요?

아마 있는 것 같습니다. 할머니들의 천사와 택시 기사의 천사가 서로 이해한 것입니다. 스스로 해결이 안 되면 천사들이 해결해 줍니다. 너무 걱정하지 마세요. 내가 전설의 고향이라고 해도 천사가 예술의전당으로 데려다줄 것입니다. 그것이 사람의 운명입니다. 운명을 믿지 못하면 늘 초조하고 불안합니다. 잘못되면 어떻게 될까

불안한 것입니다. 초조하고 불안해한다고 해서 일어날 일이 일어나지 않고, 일어나지 않을 일이 일어나지는 않습니다. 면접 보기 전에 너무 초조하고 불안하면 면접에 좋지 않은 영향을 미칩니다. 시험 치기 전에 너무 초조하고 불안하면 제 실력을 발휘하지 못합니다. 그렇다고 우황청심환 세 알을 먹으면 너무 풀려 버립니다. 그냥 자신의 천사, 수호신에게 맡기면 됩니다.

자신의 수호신에게 맡기고 당당하게 면접을 보고 실력으로 시험을 보면 됩니다. 실력대로 결과가 나오는 것이지, 초조해한다고 해서 결과가 더 잘 나오지는 않습니다. 그래서 작은 물고기는 버리고 큰 물고기를 잡으라고 했습니다. 작은 걱정은 내려놓고, 큰 걱정을 하라는 말입니다. 노자(老子)는 "하늘의 그물은 넓고, 성글지만 놓치는 법이 없다(天網恢恢 疏而不失)."라고 하였습니다. 주변의 작은 걱정은 던져 버리고 인생에 중요한 것이 무엇인지 탐구해 봅시다. 무엇이 가치 있는 삶인지 고민해 봅시다. 내가 하는 걱정이 내 인생의 전환점, 터닝포인트가 될 것이라면 진지하게 고민하고, 그렇지 않은 것이라면 내려놓는 것이 좋겠습니다.

그런데 걱정은 인생의 전환점을 가져다주지는 못합니다. 인생의 전환점은 자신을 믿고 앞으로 나아갈 때 나타납니다. 이 세상은 너무 복잡하고, 경쟁도 치열합니다. 정보는 넘쳐나는데, 어떤 것이 중요한지 알지 못합니다. 자신을 잃기 십상입니다. 가기는 가는데 왜 가는지도 모르겠고, 하기는 하는데 이것이 맞는지 자신이 없습니다. 그래서 늘 불안하고 초조한 것이 현대인의 모습입니다. 무엇이 가치 있는 삶인지 60년을 고민해 보니 그것은 바르고 착하게 사는 것입니다. 바르고 착하게 사는 사람은 아무도 어떻게 할 수가 없습니다. 가장 가치로운 삶이고, 가장 당당한 삶입니다. 누구나 인생의 마지막에 돌이켜 보면 가장 살았으면 하는 삶입니다.

당나라 시인 백낙천(白樂天)이 도림 조과(道林 鳥窠) 선사에게 "무엇이 불법입니까?" 하고 물었습니다. 선사는 "착한 일은 받들어 행하고, 모든 악한 일은 행하지 말라."라고 대답하였습니다. 이에 백낙천이 "그것은 세 살 먹은 어린아이도 다 아는 말입니다."라고 말합니다. 그러자 선사는 "세 살 먹은 어린아이도 알지만 팔십 된 노인도 행하기 어려운 일입니다."라고 하였습니다. 그제야 백낙천이 고개를 숙입니다. 과거 일곱 부처님의 공통적인 가르침을 칠불통계(七佛通戒)라고 합니다. "모든 악을 짓지 말고, 모든 착한 일을 받들어 행하라. 스스로 마음을 깨끗이 하라. 이것이 부처님의 가르침이다(諸惡莫作 衆善奉行 自淨其意 是諸佛敎)."라고 하였습니다. 바르고 착하게 사는 사람이 부처입니다.

미국의 노예 폐지 운동가 가말리엘 베일리(Gamaliel Bailey)는 "인생에서 추구할 가치 있는 것은 사람들에게 선행을 베푸는 것이다."라고 하였습니다. 만해 한용운 선생도 《채근담》에서 "괴로움과 즐거움은 모두 한 생각에 달려 있다. 고요히 사색해 보면 진실하게 살아가는 것이 최선임을 알게 된다."[20]라고 하였습니다. 바르고 착하게 살면 예술의전당이든, 전설의 고향이든 우리의 천사님이 잘 데려다줄 것입니다.

가치 있는 삶

30대 직장에 입사했을 때 한 선배가 하는 말이 “30대는 참 고민이 많은 나이다.”라고 하였습니다. 생계를 해결하려고, 대출금 갚으려고 이리 뛰고 저리 뛰다가 어느덧 50대가 되면 내가 잘 살고 있는지 의문을 가지게 됩니다. 주위 사람들은 모두 잘 살아가고 있는데 나 혼자 뒤떨어진 것 같은 느낌이 듭니다. 내가 젊어서 논 것도 아닌데 무언가 해 놓은 것이 보이지 않기 때문입니다. 퇴직하고 나면 더 해 놓은 것이 없어 보입니다. 우리는 누구나 어떤 삶이 가치 있는 삶이고, 헛되지 않은 삶인지 고민합니다. 즉, 어떻게 살아야 잘 사는 삶인지 고민합니다. 그럴 때 내가 무엇을 이루어 냈는지를 먼저 살펴봅니다. 그래서 무언가 이룬 것이 보이지 않으면 내가 잘못 살고 있는 것이 아닌지 자책하기도 합니다.

그러나 중요한 것은 무엇을 이루어 냈는가 하는 것이 아니라 우리의 목표가 무엇인가 하는 것입니다. 우리의 목표가 정당하고 바람직하다면, 어떤 결과를 이루어 냈든, 이루어 내지 못했든 그 삶은 가치로운 삶입니다. 아무런 목표 없이, 아무런 지향점 없이 사는 삶이 헛된 삶인 것입니다. 그렇게 보면 누구나 무언가 뜻있는, 가치 있는 일을 하려고 노력했던 적이 있을 것입니다. 그 일이 이루어졌든, 이루어지지 않았든 그 행동, 생각, 말은 칭찬받아 마땅한 것입니다. 종교에서는 행위의 동기를 중요시한다는 말을 합니다. 어떤 동기에서 그러한 행위를 했느냐, 사람을 살리려고 한 것인가, 사람을 죽이려고 한 것인가 하는 말입니다. 사람을 살리려고, 잘되게 하려고 한 일은 그 일이 성공했든, 성공을 하지 않았든 의미 있는 일입니다. 사람들은 "결과가 모든 것을 말한다."라고 흔히 이야기하기도 합니다. 그러나 결과보다 더 중요한 것이 있습니다. 그것은 무엇을 위해서 했느냐 하는 것입니다.

자신의 사리사욕과 쾌락을 위해서 일을 했다면 성공해도 칭찬받을 일이 아닙니다. 사회를 위해서, 국민을 위해서, 모두를 위해서 했다면, 그 일은 성공하지 못해도 칭찬받을 일입니다. 결과 중심주의는 사물의 일면만 본 것입니다. 결과는 행위의 부수적 산물입니다. 사람의 행위가 가치 있는 것입니다. 결과가 좋으면 좋겠지만, 그렇지 못하더라도 결과보다는 행위 자체가 가치 있는 것입니다. "내가 어떤 삶을 살았느냐?"라고 할 때, 결과를 가지고 이야기할 것은 아닙니다. 사람이 순수한 마음을 가지고 살았다면 세상은 그만큼 맑아지고, 밝아졌을 것입니다. 에머슨(Ralph Waldo Emerson)은 "자신이 한때 이곳에 살아서 세상이 조금 더 나아지는 것, 단 한 사람의 인생이라도 행복해지는 것, 이것이 진정한 성공이다."라고 하였습니다. 누군가를 위해서 노력했다면 당장 성과는 없을지라도 언젠가는 그것이 밀알이 되어 나중에 아름다운 열매가 맺힐 것입니다. 이때 그 사람의 마음, 동기가 아름다운 것입니다.

아들은 아버지의 행동을 보고 배웁니다. 아버지가 얼마나 벌었는지가 아니라 아버지가 어떻게 신발을 벗는지, 사람을 어떻게 대하는지를 보고 배우는 것입니다. 홈런왕이 존경받는 이유는 홈런의 숫자가 아니라 그가 얼마나 노력했느냐 하는 것 때문입니다. 홈런의 숫자는 언제든지 깨질 수 있습니다. 그러나 그가 역경을 이겨 낸 스토리는 영원한 것입니다. 인생은 결과가 아니라 뜻을 이루어 가는 과정, 즉 스토리(Story)인 것입니다. 그러므로 결과가 좋지 않더라도 너무 실망할 필요가 없습니다. 뜻을 이루어 가는 과정, 노력이 가치로운 것입니다.

일본의 부탄(無難) 선사는 "살아 있는 동안 완전히 죽은 자가 되라. 그리고 원하는 바를 행하라."라고 하였습니다. 지금 내가 원하는 결과를 얻지 못했다 하더라도 실망할 일은 아닙니다. 내가 무엇을 이루려고 했는지, 목표가 무엇인지, 그리고 그것을 위해서 어떤 행동을 했는지, 그것이 가치 있는 것입니다. 가치 있는 것은 결과가 아니라 나의 행동과 동기입니다. 결과는 미미할지라도 내가 해 보고 싶은 일이 있다면 마음껏 하는 것이 가치 있는 인생입니다.

먹구름 속에 있을 때

사람이 먹구름 속에 있을 때가 있습니다. 문제가 머리에 가득 차 있는 것입니다. "이렇게 했으면 이런 문제가 생기지 않았을 텐데, 이것을 어떻게 해결해야 하지?" 하고 머리가 복잡합니다. 세상 살다 보면 생각지도 않은 문제가 연이어 일어납니다. 자동차 사고가 일어나기도 하고, 생각지도 않게 돈이 필요한 일이 생길 때도 있으며, 몸에 온갖 병이 생기기도 합니다. 먹구름 속에 있으면 앞날이 보이지 않고 우울합니다. 어떻게 문제를 해결해야 할지 암담합니다. 온갖 비관적인 생각이 꼬리에 꼬리를 물고 일어납니다. 문제에 짓눌리는 것입니다. 그러나 먹구름 속에서는 해결책이 보이지 않습니다. 먹구름 밖으로 나와야 해결책이 보입니다. 도쿠가와 이에야스(德川家康)의 유훈이라고 알려져 있는 "인생은 무거운 짐을 지고 먼 길을 가는 것과 같다. 절대로 서둘러서는 안 된다."라는 말이 실감으로 느껴집니다.

도쿠가와 이에야스는 "무슨 일이든 마음대로 되는 것이 없다는 것을 알면 굳이 불만을 가질 이유가 없다. 마음에 욕망이 생기거든 곤궁(困窮)할 때를 생각하라. 인내(忍耐)는 무사장구(無事長久)의 근본이요, 분노는 적이다. 승리만 알고 패배를 모른다면 화(禍)가 몸에 미친다. 자신을 탓하되 남을 탓하지 말라. 부족함이 지나친 것보다 낫다. 풀잎 위의 이슬도 언젠가 떨어지기 마련이다."라고 하였습니다. 마르쿠스 아우렐리우스도 어려움이 닥칠 때마다 "천 년 뒤에 이 문제로 고민하는 사람이 있을까?" 하고 스스로 물어보라고 합니다. 사건보다 중요한 것은 사건을 대하는 사람의 태도입니다. 《나니아 연대기》를 쓴 영국 작가 C.S. 루이스(Clive Staples Lewis)도 "당신을 넘어뜨리는 것은 당신이 짊어진 짊의 무게가 아니라, 그 짐을 짊어진 방식이다."라고 하였습니다. 《법구경》에서도 "존재하는 모든 것은 당신의 마음이 만든 것이다. 당신의 마음이 지금 눈앞에 놓인 모든 것을 만든 것이다."[21]라고 하였습니다.

문제가 생겼을 때 문제에서 도피하면 문제를 해결할 수 없습니다. 도피하면 도피할수록 문제는 더 커집니다. 더 큰 공포로 다가옵니다. 니체는 "나를 죽이지 못하는 것은 나를 강하게 만든다."라고 하였습니다. 문제와 마주하고 맞서 싸우면 문제는 움츠러듭니다. 자신을 정면으로 바라보는 사람에게는 문제는 감히 힘을 쓰지 못합니다. 문제가 생기면 도피하지 말고 문제를 바라보고 앞으로 나아가야 합니다. 그러면 먹구름에서 벗어날 수 있습니다.

KBS 《도전! 골든벨》이라는 퀴즈 프로그램에 "문제가 남느냐, 내가 남느냐"라는 말이 있습니다. 문제에 맞서 싸우다 보면 문제는 모두 없어집니다. 시험 시간이 지나면 종료종이 울리는 것과 같습니다. 그 시간 동안 열심히 싸우면 됩니다. 장 폴 샤르트르(Jean Paul Sartre)는 "인간의 삶은 절망의 반대편에서 시작된다."라고 하였습니다. 문제에 지지 않고 맞서 싸우다 보면 다윗이 골리앗을 넘어뜨리듯이 문제를 넘어뜨릴 수 있습니다. 도쿠가와 이에야스는 유훈(遺訓)에서 "인생에 짐은 무거울수록 좋다. 그래야 인간은 성숙해진다."라고 했다고 합니다. 아무리 문제가 무거워도 문제에 지지 않으면 언젠가 문제를 번쩍 들 수 있게 될 것입니다. 하늘의 먹구름은 걷을 수 없지만 내 마음의 먹구름은 걷을 수 있습니다.

T. S. 엘리엇(Elliot)은 그의 시 〈황무지(The Waste Land)〉에서 우리에게 절망에서 일어날 용기와 힘을 줍니다. "4월은 가장 잔인한 달, 죽은 땅에서 라일락꽃을 피워 내고 추억과 욕망을 뒤섞으며 잠든 뿌리를 봄비로 깨운다."[22]라고 노래했습니다. 4월은 죽음의 땅에서 라일락꽃을 피워 내는 용기를 가진 달입니다. 봄비로 잠든 뿌리를 깨우고, 죽은 땅에서 라일락꽃을 피워 올립니다. 4월은 잔인한 겨울의 죽은 땅에 봄비를 뿌리고, 라일락꽃 향기를 피워 냅니다. 4월은 가장 잔인한 달이 아니라 가장 강인한 달입니다.

하쿠나 마타타

어제의 일과 전생의 일은 바꿀 수 없다는 공통점이 있습니다. 그러나 우리는 어제 일, 지나간 일에 대해서 아쉬워하거나 자책하거나 후회하는 경우가 있습니다. '조금 더 잘할걸.', '조금 더 알아보고 할걸.', '나중에 할걸.' 등 후회의 종류는 수만 가지나 됩니다. 그러나 과거는 쏟아진 물이라고 합니다. 과거를 되돌릴 수 없지만, 마치 과거를 되돌릴 수 있을 듯이 후회합니다. 과거에 사로잡혀 있는 사람도 있습니다. 어제 일이나 전생 일이나 모두 바꿀 수 없다는 것을 누구나 알고 있지만, 어제 일은 바꿀 수 있다는 착각 속에 살고 있습니다. 하지만 딱 마음을 접는 것이 쉽지 않습니다. 특히 중요한 일이거나, 중요하다고 생각되는 일은 생각을 접기가 쉽지 않지요.

이때는 어제 일, 지나간 일을 전생(前生)의 일이라고 생각하는 것입니다. 어차피 바꿀 수 없는데 자책하거나 가슴 아파하는 것은 무용하고 유해하기까지 합니다. 미국 시인 사라 티즈데일(Sara Teasdale)은 〈잊어버립시다〉라는 시에서 "잊어버리세요. 꽃을 잊듯이, 한때 금빛으로 타오르던 불을 잊듯이, 영원히 잊어버리세요. 누군가 물으면, 이렇게 말하세요. 오래 오래전에 잊었노라고, 꽃처럼, 불처럼, 오래전에 잊혀진 눈 위에 뭉개진 발자국처럼 잊었노라고 말입니다."[23]라고 하였습니다.

한 생각만 바꾸면, 한 생각만 돌이키면 마음의 평화를 얻을 수 있습니다. "내가 할 수 있는 일이 없구나, 지나간 일은 내가 어떻게 할 수 없구나." 하고 받아들이는 것입니다. 내가 할 수 없는 일도 있다는 것을 받아들이기는 쉽지 않습니다. 그러나 받아들이고 나면 마음은 편합니다. 부처님께, 하나님께 맡기는 것입니다. 기도는 왜 합니까? 맡기기 위해 하는 것 아닌가요? 세상 모든 일을 내가 알아야 하거나, 내가 통제해야만 하는 것은 아닙니다. 우크라이나 전쟁을 내가 통제할 수 있나요? 석유 가격을 내가 통제할 수 있나요? 할 수 없는 것보다 할 수 있는 것에 집중하는 것이 내가 할 수 있는 최선입니다.

"어제는 전생, 오늘은 현생, 내일은 내생"이라는 말이 있습니다. 받아들이고 나면 다음 단계로 나아갈 수 있습니다. 미국 작가 닐 도널드 월시(Neal Donald Walsch)는 "인생은 당신이 안전지대를 벗어나는 순간 시작된다."라고 하였습니다. 과거라는 안전지대에서 벗어나지 못하면 인생은 시작되지 않습니다. 소동파는 "흔들리는 꽃술에 취해 봄을 보지 못하다가, 돌아와서 비로소 참모습 알았네. 돌이켜 보며 스스로 웃노라 풍파 겪은 자리, 눈 감고 잠시 보니 꿈과 허깨비였네(浪蕊浮花不辨春 歸來方識歲寒人 回頭自笑風波地 閉眼聊觀夢

幻身).”[24]라고 하였습니다. 과거는 꿈과 허깨비라고 합니다. 과거를 곱씹는 것은 현재가 주는 선물을 마다하고 선물을 주지 않는 허깨비에게 선물을 요구하는 격입니다. 어제의 일은 전생으로 돌리세요. 꿈과 허깨비입니다.

명상가 아디야샨티(Adyashanti)는 오고 가는 것은 실체(實體)가 아니라고 합니다. 그것을 좇지 말라고 합니다. 그러나 현대인은 끊임없이 오고 가는 것을 구합니다. 오고 가는 것은 실체가 아닌데도 말입니다. 실체가 없는 무상(無常)한 것을 구하기 위해 한평생을 바칩니다. 근원적 존재인 인간은 있는 그대로 자유로운 존재입니다. 무엇을 구할 필요가 없이 현존하면 되는 것입니다. 현재에 만족하고 구하지 않는 것이 실체를 실체로 받아들이는 것입니다. 내가 할 수 없는 일은 잊어버리세요. 먼 전생의 일이라고 생각하세요. 내가 할 수 있는 일과 할 수 없는 일을 구별하는 것이 지혜입니다. 솔로몬의 말처럼 "이 또한 지나갑니다(This shall too pass away.)." 모든 것은 지나갑니다. 바람처럼 말입니다. 그리고 하쿠나 마타타(Hakuna matata)를 외치세요. 하쿠나 마타타는 "아무 문제 없어, 다 잘될 거야!"라는 뜻의 스와힐리어입니다. 세상은 마음먹기에 달렸습니다. 마음이 조물주입니다.

발효의 시간

인생이 깊어지려면 발효(fermentation)의 시간이 필요합니다. 발효의 시간은 기다림의 시간입니다. 그리고 준비의 시간입니다. 발효의 시간이 없으면 반죽한 빵도 맛을 낼 수 없습니다. 빵이 익으려면 발효해야 합니다. 인생도 익으려면 기다림의 시간, 숙고의 시간, 사색의 시간이 필요합니다. 발효하는 시간이 아깝다면 맛있는 빵을 만들 수 없고, 발효의 시간이 없다면 깊이 있는 인생도 없습니다. 다산 정약용(茶山 丁若鏞) 선생도 유배지에서 500여 권의 책을 썼고, 헨리 데이비드 소로도 월든 숲에서 《월든(Walden)》이라는 명저를 썼습니다. 조앤 롤링(Joan K. Rowling)은 어떠한가요? 여러 출판사로부터 퇴짜를 받은 뒤에야 해리포터(Harry Potter) 시리즈가 빛을 볼 수 있게 된 것입니다. 추사 김정희(秋史 金正喜)는 칠십 년 동안 벼루 열 개를 구멍 내고, 천 개의 붓을 몽당붓으로 만들고 나서 자신만의 추사체를 창조하였습니다(七十年 磨穿十研禿盡千毫). 그들이 겪은 시간은 술이 익듯이, 빵이 익듯이 발효되는 시간이었습니다. 견딤의 시간이고 성장의 시간입니다. 그 시간이 없었다면 쓸 수 없는 글들이었습니다. 깊이 있는 인생은 발효로 더 깊어지는 것입니다.

물은 위에서 아래로 흐릅니다. 강물이 그냥 그대로 있는 것 같지만 계속 흐릅니다. 오리가 강물 위를 떠다니는 것 같지만 계속 발을 움직이고 있습니다. 흐름은 자연스러운 것입니다. 높은 곳에 있는 것은 아래로 흐릅니다. 누가 가라고 하는 것이 아니고, 등 떠미는 것이 아니라 그냥 높은 곳에서 낮은 곳으로 흐르는 것이 흐름이고, 과정입니다. 그것이 자연의 자연스러운 과정입니다. 결과는 과정의 자연스러운 산물일 뿐입니다. 바다로 가려고 노력하지 않아도 모든 강은 바다로 가게 되어 있습니다. 그러니 너무 애쓸 필요가 없습니다. 명상가 휴 프레이더(Hugh Prather)는 "사랑하기 위해 애쓰지 말라. 사랑이 되어라."라고 하였습니다.

초조해하지 말고 과정을 즐기면서 기다리면 됩니다. 과정을 즐기려면 기다리는 시간이 필요합니다. 우리 인생에서도 발효의 시간이 필요한 것입니다. 이 또한 자연스러운 것입니다. 오늘도 빵처럼, 술처럼 푹 익어야 하겠습니다. 발효의 시간, 숙성(ripen)의 시간이 우리 인생을 더 향기롭고, 깊게 할 것입니다. 만일 지금 힘들다면 숙성의 시간을 가진다고 생각해야겠습니다. 조급하지 않고 푹 익어야 하겠습니다. 와인도, 김치도 오래 익어야 값어치가 있듯이 우리 인생도 푹 익어야 깊어집니다.

《장자》에 목계(木鷄) 이야기가 나옵니다. 기성자(紀渻子)라는 사람이 왕을 위하여 싸움닭을 길렀습니다. 첫 열흘이 지나자 닭이 자기 힘을 믿고 허세를 부립니다. 다시 열흘이 지나자 다른 닭의 모습이

나 소리만 들어도 달려듭니다. 다시 열흘이 지나자 다른 닭을 노려 보고 혈기 왕성합니다. 다시 열흘이 지나자 다른 닭이 울음소리를 내도 아무 변화가 없고, 멀리서 보면 그 모습이 마치 나무로 깎아 놓은 닭과 같다고 하였습니다. 그래서 그 덕이 온전해져서 다른 닭이 감히 상대하지 못하고 달아나 버립니다. 숙성의 시간은 덕이 온전해지는 시간입니다. 자신도 자신을 지키고, 타인도 자신에게 함부로 하지 않도록 하는 시간인 것입니다. 제갈량이 유비를 기다린 시간도, 강태공이 주 문왕을 기다린 시간도 발효의 시간인 것입니다. 발효의 시간은 무용한 시간이 아닙니다. 자기 수양과 자기완성의 시간입니다.

관계의 비밀

부모, 자식 간에 스트레스를 받는 가정이 많습니다. 주위에서 이러한 가정을 많이 볼 수 있습니다. 자신에게 신경 쓰는 것과 타인에게 신경 쓰는 것 모두 과하지 않은 것이 좋습니다. 어느 쪽이든 신경을 많이 쓰면 스트레스가 됩니다. 적당한 무관심이 필요합니다. 모든 일은 저절로 흘러갑니다. 그 자체의 동력으로 흘러가는 것입니다. 그런데 너무 많은 관심을 가지게 되면 정상 속도가 아닌 비정상 속도로 일이 진행될 수 있습니다. 그러면 일이 꼬일 수도 있습니다. 자신에게도, 타인에게도 신경을 많이 쓰면 그것이 부담을 줍니다.

자신도 자신의 뜻대로 되는 것이 아닙니다. 타인도 그렇습니다. 자신도 마음대로 하기 어렵고, 타인은 더 어렵습니다. 그러므로 마음을 비우는 것이 좋습니다. 그냥 있는 그대로 바라보는 것입니다. 장 루슬로(Jang Rousslow)는 〈세월의 강물〉이라는 시에서 "더 빨리 흐르라고 강물의 등을 떠밀지 마라. 강물은 나름대로 최선을 다하고 있다."라고 하였습니다. 《법구경》에도 "재산을 내 것이라고 여기는 마음에서 집착이 시작된다. 아이를 내 아이라고 여기는 마음에서 집착이 시작된다. 왜 재산이, 아이가 당신의 것인가? 당신조차도 당신의 것이 아니거늘.", "덫에 걸린 짐승은 덫에서 벗어나기 위해서 쉴 새 없이 움직인다. 그러나 움직일수록 덫은 점점 더 몸을 옥죄고 말 것이다. 마음도 마찬가지이다. 부정적인 생각을 떨쳐 내려고 할 때마다 점점 더 부정적인 생각이 파고들 것이다. 감정의 팔다리를 내려놓아라. 그리고 무심히 지켜보라. 마음을 쥔 덫이 느슨해질 때까지."[25]라고 하였습니다.

어떤 관계도 내 뜻대로 바꾼다고 바뀌는 것이 아닙니다. 마음 편히 내려놓는 것이 좋습니다. 이것이 관계의 비밀입니다. 나도 그렇고, 타인도 그렇습니다. 있는 그대로 인정해 주는 것을 좋아합니다. 사람은 때가 되어야 바뀝니다. 그때를 인정해 주는 것이 지혜입니다. 꽃도 각자 피는 시기가 다릅니다. 가을에 피는 꽃을 봄에 피라고 영양분을 준다고 봄에 피지 않습니다. 영양 과잉으로 시들어 버립니다. 꽃 피는 계절이 다름을 인정하면 됩니다. 모두 잘할 수는 없습니다. 공부를 못하면 못하는 대로, 운동을 못하면 못하는 대로 인정해 주면 됩니다. 이것을 인정해 주는 것이 훌륭한 어머니요, 아버지요, 훌륭한 선생님이요, 훌륭한 배우자입니다. 《법구경》에 "상대가 자신 위에 있다면 존경하라, 상대가 자신 아래 있다면 베풀어라, 상대가 자신 옆에 있다면 돌보아라, 아무런 차별 없이, 원망 없이, 적개심 없이, 누구에게나 평온한 마음을 보여 주어라."라고 하였습니다.

자신도 있는 그대로의 자신을 인정해 주는 사람이 행복한 사람입니다. 자신을 인정하지 못하고 불만인 사람이 있습니다. 자신을 인정하지 못하면 언제까지나 불행에서 헤어 나오지 못합니다. 친구는 친구를 있는 그대로 인정해 주는 경우가 많습니다. 바꾸려고 하지 않고 들어줍니다. 그래서 친구 관계가 편한 것입니다. 랠프 왈도 에머슨은 "친구를 얻는 방법은 친구가 되어 주는 것이다."라고 하였고, 아리스토텔레스(Aristotele)는 "친구란 두 개의 몸에 하나의 영혼이 깃든 것이다."라고 하였습니다. 편안하게 자신을 친구처럼, 타인을 친구처럼 대한다면 누구하고도 잘 지낼 수 있습니다. 아들딸과도 친구처럼 지내면 잘 지낼 수 있습니다. 그것은 서로를 있는 그대로 받아들이기 때문입니다.

스리랑카의 알루보물레 스마나사라(Alubomulle Sumanasara) 스님은 "자식은 애정이 아니라 자비로 키워야 한다."라고 하였습니다. "자비란 내 아이, 남의 아이를 구별하지 않고, 자신이 가진 것을 자식에게 베푸는 것"[26]이라고 합니다. 또한 걀왕 드룩파(Gyalwang Drukpa) 스님은 부모가 자녀에게 줄 수 있는 가장 큰 가르침은 존중심이라고 합니다. "존중심은 아이가 어른이 되어 가는 데 필요한 사랑의 기반을 마련해 준다."[27]라고 합니다. 자신에게도, 타인에게도 어느 정도의 포용, 양해, 이해만 있다면 좋은 관계를 유지할 수 있습니다. 자신이건, 타인이건 현재 있는 그대로 봐 주고, 응원하고, 칭찬하고, 격려하면 됩니다. 서로 그것을 원합니다.

스와미 프라냔파드(Swami Prajnanpad)는 "누군가를 사랑한다는 것은 그 사람이 이완될 수 있도록 돕는 것"이라고 하였습니다. 사람에게 필요한 것은 상대를 지적하는 말이 아니라 상대를 배려하는 말입니다. 그저 조용히 들어만 주어도 위로가 됩니다. 스스로 마음을 가다듬을 수 있도록 하는 것이 위로입니다. 삶은 담을수록 무거워지고, 비울수록 행복해집니다. 위로는 채울 수 있도록 도와주는 것이 아니라 비울 수 있도록 도와주는 것입니다. 대만의 허췐펑(何權峰) 교수는 사랑하기는 쉽지만, 함께 살기 어려운 이유는 사랑할 때는 서로의 장점을 보지만, 함께 살기 위해서는 서로의 단점을 포용해야 되기 때문이라고 하였습니다.[28] 《채근담》에도 "남을 꾸짖는 사람은 허물 있는 중에서 허물 없음을 찾아내라. 그러면 마음이 평온해진다(責人者 原無過於有過之中則情平)."라고 하였습니다.

미국 영화배우 로빈 윌리엄스(Robin Williams)는 "우리 모두는 완벽하지 않다. 중요한 것은 서로에게 완벽한가이다."[29]라고 했습니다. 오늘 자기 자신을, 자녀를 있는 그대로 인정해 보세요. 그리고 아무것도 기대하지 말고 자기 자신이, 자녀가 살아 있음에 감사해 보세요. 그러면 달리 보일 것입니다. 바꾸지 않아도 행복합니다. 바꾸지 않아도 그 자체로 빛나고 소중합니다. 사람이 하늘이라고 합니다. 기대가 아니라 존중과 사랑이 관계를 바꿀 수 있습니다.

험담에 대처하는 태도

《성경》에 "소문과 거짓말을 경계하라. 그것은 많은 이들의 평화를 파괴한다. 많은 이들이 칼날에 쓰러져 왔으나 혀에 의해 쓰러진 이들만큼은 많지 않다."라고 하였습니다. 《명심보감》에도 "입은 사람을 다치게 하는 도끼이고, 말은 혀를 베는 칼이다. 입을 막고, 혀를 감추면 어느 곳에 있어도 몸이 편안하다(口是傷人斧 言是割舌刀 閉口深藏舌 安身處處牢)."라고 하였습니다. 입과 혀는 화(禍)와 근심의 문이요, 몸을 죽이는 도끼와 같다는 말입니다. 로마 황제 마르쿠스 아우렐리우스(Marcus Aurelius)는 누군가가 나를 험담하는 말을 들으면 마음속에 다른 의견을 덧붙이지 말라고 하였습니다. 누군가가 나를 헐뜯는 말을 했다는 말을 들으면 먼저 분노가 일어날 것입니다. 왜 사실도 아닌 거짓말을 퍼뜨려 남의 명예를 훼손하는지 분노가 치밀어 오를 것입니다.

마르쿠스 아우렐리우스의 말은 부처님의 두 번째 화살을 맞지 말라는 말과 그 궤를 같이합니다. 첫 번째 화살인 험담은 내가 피할 수 없이 맞은 것이라면, 두 번째 화살인 분노는 맞지 말라는 것이 부처님의 말씀입니다. 두 번째 화살, 즉 분노는 내가 통제할 수 있는 것입니다. 험담은 험담이고, 분노는 분노입니다. 험담을 들었다고 해서 반드시 분노가 일어나야 하는 것은 아닙니다. 험담하는 사람은 자신의 얼굴에 침을 뱉는 것입니다. 험담에 대응해서 화를 내는 것도 내 얼굴에 침을 뱉는 것입니다. 영가 현각(永嘉 玄覺) 스님은 "험담을 관찰하는 것은 공덕이 되니 이것이 나에게는 선지식이다(觀惡言是功德 此則成吾善知識)."라고 하였습니다. 타인의 험담이 나에게는 타산지석(他山之石)이 되는 것입니다. 《법구경》에도 "상대방을 향해 손가락질할 때 나머지 네 손가락은 모두 자신을 향하고 있음을 떠올려라.", "욕을 참는 것이 가장 강하고, 훌륭한 행위이다."라고 하였습니다.

부처님은 타인이 한 나쁜 말과 욕을 내가 받지 않으면 그것은 보낸 사람의 것이 되는 것이니 받지 말라고 하였습니다. 또한 아들 라훌라에게 "대지처럼 되어라."라고 하였습니다. 사람들은 대지에 온갖 쓰레기를 버리지만 대지는 아무런 불평도 하지 않습니다.[30] 마르쿠스 아우렐리우스는 "다른 사람의 잘못은 그 자리에 두어라."[31], "최고의 복수는 너의 적과 똑같이 하지 않는 것이다."라고 하였습니다. 사막의 교부(Desert Father)들은 험담한 사람에게 선물을 보냈다고 합니다. 악의에 선행으로, 험담에 사랑으로 대응한 것입니다.

《명심보감》에도 "남을 용서하는 사람이 될지언정, 남의 용서를 받는 사람이 되지 말라(當容人 無爲人所容).", "한때의 분함을 참으면 백날의 근심을 면한다(忍一時之忿 免百日之憂)."라고 하였습니다. 붓다는

"분노의 마음은 누군가에게 던지겠다고 마음먹고 자기 손에 뜨거운 석탄을 쥐고 있는 것과 같다. 자신이 먼저 불에 탈 것이다."라고 하였습니다. 마르쿠스 아우렐리우스의 말처럼 험담하는 말에 다른 의견을 덧붙이지 않으면 됩니다. 그러면 아무 일도 일어나지 않습니다. 험담과 내 반응을 분리하는 것은 두 번째 화살을 맞지 않는 방법입니다. 말하자면 타인의 말과 나를 분리하는 것입니다. 타인의 말과 나를 동일시하면 나는 나일 수 없습니다. 사람은 모두 똑같은 사람은 없죠. 그런데 타인의 말과 나를 동일시하면 나 자신은 없어지게 됩니다. 타인의 말 한마디에 나의 감정을 맡긴다는 것은 말이 안 됩니다.

타인의 말을 잘 살펴보아야 그의 말이 믿을 수 있는지 알 수 있습니다. 자신을 험담하는 사람의 말을 어찌 믿을 수 있겠습니까? 그래서 험담은 믿을 수 있는 말이 아니라는 말입니다. 즉, 웃어넘길 수 있는 말이라는 말입니다. 웃어넘겨 버릴 수 있는 말은 희언(戲言)이라고 합니다. 즉 농담, 놀리는 말, 허언(虛言)입니다. 헛소리에 발끈하는 것은 어리석은 일입니다. 철학자 디오게네스(Diogenes)는 사람들로부터 "많은 사람들이 당신을 경멸한다."라는 말을 들었을 때도 마치 지나가는 당나귀가 우는 소리를 들은 것처럼 반응했다고 합니다. 영원한 것은 없습니다. 디오게네스처럼 바람처럼 사라질 일은 바람처럼 잊어야 합니다. 바람은 그물에 걸리지 않습니다. 내 마음의 그물에도 걸리지 않아야 합니다. 타인이 쏘는 두 번째 화살에 맞지 마세요.

걱정 꼬리 자르기

소동파는 "시냇물 소리는 부처님의 중생을 깨치는 법문이요, 산색은 부처님의 청정한 법신이니, 밤새 팔만 사천 게송을 설한다(溪聲便是長廣舌 山色豈非淸淨身 夜來八萬四千偈 他日如何擧似人)."라고 하였습니다. 물소리도 부처님 말씀이고, 바람 소리도 부처님 말씀이고, 새소리도 부처님 말씀이라고 합니다. 세상에 부처님 말씀 아닌 것이 없다는 것입니다. 부처의 눈으로 보면 불법 아닌 것이 없고, 중생의 눈으로 보면 어리석음 아닌 것이 없습니다. 성철(性徹) 스님은 이리 가도 부처님, 저리 가도 부처님, 부처님을 피하려고 해도 피할 수 없다고 하였습니다. 나바호(Navajo) 인디언은 친구 아닌 사람을 만난 적이 없다고 하였습니다.

세상을 만족과 감사의 눈으로 보면 깨달은 사람이고, 세상을 불만과 걱정의 눈으로 보면 중생인 것입니다. 부처님은 이 세상은 그 자체로 완전하다고 하였습니다. 우리 인간도 원래 완전한데 그것을 보지 못하는 것입니다. 있는 것을 보지 못하고, 없는 것을 보는 것입니다. 대단한 능력이 아닐 수 없습니다. 인간은 없는 것을 보는 능력이 있습니다. 그것이 망상(妄想, delusion)입니다. 있는 생각, 없는 생각, 온갖 생각을 만들어 냅니다. 머릿속은 온갖 상상으로 가득 차 있습니다. 걱정이 꼬리에 꼬리를 물고 이어집니다.

본래 없는 것을 만들어 내는 것이 망상입니다. 불평, 불만, 걱정은 원래 없는 것입니다. 사람이 만들어 낸 것입니다. 본래 없는데 생각으로 짓는 것입니다. 불평, 불만, 걱정은 부처의 언어가 아닙니다. 말하자면 중생의 언어입니다. "잘못되면 어떻게 하나?", "잘 안 되면 어떻게 되나?" 하는 부정적인 생각은 중생의 생각입니다. 흘러간 과거, 오지 않은 미래를 소재로 생각을 짓는 것입니다. 그렇게 현재도 헛되이 흘려보내는 것입니다. 쥐꼬리를 자르듯이 걱정의 꼬리를 잘라야 합니다. 걱정의 꼬리를 자르지 않으면 끝없이 이어질 것입니다. 과거와 미래의 꼬리를 자르고 현재를 살아야 합니다. 과거와 미래를 비워야 산도 보이고, 계곡의 물소리도 들립니다.

달을 보라고 가리키는데 손가락 끝을 보아서는 달을 볼 수가 없습니다. 과거와 미래라는 손가락 끝에 매달려서 현재라는 하늘에 떠 있는 달을 보지 못하는 것입니다. 과거와 미래는 버리고, 현재만 바라보고 가면 됩니다. 어느 선객이 소동파의 시에 훈수를 둡니다. "동파거사는 혀가 크고 넉넉해서 소리와 빛깔 가운데서 법신을 나타내네. 계곡의 물소리, 산의 빛깔이라면 산도 없고 물도 없는 것이 시름 있는 이에게는 더 좋으리라(東坡居士太饒舌 聲色關中欲透身 溪若是聲山是色 無山無水好愁人)."[32]라고 하였습니다. 무심한 것만 못하다는 말입니다.

《채근담》에 "성긴 대숲에 바람이 불어와도 바람이 지나가면 대숲은 소리를 남기지 않고, 기러기 차가운 연못을 지나도 기러기 지나가면 연못은 그림자를 담지 않는다. 그러므로 군자는 일이 오면 비로소 마음을 내고, 일이 떠나가면 마음도 곧 비운다(風來疎竹 風過而竹不留聲 雁度寒潭 雁去而潭不留影 故君子 事來而心始現 事去而心隨空)."라고 하였습니다. 천의 의회(天衣 義懷) 선사도 "기러기 먼 하늘을 날아가니 그림자 차가운 물에 잠기네, 기러기는 자취 남길 뜻 없고, 물은 그림자 잡아 둘 마음 없네(雁過長空 影沈寒水 雁無遺蹤之意 水無留影之意)."라고 하였습니다.

물래즉조(物來卽照)라는 말이 있습니다. "사물이 오면 오는 대로 비추라."라는 말입니다. 일이 오면 마음을 내고, 일이 지나가면 마음을 비우면 됩니다. 자취를 남기지 않는 기러기처럼, 그림자를 잡지 않는 물처럼 살면 됩니다. 내일 일은 내일 걱정하면 됩니다. 일본의 다쿠안(澤庵) 선사는 "마음을 항상 흐르는 상태로 유지하라."라고 합니다. 번뇌도 집착도 모두 비워 놓고 물처럼 바람처럼 살다 갈 일입니다. 마음 한번 돌리면 무심한 부처가 됩니다.

변화와 소통

남명 조식(南冥 曺植) 선생은 "착한 일을 하는 것과 악한 일을 하는 것은 반드시 그 바탕이 있기 때문"이라고 하였습니다. 착한 일을 하는 품성이 하늘에서 뚝 떨어지는 것이 아니고, 악한 일을 하는 품성이 하늘에서 뚝 떨어지는 것이 아닙니다. 그동안의 습관(習慣)이 쌓여서 착한 일을 하고, 그동안의 습관이 쌓여서 악한 일을 하는 것입니다. 착한 일을 하지 않는다고 책망할 것이 아닙니다. 아직 착한 일을 하는 습관을 심지 않았기 때문입니다. 악한 일도 악한 일을 하는 습관을 심었기 때문에 그것이 발현되는 것입니다. 착한 씨앗을 뿌려야 착은 일이라는 열매가 열리는 것입니다. 그것이 습관이고, 변화입니다. 미국 철학자 톰 모리스(Tom Morris)는 "변화는 우주에서만 일어나는 것이 아니라 우리 내면에서도 일어난다."라고 하였습니다.

"습관(習慣)이 운명(運命)이다."라는 말이 있습니다. 생각이 바뀌면 행동이 바뀌고, 행동이 바뀌면 습관이 바뀌고, 습관이 바뀌면 운명이 바뀐다는 말입니다. 그래서 운명을 바꾸려면 습관을 바꾸어야 하는 것입니다. 삼근계(三勤戒)라는 말이 있습니다. 다산 정약용 선생이 중인(中人) 출신 제자 황상(黃裳)에게 준 가르침입니다. 제자 황상이 자신이 아둔(鈍)하고, 꽉 막히고(滯), 융통성이 없는(戛) 세 가지 병이 있는데 공부를 할 수 있는지 묻자, 스승 다산이 "부지런(勤)하고, 부지런(勤)하고, 부지런(勤)하면 된다."라고 한 것입니다. 습관을 바꾸라는 가르침입니다. 습관을 바꾸면 공부를 할 수 있고, 공부를 하면 인생을 바꿀 수 있는 것입니다. 그러면서 다산은 어떻게 하면 부지런할 수 있는지 가르쳐 줍니다. 마음을 확고(心確)하게 다잡으면 된다고 말합니다. 말하자면 자신을 확고하게 믿고 습관을 바꾸는 것입니다. 다산의 충고에 따라 부지런히 공부한 황상은 청(淸)나라에서도 알아주는 시인(詩人)이 됩니다. 셰익스피어도 "우리의 운명을 쥐고 있는 것은 별이 아니라 우리 자신이다."라고 하였습니다.

부족하거나 곤궁(困窮)하다고 해서 나쁜 것이 아닙니다. "궁즉변 변즉통(窮則變 變則通)"이라고 했습니다. 궁하면 변하고, 변하면 통한다는 말입니다. 통하는 방법은 변화하는 것입니다. "천 년 전 인도 요가 수행자들은 베푸는 훈련을 위하여 오른손에 있는 물건을 왼손으로, 왼손에 있는 물건을 오른손으로 넘기는 연습을 했다고 합니다."[33] 나비의 날갯짓처럼 사소한 변화가 엄청난 결과를 가져오는 것을 '나비효과(butterfly effect)'라고 합니다. 인간은 자신은 인식하지 못하지만, 인간의 세포는 끊임없이 생성, 변화, 소멸합니다. 이러한 세상의 이치를 알게 되면 궁하다는 것, 변한다는 것, 통한다는 것이 서로 연결되어 있음을 알게 됩니다. 밥 딜런(Bob Dylan)은 노래합니다. "지금 느린 자 나중에 빠르게 되고, 지금 첫째가 나중에 꼴찌가 되리라. 시대가 변하고 있으니."

변화하지 않으면 망하게 된다는 것이 세계사의 교훈입니다. 1800년대 유럽은 계속적인 전쟁으로 상대국의 전력은 강해지는데 자국의 전력은 발전되지 않으면 생존할 수 없게 되므로, 서로서로 전쟁력을 발전시켜 왔다고 합니다. 이에 반해 동아시아는 임진왜란 이후 평화의 시기가 도래함에 따라 전쟁 기술은 갈수록 퇴화했다고 합니다. 청나라도 초기 최강 전력을 가지고 있었으나 경쟁자가 없자 바깥 세계에 문을 닫고 쇠퇴하게 되었고, 조선도 평화의 시기가 되자 철포 제작을 멈추게 됩니다. 궁하지 않으니 변화하지 않은 것입니다. 외국의 상황을 예의주시하지 못하고 미리 대비하지 못한 결과는 망국에 이르게 된 것입니다.

가만히 있어도 지구가 돌 듯이, 변화는 자연스러운 것입니다. 우리는 변화를 두려워하지만, 우리는 늘 변화 속에 있습니다. 변화 속에 있으면서 변화를 두려워할 필요는 없습니다. 끊임없이 변화하는 것이 자연의 이치입니다. 사람은 늘 변화하는 변화의 물결을 타고 있습니다. 변하지 않으면 불통(不通)하게 되고, 불통하면 쇠퇴(衰退)하게 되는 것이 역사의 교훈입니다. 사람들이 서로에게 바라는 것은 서로가 서로를 인정해 주고, 사랑해 주는 것입니다. 그것이 소통(疏通)입니다. 변화는 소통입니다. 통(通)하면 서로 이해하고, 사랑하게 되는 것입니다. 《주역》도 소통을 강조합니다. 땅이 위에 있고 하늘이 아래에 있는 지천태괘(地天泰卦)는 길(吉)하고 형통(亨通)하다고 하고, 하늘이 위에 있고, 땅이 아래에 있는 천지비괘(天地否卦)는 이롭지 않다(不利)고 하였습니다. 지천태괘는 하늘이 땅을 향해 있고, 땅이 하늘을 향해 있으니 서로 소통해서 길하고 형통하다고 하고, 천지비괘는 하늘은 하늘대로, 땅은 땅대로 각자 자기 자리를 고수하고 서로 소통하지 않으니 막히고 이롭지 않다고 합니다. 소통하면 길하고 흥하며, 소통하지 않으면 이롭지 않고 쇠퇴한다는 것입니다.

공자님도 네 가지가 없다고 하였습니다. "억측하는 것이 없고, 반드시 해야 하는 것이 없고, 자신만 옳다고 하는 것이 없고, 자신에게 집착하는 것이 없다(子絶四 毋意 毋必 毋固 毋我)."고 합니다. 자신만 옳다고 고집하지 않은 것입니다. 음이 양이 되고, 양이 음이 되는 것이 변화입니다. 정중동(靜中動)이라는 말이 있습니다. 고요함 속에 움직임이 있고, 움직임 속에 고요함이 있다는 말입니다. 이것이 자연의 이치입니다. 소통은 상대방을 인정하는 데 있습니다. 내 것만 고집하지 않고 역지사지(易地思之), 바꾸어 생각해 보는 것이 소통입니다. 새로운 직장에 발령받아 가면 두렵습니다. 그러나 막상 출근해 보면 거기도 사람 사는 세상입니다. 누군가는 신입직원을 도와주고 응원해 주는 사람 냄새나는 곳입니다. 변화는 두려움의 대상이 아니라 소통의 대상입니다.

어려울 때 해야 할 것

"어려울 때도 즐겨야지요." KBS 《동네 한 바퀴》라는 프로그램에 출연한 우산 가게 사장님의 말씀입니다. 단순한데 의미가 깊습니다. 재미있을 때, 흥겨울 때, 여유가 있을 때, 돈이 있을 때, 시간 있을 때 즐긴다고 하는데, "어려울 때 즐긴다."는 역발상(逆發想)입니다. 어려울 때 즐길 수 있으면 어떤 어려움도 이겨 낼 수 있습니다. 어려울 때 진정한 실력이 나타납니다. 어려울 때가 진정한 내공(內功)이 나타나는 시간입니다. 어려울 때 즐겨야 더 세지고, 더 단단해지고, 더 굳건해집니다. 무너지지 않습니다.

가뭄이 들면 나무는 물을 찾기 위해 뿌리를 아래로, 아래로 내립니다. 물을 찾아 뿌리를 깊게 내리는 것입니다. 가뭄을 견딘 나무는 뿌리가 깊어서 태풍이 와도 견뎌 낸다고 합니다. 그러나 가뭄을 겪지 않은 나무는 물이 풍부해 뿌리를 깊이 내릴 필요가 없습니다. 그래서 태풍이 오면 쉽게 뿌리 뽑힌다고 합니다. 어려움이 꼭 나쁜 것이 아니라 나무를 살려 주는 것입니다. 인생사 '새옹지마(塞翁之馬)'입니다. 좋다고 좋은 것이 아니고, 나쁘다고 나쁜 것이 아니라는 말입니다. 태국의 아잔 차(Ajahn Chah) 스님은 힘든 일이 찾아올 때 그것은 가르침을 주는 진리의 사자(使者)로 여기라고 하였습니다.[34] 《채근담》에도 "고요한 가운데 고요함은 진정한 고요함이 아니요, 움직임 속에 고요함을 얻어야 참된경지에 이르렀다고 할 수 있다. 즐거움 가운데 즐거움이 진정한 즐거움이 아니요, 고통 가운데 즐거움을 얻어야 참된 경지에 이르렀다고 할 수 있다(靜中靜非眞靜 動處靜得來 才是性天之眞境 樂處樂非眞樂 苦中樂得來 才是心體之眞機)."고 하였습니다.

SBS 《생활의 달인》에 도라지 까기 명인이 나왔습니다. 손에서 도라지를 놓지 않습니다. 누워 있으면서도 도라지를 까고, 심지어 졸면서도 도라지를 깝니다. 누워서 쉬면서도 손으로는 도라지를 까는 것입니다. 그야말로 일을 즐기는 것입니다. 즐기는 사람이 최고수(最高手)입니다. 그래서 달인이 된 것입니다. 그렇게 도라지를 까서 근처 대학교에 1억 원을 기부했다고 합니다. 셰익스피어는 "즐기면서 하면 괴로움은 잊힌다."라고 하였습니다. "피할 수 없으면 즐겨라."라는 말이 있습니다. 괴로우면 즐겨야 하는 것입니다. 즐기면 괴로움이 잊힙니다.

건물을 짓는 제1단계는 넓은 땅을 확보하는 것입니다. 인생을 잘 사는 제1단계는 넓은 마음을 가지는 것입니다. 넓은 마음을 가지면 언젠가는 그 위에 잘 사는 인생을 지을 수 있습니다. 마음을 넓히는 것이 인생을 잘 사는 제1순위 비결입니다. 고우(古愚) 스님은 "아파트 평수를 늘리려고 하지 말고, 마음의 평수를 늘리려고 하라."라고 하셨습니다. 넓은 마음은 이해하는 마음, 감사하는 마음입니다. 인생을 잘 사는 방법은 이해하는 마음, 감사하는 마음, 도량이 넓은 마음을 가지는 것입니다. 땅을 마련하는 것은 투자(投資)입니다. 넓은 마음을 가지는 것도 투자입니다. 할 일이 없으면, 어려운 일이 있으면, 마음 넓히는 투자를 하면 됩니다. 인생에 대한 투자, 가족에 대한 투자, 이웃에 대한 투자, 세상에 대한 투자, 내생(來生)에 대한 투자, 이 세상에 투자 아닌 것이 없습니다. 인과응보(因果應報)는 투자하는 대로 결과가 나온다는 말입니다. 내가 하는 행동, 말, 선행, 악행 모두 투자입니다. 잘 관찰해 보면 투자 아닌 것이 없습니다. 그래서 《명심보감》 첫 구절이 "선을 행한 자는 하늘이 복(福)을 주고, 악을 행한 자는 하늘이 화(禍)를 내린다."입니다.

수원 봉녕사 '사찰음식 대향연' 축제에 다녀온 적이 있습니다. 마침 스님들이 탁발을 하시고 대중들이 스님에게 공양물을 바치는 행사가 있었는데, 행사에서 파는 과자를 구매해서 스님들 발우에 넣게 되었습니다. 탁발 스님이 머리에 이고 다니는 발우에 과자를 바치는 순간, 마치 천상에 양식을 저장하는 것 같은 기분이 들었습니다. 과자가 천상에 떨어진 것입니다. 스님에게 공양한다는 것이 이런 의미가 있구나 하는 것을 처음 느꼈습니다. 보시라는 것이 천상에 내가 먹을 양식을 저축하는 것이었습니다. 결국 내가 하는 일거수일투족도 하늘에 저축하는 행위였던 것입니다. 선행도 저축하고, 악행도 저축합니다. 선행은 천국으로 가는 보이지 않는 문이라는 말이 있습니다. 사람이 죽고 나면 자신이 살았을 때 한 행위로 심판을 받는다고 합니다. 그렇게 생각하고 나니 행동 하나하나가 예사로운 것이 아니었습니다.

인간 눈으로 보지 말고 영원의 눈, 우주의 눈으로 세상을, 인생을, 세계를 바라볼 필요가 있습니다. 결국 인생을 잘 사는 방법은 투자를 잘하는 것입니다. 비가 온 뒤에 땅이 굳는다고 합니다. 어려움을 겪은 뒤에 사람은 더 단단해지고, 강해지고, 성장하게 됩니다. 번뇌가 깨달음이라고 합니다. 어려움이 깨달음의 양분이 되는 것입니다. 위기(危機)라는 한자는 위태로움(危)과 기회(機)가 함께 있다는 말입니다. 어려움에는 위태로움만 있는 것이 아니라 기회도 있는 것입니다.

그렇다면 어려울 때 해야 할 것이 세 가지가 있습니다. 어려울 때일수록 베풀고, 어려울 때일수록 감사하고, 어려울 때일수록 즐기는 것입니다. 베푸는 것은 미래를 위해 씨앗을 뿌리는 행위입니다. 베푸는 사람에게는 복이 옵니다. 《주역》 〈문언전(文言傳)〉에 "선을 쌓은 집은 반드시 경사가 있다(積善之家必有餘慶)."라고 하였습니다. 감사하는 사람의 마음은 넓습니다. 상대를 잘 이해합니다. 감사하는 사람은 주위에서 도와줍니다. 그리고 즐기는 사람은 강합니다. 어떤 어려움도 이겨 낼 수 있습니다. 미국의 코미디언 밀튼 버얼(Milton Berle)은 "기회가 노크하지 않는다면 기회가 노크할 수 있는 문부터 만들어라."라고 하였습니다. 위기를 기회로 만드는 것은 어려울 때도 베풀고, 감사하고, 즐기는 넓은 마음입니다.

인생의 네 가지 보물

영국의 소리 전문가 줄리언 트레저(Julian treasure)는 자신의 삶에서 소중히 여기는 가치를 FLAG(Faith, Love, Acceptance, Gratitude)로 요약했습니다.[35] 믿음(Faith) 없이는 세상이란 바다에서 '나'라는 배는 항해할 수 없습니다. 배를 띄울 수 있게 하는 것은 믿음이고 희망입니다. 일찍이 공자는 무신불립(無信不立)이라고 하였습니다. 국가도 신뢰가 없으면 설 수 없는데, 사람은 믿음이 없이는 하루도 살아갈 수 없습니다. 믿음은 사람이 살아갈 수 있게 하는 힘입니다. 〈가지 않은 길〉을 쓴 로버트 프로스트(Robert Frost)는 "믿음은 그 무엇보다 좋은 것이며, 훌륭하다."[36]라고 말했습니다.

세상은 혼자 살 수 없으므로 타인에 대한 사랑(Love), 이해, 자비가 필요합니다. 타인에 대한 사랑, 이해는 곧 자신에 대한 사랑, 이해이기도 합니다. 니체는 "자신의 운명을 사랑하라(Amor fati).", "사람은 자신을 사랑하는 기술을 부단히 배우고 익혀야 한다."라고 하였습니다. 사랑보다 더 강한 것은 없습니다. 자신을 사랑하지 않고 타인을 사랑할 수 없습니다. 자신이 행복해지지 않고 타인을 행복하게 해 줄 수는 없습니다. 자신을 닦지 않고 세상을 편안하게 할 수 없습니다. 그래서 《성경》에도 "믿음, 소망, 사랑 중 그중에 제일은 사랑이다."라고 하였습니다. 사랑은 인생의 열매입니다.

세상일은 내 마음대로 될 수가 없습니다. 내 뜻대로 될 수 없는 일은 받아들여야(Acceptance) 합니다. 세상이 먼저 있고, 내가 나중에 세상에 왔으니, 기존에 있던 세상을 내 마음대로 바꿀 수는 없습니다. 받아들일 것은 받아들여야 합니다. 우크라이나의 안나 코롤로프(Anna Korolev)는 〈바람이 버드나무에게(wind to willow)〉라는 글에서 "우아함은 받아들임의 씨앗에서 싹 터 자라는 것"[37]이라고 노래하였습니다. 괴로움은 받아들이지 못하는 것에서 옵니다. 받아들임은 만족하는 삶의 씨앗입니다.

내가 이 세상에 태어난 것은 기적과 같은 일이므로 감사 (Gratitude) 해야 합니다. 하루를 살아가는 것도 기적과 같은 일이므로 감사해야 합니다. 감사는 행복의 전제조건입니다. 행복은 내가 가진 것에 만족하는 것이고, 감사하는 것입니다. 행복하기 위해서는 먼저 감사해야 합니다. 그래서 감사는 행복의 씨앗이라고 합니다. 감사하면 불평과 불만은 사라집니다. 괴테(Johann Wolfgang von Goethe)는 "숨쉬기에 들이쉬기와 내쉬기가 섞여 있듯이, 신이 나를 힘들게 할 때도 감사해야 하고, 행복하게 할 때도 감사해야 한다."[38]라고 하였습니다. 믿음, 사랑, 수용, 감사는 행복한 삶을 살아갈 수 있게 하는 힘의 원천입니다.

세상을 잘 살아가기 위해서는 이 네 가지 힘을 길러야 합니다. 믿음을 잃어버렸거나 감사함을 잃어버렸거나, 사랑을 잃어버렸거나, 받아들임을 잃어버렸다면 눈을 감고 깊은 내면의 바다에 들어 있는 이 네 가지 보물을 꺼낼 일입니다. 세르비아 속담에 "너는 흙으로 만들어졌으니 겸손하라, 너는 별로 만들어졌으니 고귀해져라."라는 말이 있습니다. 믿음과 받아들임으로 대지와 같이 겸손하게, 사랑과 감사로 하늘과 같이 고귀하게 살 일입니다.

인생에 실패는 없다

아이들이 공부는 하지 않고 게임만 한다고 걱정하는 부모님들이 많습니다. 이 아이가 커서 무엇이 될까, 다른 아이들에게 치여 사회생활은 제대로 하고 살아갈까 걱정입니다. 아이는 아무 생각이 없는데 부모는 걱정이 태산(泰山)입니다. 내일의 걱정까지 당겨서 하는 것입니다. 내일 일은 아무도 모릅니다. "식자우환(識字憂患)"이라는 말이 있습니다. 많이 알면 도리어 걱정이 많다는 말입니다.

어릴 때는 놀이 그 자체에 몰입했습니다. 오직 놀이를 위해서 놀이를 했습니다. 그냥 놀이가 좋아서 놀이에 빠진 것입니다. 어떤 목적에 매몰되지 않았습니다. 그냥 놀이가 목적이었습니다. 그냥이라는 것은 행위와 목적의 일치입니다. 행위가 목적이고, 목적이 행위입니다. 의사의 의료 행위는 의료 행위가 목적이고, 잘된 의료 행위는 좋은 결과를 가져옵니다. 과정이 좋으면 결과도 자동으로 좋은 것입니다.

행위와 목적의 분리는 어른들의 생각입니다. 어른들은 어떤 목적을 위해서 행위를 합니다. 목적 지향적입니다. 아이의 행위는 행위가 목적입니다. 따로 목적을 설정하는 것이 없습니다. 그러나 어른의 행위는 행위 따로이고, 목적 따로입니다. 어떤 행위를 할 때 목적이 따로 있는 경우가 대부분입니다. 목적이 따로 없을 때에도 다른 목적이 있는지 의심의 눈초리를 받기도 합니다. 심지어 목적이 따로 없으면 순수하다고 놀림받기도 합니다. 악행에는 목적이 있지만 선행에는 목적이 없다고 합니다. 선행을 베푸는 데 목적이 있다면 그것은 위선이기 때문입니다.

삶에는 원래 목적이 없습니다. 사는 것이 목적입니다. 건강하게 잘 사는 것이 목적입니다. 그런데 여기에 부수적인 것들이 추가됩니다. 돈을 많이 벌어야 한다든지, 높은 자리에 올라가야 한다든지, 유명 인사가 되어야 한다든지, 떵떵거리며 살아야 한다든지, 1등이 되어야 한다든지 하는 부수적인 것들이 추가됩니다. 이 부수적인 것들이 어느 날 주인이 됩니다. 이것들이 없으면 실패한 인생으로 간주됩니다. 객이 주인이 되고, 주인은 주인 자리를 잃게 됩니다. 삶은 원래 그 자체가 아름다운 것이고 그 자체가 목적인데, 언제부터인지 이 부수적인 것들이 인생을 대체하기 시작하는 것입니다.

사는 것이 성공입니다. 살아 있는 것이 성공입니다. 인생엔 원래 실패가 없습니다. 실패가 없는 인생을 실패가 있는 인생으로 만든 것입니다. 어른들이 이렇게 만들어 놓은 것입니다. 아이들에게는 실패가 없습니다. 오늘 즐겁게 잘 놀면 됩니다. 내일이 있으므로 오늘 안 되면 내일 하면 됩니다. 내일은 내일의 해가 떠오릅니다. 그날그날 최선을 다하면 됩니다. 그것이 최선의 삶입니다. 사람은 하루를 사는 하루살이입니다. 실패라는 것은 원래부터 없었던 것입니다. 《채근담》에도 "바둑 두는 사람이 바둑돌로 승패를 겨루지만, 대국이 끝나 바둑돌을 거두고 나면 승패는 어디에 있느냐?(弈者爭先競後 較雌雄於著子 俄而局盡子收 雌雄安在)"라고 묻고 있습니다.

못해도 내 인생, 잘해도 내 인생입니다. 그것이 인생의 실체인 것입니다. 잘나도 내 아들, 내 딸이고, 못나도 내 아들, 내 딸입니다. 성공과 실패는 부수적인 것일 뿐입니다. 인생의 목적은 삶 그 자체에 있는 것입니다. 사자가 세렝게티 초원을 어슬렁거리는 것 자체가 사자의 삶인 것입니다. 그것이 사자의 삶입니다. 그 이상도 그 이하도 아닙니다. 딱 그것입니다.

제3장

초원의 빛, 꽃의 영광

그러려니 하고 살자

세상 살다 보면 세상 탓, 남 탓을 하는 사람들이 있습니다. 무슨 일이 잘 안되면 탓할 거리를 찾는 것입니다. 마음이 약한 사람들입니다. 감당할 자신(自信)이 없기에 다른 사람에게 전가(轉嫁)하는 것입니다. 의지하고 바라는 마음이 남 탓을 하는 마음입니다. 남 탓을 하기는 쉽지만 자신 탓을 하기는 어렵습니다. 자신 탓을 하려면 자신감이 있어야 하기 때문입니다. 자신이 있는 사람은 남 탓을 하지 않습니다. 그것을 이겨 낼 자신이 있기 때문입니다. 내가 어떤 문제를 해결하고 싶다면 남 탓을 하면 안 됩니다. 문제의 주도권이 남에게 넘어가기 때문입니다. 남 탓을 하면 남이 해 주지 않으면 문제가 해결되지 않습니다. 그러나 내 탓으로 하면 내가 문제를 해결할 수 있습니다. 내 탓은 부끄러운 것이 아니라 강한 사람만 할 수 있는 것입니다.

'내 탓이오' 캠페인을 벌인 김수환(金壽煥) 추기경님이 생각납니다. 김수환 추기경님은 "그러려니 하고 살자."라고 하였습니다. "인생길에 내 마음 꼭 맞는 사람이 어디 있으리. 난들 누구 마음에 꼭 맞으리? 그러려니 하고 살자. 내 귀에 들리는 말들 어찌 다 좋게만 들리랴? 내 말도 더러는 남의 귀에 거슬리니. 그러려니 하고 살자. 무엇인가 안 되는 일 있어도 실망하지 말자. 잘되는 일도 있지 않던가? 그러려니 하고 살자. 인생은 결국 가는 것. 무엇이 영원한 것이 있으리. 그러려니 하고 살자."라고 하였습니다. '내 탓이오' 운동은 내가 주인이 되는 운동입니다. 내 탓이라고 말할 수 있는 사람은 주연(主演)이요, 주인공(主人公)입니다. 내 탓이라고 말할 수 없는 사람은 방관자(傍觀者)요, 조연(助演)입니다. 내 탓이라고 하는 사람이 많을수록 세상은 제대로 돌아가는 것입니다. 내 탓이므로 내가 고치면 되는 것입니다. '내 탓이오' 하는 사람이 많을수록 세상은 우리가 바라는 대로 변화될 것입니다.

《성경(聖經)》에도 "남의 눈의 티끌은 보여도 내 눈의 들보는 보이지 않는다."라고 합니다. 또한 성 아우구스티누스(St. Augustine)는 "원망이란, 독을 들이키고 상대방이 죽기를 기다리는 것과 같다."라고 하였습니다. 《논어(論語)》에도 "군자(君子)는 잘못을 자신에게서 구하고, 소인(小人)은 잘못을 남에게서 구한다(君子求諸己 小人求諸人)."라고 하였습니다. 맹자(孟子)도"행하여도 얻지 못하거든 자기 자신에게서 잘못을 구하라(行有不得者皆反求諸己).", "인(仁)은 활을 쏘는 것과 같다. 궁수는 자신을 바르게 한 다음에 활을 쏘고, 쏘아서 명중하지 못하면 자기를 이긴 사람을 원망하지 말고, 자신에게서 그 원인을 찾으라(仁者如射 射者正己而後發 發而不中 不怨勝己者 反求諸己而已矣).", "남을 예우해도 답이 없으면 자신의 공경하는 태도를 되돌아보고, 남을 사랑해도 친해지지 않으면 자신의 인자함을 되돌아보고, 남을 다스려도 다스려지지 않으면 자신의 지혜를 되돌아보라(禮人不答反其敬 愛人不親反其仁 治人不治反其智)."라고 하였습니다. 자기 눈의 들보는 보지 못하고 타인의 티끌을 나무라는 것, 자신이 활을 잘 쏘지 못하고서는 자신을 이긴 사람을 원망하는 것은 부끄러운 일입니다.

원망(怨望)하는 마음은 의지(依持)하는 마음에서 일어납니다. "이렇게 해 주었으면 좋았을 텐데…." 하는 마음은 바라는 마음이고, 의지하는 마음입니다. 이런 사람은 주체성이 없이 모든 것을 타인에게 의존합니다. 《아차말보살경(阿差末菩薩經)》에도 의지함이 있으면 식(識), 즉 알음알이가 일어나며, 마음에 바라는 바가 없고 의지하는 바가 없으면 지혜(智慧)가 된다고 하였습니다. 지혜로운 사람은 의지하지 않는다는 말입니다. 또한 《대승기신론(大乘起信論)》에서도 깨달음은 생각을 떠난 것이며, 의지하고 바라는 바가 없으면 마음이 생각을 품지 않아서 생각을 떠난 깨달음에 이르게 된다고 하였습니다.[39] 의지함이 없으면 마음에 생각을 품지 않아 깨달음에 이르게 된다는 것입니다.

그래서 임제(臨濟 義玄) 스님은 "부처를 만나면 부처를 죽이고, 조사를 만나면 조사를 죽이라(逢佛殺佛 逢祖殺祖)."라고 하였습니다. 부처도, 조사도 의지하지 말라는 말입니다. 또한 "만물을 따라가지 마라. 마음이 생기면 법이 생기고, 마음이 없어지면 법이 없어진다.

한 마음이 생겨나지 않으면 만법에 허물이 없다(莫隨萬物 心生種種法生 心滅種種法滅 一心不生 萬法無咎)."라고 하였습니다. 자신을 주인으로 여기는 사람은 모든 것을 내 탓으로 여기고, 잡념을 가지지 않습니다. 그러므로 어려움이 없는 것입니다. 세상 탓, 남 탓을 하는 것이 아니라 내 탓을 하는 사람이 자유인입니다. 잘되면 남 탓이고, 잘 안되면 내 탓입니다. 그것이 주인이 되어 사는 당당한 삶입니다. 의지하는 마음을 품지 않고, 내 탓이라고 하는 사람이 인생의 주인이자 주인공입니다.

봄 안개

바쇼(松尾芭蕉)는 봄을 "이름도 없는 산의 엷은 안개(春なれ 名もなき山の薄霞)"라고 표현했습니다. 엷은 안개를 보고 봄이 온 것을 안 것입니다. 산에 옅은 안개가 피어납니다. 산은 이름도 없는 뒷동산입니다. 안개도 아득하고, 산도 아득합니다. 봄은 안개의 발걸음처럼 조용히 다가옵니다. 이름도 없는 산에 안개가 찾아옵니다. 봄도 함께 찾아옵니다. 봄 안개가 아득하니, 이름 없는 산도 아득해진 것입니다. 안개와 봄은 친구인가 봅니다. 그래서 봄 안개라고 합니다.

사람에게도 이름이 있고, 웬만한 산도 이름이 있습니다. 그런데 이름도 없는 산이라니요. 모두 이름을 내려고 아등바등합니다. 신문에, TV에, 유튜브에, 블로그에라도 이름을 알려야 사는 보람이 있다고 생각합니다. 그런데 이런 시대에 이름도 없는 산이 더 장해 보입니다. 화려(華麗)함을 자랑하는 시대에 소박(素朴)함이 더 두드러진다고나 할까요? 이름이 있으면 무엇합니까?

이름 있는 산은 등산객, 여행객들에게 짓밟히고, 제명(命)대로 살

지 못합니다. 일본 시인 잇사(小林一茶)는 "뛰어난 것이 없으니 죄지은 것 또한 없다(能なしは 罪も又なし)."라고 하였습니다. 유명(有名)하면 죄도 따라오는 것입니다. 그래서 이름 없이 숨어서 제멋대로 마음껏 사는 것이 사는 맛이 아닐까요? 마치 제멋대로 힐링하는 《고독한 미식가》의 주인공 같습니다. 마치 장자의 삶을 보는 것 같습니다. 장자는 "지인(至人)은 자기가 없고, 성인(聖人)은 공이 없으며, 신인(神人)은 이름이 없다(至人無己 聖人無功 神人無名)."라고 하였습니다. 이름이 없는 것이 아니라 이름도 없습니다. 남들이 다 가지고 있는 이름도 없는 것입니다. 그런데 하나도 부끄럽지 않습니다.

안개가 찾아와 봄은 더 아름다운 것입니다. 이름도 없는 산에도 봄 안개는 찾아옵니다. 이름 있는 산의 봄 안개보다 더 아득하게 찾아옵니다. 나도 오늘 이름도 없는 산이 되고 싶습니다. 공자님은 "덕은 외롭지 않고 반드시 이웃이 있다(德不孤必有隣)."라고 하였습니다. 안개와 봄과 친구가 되고 싶습니다. 나무에 꽃이 피면 아름답습니다. 사람들이 봄을 완상(玩賞)합니다. 사진을 찍습니다. 그러나 꽃은 열매를 맺기 위한 사전 작업인 셈입니다. 꽃 피는 것이 다가 아닙니다. 열매를 맺고, 씨앗을 뿌려야 한 계절을 다하는 것입니다. 나무는 열매를 얻기 위해 꽃을 피웁니다. 꽃을 버려야 열매를 얻는 것입니다. 《화엄경》에 "나무는 꽃을 버려야 열매를 맺고, 강물은 강을 버려야 바다에 이른다(樹木等到花 謝才能結果 江水流到舍 江才能入海)."라고 하였습니다.

인생에서도 이름은 인생의 꽃입니다. 꽃은 아름답지만, 인생의 목적은 아닙니다. 그래서 이름을 허명(虛名)이라고 합니다. 열매를 맺고, 씨앗을 뿌려야 흙으로 돌아가는 것입니다. 우리의 인생도 꽃을 버려야 열매를 얻습니다. 열매를 버려야 씨앗을 얻습니다. 《채근담》에도 "사람들은 높은 명예와 지위만 즐거움인 줄 알고 이름 없고 지위 없는 즐거움이 더 큰 줄을 알지 못한다. 사람들은 굶주리고 추운 것만 근심인 줄 알고, 굶주리지 않고 춥지 않은 근심이 더 큰 근심임을 알지 못한다(人知名位爲樂 不知無名無位之樂爲最眞 人知飢寒爲憂 不知不飢不寒之憂爲更甚)."라고 하였습니다.

이름을 버려야 생명을 얻는 것입니다.

살신성인(殺身成仁)이라는 말이 있습니다. 나를 버려 인(仁)을 이루는 것입니다. 허명을 버려 생명을 얻는 것입니다. 봄을 기다리는 사람은 겨울을 기다립니다. 겨울이 지나면 이름을 버린 산에도 봄 안개가 찾아옵니다. 겨울 지나 찾아온 봄은 그래서 더욱 찬란(燦爛)합니다.

청산과 호시절

임제 스님은 오도송(悟道頌)에서 “옳거니 그르거니 따지지 말라, 산은 산대로 물은 물대로 스스로 한가로운데, 서방 극락세계가 어디 있느냐고 묻지 말라, 흰 구름 걷힌 곳이 청산이다(是是非非都不關 山山水水臨自閑 莫問西天安養國 白雲斷處有靑山).”라고 하였습니다. 산도 한가하고, 물도 한가한데, 사람만 한가하지 못합니다. 현대인은 바쁩니다. 임제 스님은 행복이 어디 있는지 묻지 말라, 시비 따지지 않으면 그것이 행복이고, 깨달음이라고 가르쳐 줍니다. 무문 혜개(無門 慧開) 스님은 또 어떻게 말했을까요? “봄에는 백 가지 꽃이 피고 가을에는 달이 밝다. 여름에는 시원한 바람 불고 겨울에는 눈 내린다. 이러쿵저러쿵 헛걱정만 하지 않으면 인생살이 그대로가 호시절이다(春有百花秋有月 夏有凉風冬有雪 若無閒事掛心頭 便是人間好時節).”라고 하였습니다.

요즘 인사로 “즐거운 하루 되세요.”라고 합니다. 마음에 걱정이 없으면 그것이 즐거운 하루입니다. 우리의 마음은 시비분별에 대한 집착으로 바쁩니다. 누가 옳고, 누가 그른가에 집착합니다. 그러나 어떤 일이든 절대적으로 옳고, 절대적으로 그른 일은 없습니다. 붓다는 "네가 집착하면 그것을 잃는다. 그러나 집착하지 않으면 아무것도 잃을 것이 없다."라고 하였습니다.[40] 좋은 것에 대한 집착이든, 나쁜 것에 대한 집착이든, 집착은 모두 번뇌를 가져옵니다. 그래서 후덕(厚德)한 사람은 시비분별이 없는 사람이라고 합니다.[41] 다툼은 옳고 그름을 따지는 것에서 시작됩니다. 겸양(謙讓)의 양(讓)은 내가 가지지 않고 남에게 준다는 뜻입니다. 내가 가질 수 있는데 가지지 않는다는 뜻이지요. 내가 옳을 수 있지만 집착하지 않는다는 것입니다. 그래서 덕(德)이 있다고 하는 것입니다. 덕은 욕심을 버리는데 있습니다.[42] 욕심을 버리는 사람이 성인입니다. 그래서 덕이 있는 사람은 시비를 내려놓고, 번뇌를 내려놓는 것입니다. 그래서 청산이고, 호시절입니다.

승찬(僧璨) 스님도 《신심명(信心銘)》에서 "지극한 도는 어렵지 않으니 오직 가리고 간택함을 꺼릴 뿐이다. 미워하고 사랑함을 여의면 통연히 명백하리라(至道無難 有嫌揀擇 但莫憎愛 洞然明白)."라고 하였습니다. 지공 화상(誌公和尚)도 《대승찬(大乘讚)》에서"애써 분별하여 모양을 취하지 않으면 저절로 도를 얻는다(不勞分別取相 自然得道須臾)." 라고 하였습니다. 붓다도 "과거에 집착하지 않고, 현재의 미련을 버리면 미래에 관해서도 걱정하지 않을 것"이라고 하였습니다. 집착과 미련은 과거의 일에서 시작되고, 걱정은 미래의 일입니다. 과거와 미래를 현재에 데리고 오는 것이 문제입니다. 똑같은 상황에서도 걱정하고 집착하고 불안해하는 사람이 있고, 평온하고 감사하고 행복해하는 사람이 있습니다. 어리석은 마음은 집착, 미련, 걱정, 불안을 가져오는 마음이고, 지혜로운 마음은 평온, 감사, 사랑, 행복을 가져오는 마음입니다. 우리가 맞서 싸워야 하는 적은 외부에 있는 적이 아니라 내 안에 있는 적입니다.

그래서 붓다는 멈추라고 합니다. 살인마 앙굴리 마라에게 "나는 살아 있는 것을 해치려는 마음을 버리고 멈추었다. 그러나 그대는 멈추지 못했다. 그런 까닭에 나는 멈춰 있고, 그대는 멈춰 있지 않다."라고 말하였습니다. 멈추지 못하기 때문에 번뇌가 있는 것입니다. 시비분별을 멈추어야 고요할 수 있습니다. 사람은 누구나 번뇌에서 벗어나기를 원하지만 멈추지 못하고 있습니다. 멈추지 못하므로 번뇌가 생기는 것입니다. 분노의 마음을 멈추지 못하기 때문에 분노가 생기고, 슬픔의 감정을 멈추지 못하기 때문에 지극히 슬퍼하는 것입니다. 판단중지(Epoche)라는 말이 있습니다. 옳고 그름, 좋고 나쁨의 판단을 유보하라는 말입니다. 마르쿠스 아우렐리우스도 "너의 판단을 내던져 버리면, 너는 속박에서 벗어나게 될 것이다. 네가 너의 판단을 내버리겠다고 하는데, 누가 그것을 방해할 수 있겠느냐."[43]라고 하였습니다.

그런데 왜 멈추지 못하는 것일까요? 멈추지 못하는 이유는 더 바라기 때문입니다. 더 이상 바라지 않으면 멈출 수 있습니다. 내 마음이 행복하지 않으면 부귀영화도 소용이 없습니다. 《원각경》에도 "아집을 깨뜨리는 것이 제일 먼저 해야 할 일이다(圓覺經云 此破我執

之第一觀也).”[44]라고 하였습니다. 감사하면 멈추게 됩니다. 내가 가진 것에 감사하면 멈추게 됩니다. 욕망을 멈추는 것입니다. 현재의 자신에게 만족할 수 있으면 멈출 수 있습니다. 멈추면 자유롭습니다. 나 자신으로 살 수 있습니다. 구속에서 벗어나는 지혜입니다. 무위당 장일순(无爲堂 張壹淳) 선생은 "버리고, 버리고 또 버리면 거기에 다 있대요."[45]라고 하였습니다. 버리고, 버리고 남는 것이 바로 진정한 나입니다. 멈추고, 멈추고, 또 멈추면 거기에 다 있습니다. 멈추어 보세요. 멈추면 행복합니다. 버려 보세요. 버리면 자유롭습니다. 행복도, 자유도 욕망을 멈추고, 버리는 데 있습니다.

명당자리

가끔 카페를 찾습니다. 커피 한 잔 마시면서 지나가는 사람들을 보며 마음을 쉴 수 있기 때문입니다. 이런저런 감정을 잠깐이라도 내려놓고 순간의 여유를 찾는 것입니다. 그러면 이런저런 생각도 어느 순간 사라지게 됩니다. 그래서 커피 한 잔을 찾게 됩니다. 그 순간에는 세상의 시름을 놓게 됩니다. 그 순간에는 다른 감정이나 생각이 끼어들지 않습니다. "이 일을 해야 되나, 저 일을 해야 되나, 이것을 선택해야 하나, 저것을 선택해야 하나, 나는 어떻게 살아야 하나, 하기 싫은 것은 또 어떻게 해야 하나" 하는 생각과 감정을 내려놓을 수 있습니다.

순간의 여유를 갖는 것이 행복의 순간입니다.

"도(道)란 생각과 생각 사이에 있다."라는 말이 있습니다. 아무런 생각이 없는 순간, 희열을 느끼게 됩니다. 희열을 느끼는 순간에는 생각이 없습니다. 생각이 많은 순간은 행복하지 않고, 희열이 없습니다. 생각이 없는 순간이 희열의 순간입니다. 꿈은 순간에 이루어집니다. 언제 이루어졌는지도 모르게 순간에 이루어집니다. 집중하고 몰입하면 어느 순간 꿈이 이루어집니다. 꿈이 이루어지고, 행복이 찾아오는 것은 멀리 있는 것이 아니라 집중하고 몰입하는 그 순간에 있습니다. 헝가리 심리학자 미하이 칙센트미하이(Mihaly Csikszentmihalyi)는 이것을 몰입(Flow)이라고 합니다. 몰입의 순간 지극한 행복과 희열을 느끼는 것입니다. 열심히 일한 다음 잠깐 휴식의 순간을 누려 보세요. 그 고요한 순간은 기도의 시간과도 같습니다. 성직자가 신에게 기도하는 순간, 자신의 모든 것을 신에게 바치는 그 성스러운 순간에 그의 영혼은 순수해지고 정화되는 것입니다. 집착과 욕심이 녹아내리는 것입니다.

그 순간만큼은 세속적인 욕심이 없고, 나의 영달을 바라지 않습니다. 다만 고요함에 내 모든 것을 맡기는 것입니다. 고요함과 거룩함과 성스러움이 자신을 감싸는 것입니다. 그것이 인간이 누릴 수 있는 최고의 순간일 것입니다. 그 최고의 순간을 위해서 수도자는 기도하고 수행하는 것이고, 일반인은 열심히 노력하고 생활하는 것입니다. 그 성스러움을 느끼는 것은 먼 곳에 있는 것이 아니라 커피를 마시는 순간, 잠깐 쉬는 순간, 생각과 감정을 내려놓는 순간, 아이를 보는 순간, 기도하는 순간에 있는 것입니다. 모든 것을 내맡기는 데 있습니다. 오늘 하루 모든 것을 내맡기고 나를 내려놓는 데 있습니다.

나의 모든 것을 내려놓는 순간이 가장 행복한 순간입니다.

쌓는 순간이 행복한 순간이 아니라, 어느 순간 쌓기를 그만둘 때 행복해지는 것입니다. 모든 것을 내려놓을 때 텅 빈 충만이 들어차고, 성령이 들어찬다고 합니다. 우주의 에너지가 가득 차는 것입니다. 인간의 욕심이 사라진 자리에 우주의 에너지가 들어오는 것입니다. 욕심을 버리는 자리가 명당자리입니다. 종교의 성소에 가 보면 아무런 생각도, 욕심도 일어나지 않고 감동과 감사의 마음이 일어나는 것을 느낄 수 있습니다. 자신을 내려놓고 싶은 마음이 드는 곳이 있습니다. 그곳이 명당자리입니다.

자신을 내려놓으면 그곳이 명당입니다. 자신을 내려놓은 자리가 절이고, 성당이고, 교회입니다. 오늘도 많은 사람들이 자신을 내려놓으러 성당에도 가고, 절에도 가고, 교회에도 갑니다. 거기에 모든 시름을 내려놓고 옵니다. 거기에 내려놓는 것은 자신의 욕심이고, 시름입니다. 서암(西庵) 스님은 청정한 사람이 머물면 그곳이 절이라고 하였습니다. 명당은 먼 곳에 있는 것이 아닙니다. 시름만 내려놓으면 지금, 이 자리가 바로 명당자리입니다. 마음만 내려놓으면 내가 가는 곳, 머무는 곳 모두가 행복의 자리입니다.

거인의 길을 따라

자연을 보면서 근심과 걱정을 내려놓는 경험을 할 때가 있습니다. 거대하고 압도적인 것을 보면 자신의 근심과 걱정이 사소해 보이기도 합니다. 거대한 것을 바라볼 때 오히려 마음의 평정심을 얻게 되는 것입니다. 평소 자신의 짐이 세상에서 가장 크다고 생각했다가 거대하고 영원하고 무한한 것을 볼 때 자신의 짐이, 자신의 걱정이, 자신의 존재가 얼마나 하찮은 것임을 인식하게 되는 것이지요. 평소에 내가 보던 것이 전부가 아니었음을 알게 되는 것입니다. 그러므로 거대한 자연을 수시로 보는 사람과 보지 않는 사람의 인식의 폭과 깊이는 다릅니다. 거대한 존재를 수시로 만나는 사람과 만나지 않는 사람의 스케일도 다른 것입니다. 우리는 수시로 자연을 만나야 하고, 거인을 만나야 합니다. 자연은 나를 깊게 하고, 거인은 나를 크게 하기 때문입니다.

"자연이 도"라는 말을 합니다. 봄이 가면 여름이 오고, 여름이 가면 가을이 오는 것이 자연의 이치입니다. 사람이 태어나면 늙고 병들고 죽는 것도 자연의 이치입니다. 이것이 바로 도인 것입니다. 봄이 갔는데 여름이 오지 않고, 사람이 태어났는데 늙거나 죽지 않는 것은 자연의 이치에 반하는 것입니다. 그래서 자연에 따라 살아가는 것이 도에 맞게 살아가는 것입니다. 그런데 사람들은 도가 무엇인지 궁금해합니다. 어떻게 하는 것이 옳은 것인지 헷갈립니다. 도는 자연의 이치대로 살아가는 것입니다. 자연의 이치대로 살아가는 사람이 도인이고, 자유인입니다. 자연의 이치를 거스르는 시도는 실패로 돌아갑니다.

잠시 자연의 이치를 거스를 수는 있지만, 영원히 자연의 이치를 거스를 수는 없습니다. 잠시 노화를 연장할 수는 있지만 영원히 연장할 수는 없습니다. 잠시 죽음을 연기할 수는 있지만 오래가지 못합니다. 그러므로 자연의 이치를 배우고, 따라야 합니다. 자연은 자신의 길을 묵묵히 걸어가고 있으니 거기에 올라타면 됩니다. 자연은 목적지행 버스입니다. 목적지행 버스에 타고 편안하게 쉬고 즐기면 됩니다. 목적지로 가지 않는 버스를 타면, 갈수록 목적지에서 멀어집니다. 다니카와 슌타로는 그의 시 〈강〉에서 "강물이 쉬지 않고 흐르는 이유는 바다인 어머니가 기다리고 있기 때문"[46]이라고 하였습니다. 바다는 우리를 기다리는 자연입니다. 강물은 장애물을 만난다고 불평하지 않습니다. 높이 올랐다고 자랑하지 않습니다. 낮은 곳을 향해 끊임없이 흐릅니다. 그 끝없는 열정과 겸손과 조화가 자연의 모습입니다.

"거인의 어깨에 올라타라"라는 말이 있습니다. 아이작 뉴턴(Issac

Newton)은 "내가 멀리 볼 수 있었던 것은 거인들의 어깨를 딛고 서 있었기 때문이다."라고 하였습니다. 거인은 선각자일 수도 있고, 자연일 수도 있고, 도일 수도 있습니다. 옛날 성인들도 거인의 어깨에 올라탔습니다. 그래서 거인이 된 것입니다. 부처도 그러하고, 공자도, 노자도 그러했습니다. 거인의 어깨를 올라탄 경험을 써 놓은 것들이 《불경》이고, 《논어》이고, 《도덕경》입니다. 후손들은 그 말씀들을 공부하는 것입니다. 그 속에 배우고 깨닫는 즐거움이 있는 것입니다. 공자님도 "배우고 때때로 익히니 또한 즐겁지 아니한가?(學而時習之不亦說乎)"라고 하였습니다.

베토벤도, 모차르트도 거인의 어깨에 올라탄 것입니다. 베토벤, 모차르트의 음악을 들으면서 즐거움과 희열을 느낀다면 우리도 거인의 발자국을 발견한 것입니다. 부처님, 공자님의 말씀을 읽고 희열을 느꼈다면 그 역시 거인이 걸었던 길을 발견한 것입니다. 거인의 어깨에 올라타면 나도 거인의 길을 걷게 됩니다. 《시경(詩經)》에 '연비어약(鳶飛魚躍)'이라는 말이 있습니다. 솔개가 하늘을 날고, 물고기가 연못에서 뛰논다는 말입니다. 자연의 법칙에 따라 살아간다는 말입니다. 자연의 법칙에 따라 살면 행복합니다. 퇴계(退溪) 선생도 "옛사람도 나를 못 보고 나도 옛사람을 못 봬, 옛사람을 못 뵈어도 가던 길 앞에 있네, 가던 길 앞에 있으니 아니 따르고 어찌할꼬?"라고 하였습니다. 거인이 가던 길이 앞에 있으니 아니 따를 수 없는 것입니다.

인생의 태도

우리는 별것도 아닌 일에 화를 냅니다. 초조하고 걱정합니다. 의심하고 좌절합니다. 그리고 지나고 나서 아무것도 아닌 일에 화를 낸 것을 알게 됩니다. 아무것도 아닌 일을 가지고 걱정한 것임을 깨닫게 됩니다. 의심할 일도 아닌데 의심하고, 좌절한 일도 아닌데 좌절한 것임을 알게 됩니다. 인도의 영화배우 리차 차다(Richa Chadda)는 "그래서 뭐?"라는 질문을 던지라고 합니다. 예를 들면 "A는 무례하기 짝이 없다. 그래서 뭐?", "나는 존중받지 못한다는 기분이 든다. 그래서 뭐?" 이런 식으로 계속 묻다 보면 "그래서 아무것도 아니라는 이야기지."라는 결론이 나온다고 합니다.[47]

"그래서 뭐?"
"그래서 아무것도 아니라는 이야기지요."

"그래서 뭐?"라는 질문을 계속 묻다 보면 세상일의 대부분이 내가 생각하는 만큼 중대한 일이 아님을 알게 됩니다. 말하자면 사소한 일에 목숨을 걸고 사는 것이지요. 우리가 얼마나 사소한 일에 목숨을 거는지는 리처드 칼슨(Richard Carlson) 박사가 쓴 《사소한 것에 목숨 걸지 마라(Don't sweat the small stuff)》라는 책이 베스트셀러가 된 것을 보면 알 수 있습니다. 그의 책을 읽어 보면 무릎을 치게 됩니다. 그는 말합니다. "사소한 것에 목숨 걸지 마세요, 불완전함과 친해지세요. 많으면 많을수록 좋다는 생각을 버리세요. 진정 중요한 것이 무엇인지 자신에게 물어보세요."[48] 나이 들어 병원에 가면 제일 많이 듣는 말이 "그냥 그렇게 사세요." 하는 말입니다. 누구나 다 완벽한 몸으로 살아갈 수는 없습니다. 병을 안고 살아갑니다. "그러다가 많이 아프면 다시 오세요." 합니다. 병과 함께 살아가라는 말입니다. 인생도 불완전함을 안고 살아갑니다.

이해인 수녀도 공동생활을 하다 보면 행주질 하나에도 기분이 상할 때가 있다고 합니다. 다른 사람의 행주질이, 일 처리가 마음에 들지 않는 경우가 있는 것입니다. 그러면 곧 "행주질에 영혼의 구원이 있는 것도 아닌데 이렇게 신경을 쓸 일인가?" 하고 마음을 내려놓는다고 합니다.[49] 옳다, 그르다고 하는 것은 그 자신의 관점에서 그러한 것입니다. 모든 일은 그 자체의 의미를 가지고 있습니다. 아이들도 실패에서 배웁니다. 부모가 아이들이 실패하지 않도록 사사건건 간섭하는 것은 실패의 경험을 앗아 가는 것입니다. 아이들이 실패로부터 성장할 수 있는 소중한 기회를 빼앗는 것임을 알아야 합니다.

내가 하는 걱정의 99퍼센트는 사소한 것입니다. 1퍼센트의 걱정만 가지고 살면 잘 사는 인생일 것입니다. 지나고 보면 그 1퍼센트도 중요하지 않았음을 알게 될 것입니다. 나쁜 생각은 무시해야 제거됩니다. 나쁜 생각은 물을 주거나 관심을 주지 말아야 없어집니다. 사소한 걱정도 물을 주지 말아야 커지지 않습니다.

1퍼센트의 걱정도 쓸데없는 것입니다.

《인생의 태도(Happiness is the way)》를 쓴 웨인 다이어(Wayne Dyer)는 문제에 집중하지 말고 해결책에 집중하라고 조언합니다. 깨달은 사람은 문제가 아니라 해결책을 본다고 합니다.[50] 문제를 곱씹는다고, 자책한다고 문제가 해결되지 않습니다. 쏟아진 물은 잊어버리고 새로운 물을 받는 것이 문제를 해결하는 방법입니다. 현명한 사람은 문제가 아니라 해결책에 집중합니다. 웨인 다이어는 단 1초도 그것을 자신의 문제로 만들지 않았고, 그래서 걱정이나 자책을 자신의 것으로 만들지 않았다고 합니다.

조선 시대 괄허 취여(括虛 取如) 선사는 "산승이 물에 비친 달이 너무나 좋아서 부드러운 달과 차가운 샘물을 호리병에 담았는데, 돌아와 물을 부어 보니 아무리 찾아도 물에 비친 달을 찾을 수가 없네(山僧偏愛水中月 和月寒泉納小缾 歸來石竈方瀉出 盡情攪水月無形)."라고 하였습니다. 면앙정 송순(宋純)은 "십 년을 경영하여 초가 세 칸 지어내니 나 한 칸 달 한 칸 청풍 한 칸 맡겨 두고 강산은 들일 데 없어 둘러 두고 보리라."라고 하였습니다. 달은 그대로 있는데, 내가 달을 좋아해서 가져오는 것입니다. 결국 문제가 나에게 집착하는 것이 아니라 내가 문제에 집착할 뿐입니다. 내가 놓으면 문제도 없어집니다. 달은 멀리 하늘에 놓고 보면 됩니다. 당나라 시인 한산(寒山)은 "샘 속에 있는 것은 달이 아니고, 달은 스스로 푸른 하늘에 있네(泉中且無月 月自在靑天)."라고 하였습니다. 내 마음은 비워져 있어야 하고, 달은 하늘에 있어야 하는 것입니다. 호리병에 담아 두거나, 방 한 칸 내어 줄 필요도 없습니다. 문제를 가슴에 담고, 달을 호리병에 담을 필요가 없는 것입니다. 그냥 하늘에 두고 보면 됩니다. 그것이 자유입니다.

아를의 별이 빛나는 밤

직장 생활을 할 때 여름휴가를 벼르고 별러서 고흐의 길을 따라 여행을 한 적이 있습니다. 프랑스 아를(Arles)에 있는 빈센트 반 고흐(Vincent Van Gogh)가 그린 〈밤의 카페 테라스〉에 나오는 카페에 가 본 적이 있습니다. 아쉽게도 고흐의 그림처럼 카페가 아름답지 않았습니다. 천막은 그렇게 황금색이 아니었고, 하늘은 그렇게 파랗지 않습니다. 그냥 평범했습니다. 〈아를의 별이 빛나는 밤〉에 나오는 론강(Rhône)을 가 보았습니다. 아무리 찾아도 고흐의 그림에 나오는 가슴 따뜻한 론강은 찾지 못했습니다. 고흐가 그린 오베르 쉬르 우아즈에 있는 〈오베르-쉬르-우아즈의 교회〉에 가 보았습니다. 오래된 너무나 초라한 성당이 있었습니다. 푸른 빛과 초록빛의 감동적인 성당의 모습은 어디에도 없었습니다. 고흐가 그린 〈두 여인과 함께 있는 사이프러스 나무〉에 나오는 소용돌이 치는 사이프러스 나무를 프랑스 여행하면서 보지 못했습니다.

그러면 그림이 잘못된 것일까요? 내가 잘못 본 것일까요? 그림보다 실제의 카페가, 론강이, 성당이 아름다웠다면 고흐의 그림은 유명하지 않았을 것입니다. 화가의 마음이 화가가 그린 카페에, 성당에, 나무에 나타난 것입니다. 고흐가 카페를, 성당을, 나무를 아름답게 그려서 그 카페가, 성당이, 나무가 잘못되기라도 한 것일까요? 고흐가 세상을 아름답게 봐서 세상이 잘못되기라도 하는 것일까요? 아마 반대일 것입니다. 고흐가 아름답게 그려서 그 카페가, 론강이, 성당이, 사이프러스 나무가 유명해지고, 많은 사람들의 사랑을 받았을 것입니다. 헬렌 켈러(Helen Keller)는 "세상에서 가장 아름다운 것은 볼 수도 만질 수도 없다. 오직 가슴으로만 느낄 수 있다(The best and most beautiful thing in the world can not be seen or even touched. They must be felt with the heart.)."라고 하였습니다.

미셸 푸코는 "우리의 삶은 왜 예술작품이 될 수 없을까?" 하고 물었습니다. 이것이 집착 없는 마음입니다. 세상에 1 플러스 1이 2가 되는 것이 절대 진리는 아닙니다. 1 플러스 1이 2가 아니라 3이 되기도 하고, 4가 되기도 합니다. 남녀가 만나 결혼해서 아이를 낳으면 1 플러스 1이 3이 되기도 하고, 4가 되기도 하는 것입니다. 설두중현(雪竇 重顯) 스님은 "하나를 버리고 일곱을 얻으니 이 세상 어디에도 비할 것이 없네(去却一拈得七 上下四維無等匹)."라고 하였습니다. 하나를 버렸는데 일곱을 얻었다는 이야기입니다. 내가 틀릴 수도 있습니다. 우리가 믿는 것이 틀릴 수도 있습니다. 우리가 계산하는 것이 틀릴 수도 있습니다. 눈에 보인다고 다 맞는 것은 아닙니다.

눈에 보이는 것만 믿으면 보이지 않는 아름다움을 놓칠 수 있습니다. 사람의 따뜻한 정을 놓칠 수도 있습니다. 숨어 있는 사랑과 행복을 놓칠 수도 있습니다. 나의 인간미를 놓칠 수도 있습니다. 아름다움, 정, 사랑, 행복은 눈에 보이지 않습니다. 헤아릴 수도 없습니다. 하늘만큼, 땅만큼 큽니다. 진정 소중한 것은 눈에 보이지 않습니다. 가슴으로만 볼 수 있기 때문입니다. 내가 보지 못한 곳에, 보이지 않는 곳에 아름다운 것이, 위대한 것이 숨어 있는 것입니다. 《어린 왕자》를 쓴 앙트안 드 생텍쥐페리(Antoine de Saint Exupéry)는 "사람은 오직 가슴으로만 제대로 볼 수 있다. 본질적인 것은 눈에 보이지 않는다."라고 하였습니다. 《채근담》에도 "달인은 눈에 보이지 않는 사물의 이치를 관찰한다(達人觀物外之物)."라고 하였습니다.

인간이 신의 뜻을 모두 알 수는 없습니다. 인간이 겸손해야 하는 이유입니다. 《금강경》에도 "만약 모양으로 나를 보려 하거나, 음성으로 나를 찾으려 한다면 이는 삿된 도를 행하는 자라, 여래를 볼 수가 없다(若以色見我 以音聲求我 是人行邪道 不能見如來)."라고 하였고, 노자도 "강과 바다가 계곡의 왕이 될 수 있는 것은 자신을 낮추기 때문이다(江海所以能爲 白谷王者 以其善下之 故能爲百谷王)."라고 하였습니다. 겸손이 위대한 이유는 내가 틀릴 수도 있다는 것을 인정하기 때문입니다. 주역 64괘 중에서 여섯 효(爻)가 모두 길(吉)하거나, 이로운(无不利) 것은 오직 겸괘(謙卦)밖에 없다고 합니다. 다른 모든 괘는 그 안에 좋은 것이 있으면 나쁜 것이 있는데, 오직 겸괘만이 좋은 것만 있고 나쁜 것은 없다는 것입니다. 그래서 겸손한 것은 형통(亨)하다고 하였습니다.

"하늘의 도는 가득한 것을 덜어서 겸손한 것에 더하고, 사람의 도는 가득 찬 것을 미워하고 겸손한 것을 좋아한다(天道 虧盈而益謙 人道 惡盈而好謙)."라고 하였습니다. 내가 보지 못하는 것을 보지 못한다고 인정하는 것이 겸손입니다. 겸손할 때 내 부족한 것을 하늘이, 사람이 채워 주는 것입니다. 눈에 보이지 않는 것이 보이는 것을 채워 주고, 도와주는 것입니다. 인간이 산을 쌓아도 하늘에 닿을 수는 없습니다. 인간의 지식은 이렇게 유한한 것입니다. 내가 가진 것을 내려놓을 때 비로소 무한에 닿을 수 있습니다. 내 것을 덜어내고, 눈에 보이지 않는 소중한 것을 보고, 느낄 때 진실에 닿을 수 있습니다.

초원의 빛, 꽃의 영광

전에 같이 근무했던 직장 상사의 상갓집에 다녀왔습니다. 상갓집에 갈 때마다 인생무상을 느낍니다. 누구나 왔다 가는 것이지만 평소에 못 느끼고 있다가 상갓집에 갔다 오면 그것을 느끼게 됩니다. 청허 휴정(淸虛 休靜) 스님은 누구나 영원하지 못하다는 것을 "생이란 한 조각 뜬구름이 일어나는 것이고, 죽음이란 한 조각 뜬구름이 사라지는 것(生也一片浮雲起 死也一片浮雲滅)."이라고 하였습니다. 마치 병원에 갔다 오면 건강의 중요성을 느끼는 것과 같습니다.

원감 충지(圓鑑 冲止) 스님은 "뜬 인생 참으로 쏜살같이 지나가니 얻고 잃는 것, 슬프고 기쁜 것, 어이 족히 헤아리랴. 그대 보라 귀하고 천하고, 잘나고 못나고, 가리지 않고 마침내는 똑같이 무덤 흙이 되는 것을(浮生正似隙中駒 得喪悲歡何足數 君看貴賤與賢愚 畢竟同成一丘土)."[51]이라고 하였습니다. 일본의 순류 스즈키(鈴木俊隆) 선사는 "삶이란 지금 막 바다로 출항하여 곧 침몰할 배를 타는 것과 같다."[52]라고 하였습니다. 죽음이 우리에게 훔칠 수 있는 것은 착각뿐이라고 합니다. 누구나 언젠가 흙으로 돌아가지만, 우리는 그것을 모르고 영원히 살 것처럼 살아갑니다. 사소한 일에도 욕심내고, 짜증 내고, 집착도 부립니다. 인생이 무상한 것을 잊고 살아갑니다.

불교에서는 탐진치(貪瞋癡)를 삼독(三毒)이라고 합니다. 탐욕, 분노, 어리석음을 독과 같다고 하는 것입니다. 이것이 깨달음을 방해하는 세 가지 장애입니다. 독이라고 하는 것은 생물에 치명적인 해를 입히거나 사망에 이르게 하는 물질을 말합니다. 독가스 같은 것들입니다. 탐욕, 분노, 어리석음, 이 세 가지는 사람에게 치명적인 해독을 입히고 자기 명대로 살지 못하게 합니다. 탐욕, 집착, 분노는 누구나 가지고 있는 것이지만, 이렇게 치명적인 독이라는 것은 누구나 알지 못합니다. 적은 양의 탐욕, 집착, 분노도 사람에게 나쁜 영향을 미칩니다. 어리석음은 탐욕과 집착과 분노를 가져옵니다. 자신이 원하는 대로 되지 않으면 탐욕하고, 집착하고, 분노하는 것입니다. 채워지지 않은 탐욕과 집착은 분노라는 불을 불러와 모든 것을 태워 버립니다. 어리석음이 결국 자기 자신조차 태워 버리는 것입니다.

문제는 이러한 탐욕, 집착, 분노가 끈질기고, 끊기 어렵다는 데 있습니다. 잡초와 같이 끈질기고, 독과 같이 치명적이고, 마약과 같이 끊기 어려운 것입니다. 마치 잘라도 잘라도 다시 올라오는 잡초 같습니다. 잠시 한눈을 팔면 잡초의 승리입니다. 모두 뽑았다고 생각했는데 며칠만 지나면 온통 잡초투성이입니다. 그러나 인생이 무상한 것을 모르는 것이 어리석음입니다. 잡초도 무상하고, 인생도 무상합니다. 영국의 시인 윌리엄 워즈워스(William Wordsworth)는 "한때 그렇게 찬란하게 빛나던 광휘 영원히 사라지고, 초원의 빛이여 꽃의 영광이여 그 시간 다시 돌아올 수 없겠지만, 우리는 슬퍼하지 않으리, 차라리 남겨진 것들 속에서 힘을 찾으리(What thought the radiance which was once so bright Be now for ever taken from my sight, Though nothing can bring back the hour Of splendor in the grass, of glory in the flower We will grieve not, rather find Strength in what remains behind)"라고 노래하였습니다. 영원하리라 믿었던 찬란했던 영광은 오래가지 않고 그 시간 다시 돌아올 수 없겠지만, 슬퍼하지 않고 그 속에 담긴 힘을 찾겠다고 합니다. 찬란한 영광은 무상합니다. 그러나 슬퍼하지 않고 그 무상함 뒤에 남겨진 지혜를 찾겠다는 말입니다.

《성경》에도 "모든 인간은 풀과 같고, 인간의 영광은 풀의 꽃과 같다. 풀은 마르고, 꽃은 떨어지지만, 하느님의 말씀은 영원하다."라고 하였습니다. 초원의 빛과 인간의 영광이 영원하지 않다는 것은 슬픈 일이지만, 슬퍼할 필요는 없습니다. 그 속에 담겨 있는 무상의 지혜를 배워야 합니다. 인생이 무상한 것임을 깨닫는다면 탐욕도, 집착도, 분노도 아무것도 아니라는 것을 깨닫게 됩니다. 무상의 진리는 태양이고, 탐욕과 집착과 분노는 눈과 같습니다. 태양이 비치면 눈은 녹아내리게 되어 있습니다. 진리의 태양이 탐욕, 분노, 어리석음을 녹아내리게 합니다. 탐욕과 분노와 어리석음도 무상을 비켜 갈 수는 없습니다.

인생은 빈손으로 왔다가 빈손으로 간다고 합니다. 누구나 빈손으로 오지만 그 빈손에 온갖 탐욕과 분노와 어리석음을 채웁니다. 탐욕과 분노와 어리석음을 채운 손은 손의 역할을 하지 못합니다. 손을 비워야 물건도 들고, 사람과 악수도 할 수 있습니다. 손에 가득한 탐욕과 분노와 어리석음을 비우는 것이 무상의 지혜입니다. 원숭이가 주먹이 하나 들어갈 만한 판자 구멍으로 손을 내밀어 바나나를 잡고 있습니다. 바나나를 놓으면 손을 뺄 수 있지만, 바나나를 놓지 않으면 손을 뺄 수 없습니다. 그것을 놓지 못하는 것이 원숭이의 어리석음입니다. 사람도 손에 쥐고 있는 탐욕과 분노와 어리석음을 버려야만 자유를 얻을 수 있습니다. 손에 쥔 것을 놓아야 자유를 얻는 것입니다. 당나라 시인 한산은 "덧없는 인생 허깨비 같음을 깨닫고 보니, 느긋하게 걷는 것이 참으로 즐겁구나(自覺浮生幻化事 逍遙快樂實善哉)."라고 하였습니다. 손에 쥐고 있는 것은 허깨비입니다. 놓고 나면 자유로운 것입니다.

인생의 시간

에픽테토스는 "유한을 의식할 때 기쁨을 더 강렬하게 경험할 수 있다."라고 하였습니다. 인간은 유한함을 느낄 때 어떤 일이든 더 강렬하게 다가옵니다. 유한한 인간이 유한함을 느껴야만 기쁨을 더 강렬하게 경험할 수 있다는 것은 아이러니한 일입니다. 그러나 내가 쏜 화살은 영원히 날아갈 것 같고, 나는 영원히 살 것 같습니다. 시계가 둥글게 되어 있어서 시간이 무한한 것으로 착각하게 한다는 이야기도 있습니다. 시계는 둥글어도 인간의 시간은 유한합니다. 인간의 착각이 정작 누려야 할 기쁨과 행복을 느끼지 못하게 할 수 있다는 이야기입니다. 공기나 물은 인간 생존에 꼭 필요한 것이지만 소중함을 느끼지 못하다가 공기나 물이 나빠지면 공기나 물이 얼마나 소중한지 느끼게 됩니다. 소중한 사람이 옆에 있어도 소중함을 못 느끼다가 그 사람이 옆에 없으면 소중함은 더 강렬해집니다. 인간의 생명이 유한하다는 것을 알면 알수록 인생은, 세상은, 사랑하는 사람은 더 소중하게 느껴질 것입니다.

"너 자신을 알라."는 말은 너의 어리석음과 무지, 유한함을 알라는 말입니다. 유한함을 느낀다면 소중한 것을 먼저 할 것입니다. 촛불이 타들어 갈수록 초는 바닥으로 내려갑니다. 촛불이 다 타면 초는 본래의 자리로 돌아갑니다. 인생도 이와 같습니다. 환지본처(還至本處)라는 말이 있습니다. 본래의 자리로 돌아간다는 말입니다. 생(生)과 멸(滅)은 그 근본이 같은 것입니다. 노자도 "유와 무는 같은 곳에서 나왔으되 이름이 다를 뿐이다. 그래서 현이라고 부르니, 현묘하고 현묘해서 신묘함의 문이 된다(此兩者 同出而異名 同謂之玄 玄之又玄 衆妙之門)."라고 하였습니다. 끝없는 욕심 같은 것은 없습니다. 모든 것은 본래의 자리로 돌아가게 됩니다. 그래서 유한함을 생각하면 어리석음과 무지, 집착, 분노 등 내 것이 아닌 것은 본래 그것이 왔던 곳으로 돌려보내야 합니다.

내가 어리석은 것은 아닙니다. 본래 어리석음은 나의 것이 아닙니다. 생도, 사도 나의 것이 아닙니다. 내가 가지고 온 것도, 내가 가지고 갈 것도 아닙니다. 나도 나의 것이 아닌데, 어찌 생과 사가 나의 것이 될 수 있겠습니까? 자신을 내려놓아야 자신이 누구인지 알게 됩니다. 자신을 들고 있으면 자신을 볼 수 없습니다. 마치 눈(目)이 눈(目)을 볼 수 없는 것과 같습니다. 내려놓는 것, 녹이는 것이 깨달음이라고 하였습니다. 수행은 쌓는 것이 아니라 내려놓는 것이고, 깨달은 사람은 많이 쌓은 사람이 아니라 많이 내려놓은 사람입니다. 미얀마의 우 조티카 시야도(ASayadaw U Jotika) 스님은 "나는 칼이 없다. 나는 무아(Anatta)를 나의 길로 삼는다."[53]라고 하였습니다. 무아가 진정한 나입니다.

《장자》〈산목(山木)〉에 보면, 장자가 조릉(雕陵)이라는 밤나무밭 길을 걷다가 기이한 까치가 밤나무 숲으로 들어가는 것을 봅니다. 장자는 활을 쥐고 재빨리 다가가 그 까치를 쏘려고 노려보았습니다. 그런데 자세히 보니 매미 한 마리가 나무 그늘에서 제 몸을 잊고 울고 있고, 사마귀 한 마리가 이 매미를 잡으려고 제 몸을 잊고 노려보고 있고, 이때를 노려 까치가 사마귀를 잡으려고 제 몸을 잊고 노려보고 있었습니다. 장자는 이것을 보고 두려워 말하기를 "사물이란 서로 이익과 해로움을 불러들이고 있구나." 하고 활을 내버리고 도망쳐 나왔습니다. 이것을 본 밤나무밭 지기가 장자를 밤도둑인 줄 알고 쫓아와 그를 꾸짖었습니다. 장자는 돌아와 "나는 외물에 사로잡혀 나를 잊고 있었다."고 한탄했습니다. 외물에 정신이 팔려 자신을 잊고 있었던 것입니다.

'난다망갈라'라는 스리랑카 스님이 호주에 있는 아잔 브람(Ajahn Brahm) 스님의 사원을 방문했을 때 누군가가 이 스님에게 깨달음을 얻었는지를 물었다고 합니다. 그러자 이 스님은 "나는 깨달은 것이 아니라 많이 제거되었다."[54]라고 대답했다고 합니다. 그리스 철학자 디오니게스도 "사물에 대해 집착하지 않을 때 기쁨이 찾아온다."라고 하였고, 피에르(Abbe Pierre) 신부는 "인생은 사랑하기 위해 주어진 얼마간의 자유 시간"[55]이라고 하였습니다. 인간의 시간은 유한합니다. 내 것이 아닌 것은 내려놓아야 하겠습니다. '난다망갈라' 스님의 말처럼 인생에서의 최고의 성취는 내려놓는 것이고, 피에르 신부의 말처럼 인생은 사랑할 수 있는 얼마간의 자유 시간입니다. 내려놓고, 사랑하는 자리가 우리가 있어야 할 본래의 자리입니다.

빈 배 가득 달빛을 싣고

소탐대실(小貪大失)이라는 말이 있습니다. 작은 욕심을 내다가 큰 것을 잃는다는 말입니다. 탐욕은 작은 것이든 큰 것이든 위험합니다. 사기꾼들은 이 빈틈을 노립니다. 조금 싸게 팔아서 작은 탐욕을 유도합니다. 이자를 더 준다고 해서 작은 탐욕을 발동시킵니다. 작은 탐욕이 뭐가 나쁘냐고 물을 수도 있겠습니다. 소욕지족(少欲知足)이라는 말도 있는데, 소탐이 무엇이 문제냐고 말할 수도 있겠습니다. 소욕지족은 욕심을 줄이고, 작은 것에도 만족할 줄 안다는 뜻입니다. 내가 얻은 것, 받은 것에 만족할 줄 아는 것입니다. 반면 소탐은 내가 얻은 것, 받은 것에 만족하지 못하는 것입니다. 세상일은 욕심을 줄이지 않아서 문제가 생기는 것입니다. 그래서 소욕이 어려운 것입니다. 미국 사회심리학자 데이비드 마이어스(David G Myers)는 "만족은 원하는 것을 갖는 데 있는 것이 아니라, 가진 것을 원하는 것에 있다."라고 하였습니다. 얻은 것이 적어도 만족하는 것이 소욕입니다.

소욕과 소탐의 구별 기준은 어떻게든 이득을 보겠다는 것인지, 손해를 봐도 괜찮다는 것인지에 달려 있습니다. 내가 조금 손해 봐도 괜찮다는 것이 소욕이고, 나는 어떻게든 이득을 봐야 하겠다는 것이 소탐입니다. 시작은 작은 탐욕으로 시작했으나, 끝은 큰 손실로 끝나는 것이 소탐대실입니다. 마음공부를 해 보니 소욕과 소탐의 구별이 마음공부의 근본임을 알게 되었습니다. 내가 조금 손해를 보는 것은 다른 사람에게 이득을 주는 것이 되므로 내가 덕(德)을 쌓는 것이 됩니다. 반면, 내가 득이 되면 상대방에게는 손실이 되니 나의 덕을 까먹는 것이 됩니다. 소욕과 소탐의 결과는 이렇게 다릅니다. 소욕지족은 덕을 쌓는 길이요, 소탐대실은 덕을 까먹는 길이 되는 것입니다. 소탐은 자신을 잃는 길이요, 소욕은 자신을 지키는 길입니다.

자신을 닦는 길의 요점은 욕심을 내려놓는 것입니다. 자신을 비운다고 하기도 하고, 무심하다고 하기도 합니다. 그런데 자신을 비운다고 하면 어떻게 비운다는 것인지 막연하고, 비우고 나면 나는 무엇을 먹고 살아야 하는지 궁금해집니다. 《순자(荀子)》에 계영배(戒盈杯)라는 술잔 이야기가 나옵니다. 가득함을 경계하는 술잔이라는 의미인데, 술이 일정한 높이를 넘어가면 술이 새도록 만든 잔입니다. 제나라 환공(桓公)이 생전에 과욕을 경계하기 위해서 늘 곁에 두고 보았다고 합니다. 이 잔은 "알맞으면 바로 서고, 가득 차면 엎어지고, 비게 되면 기울어진다(中而正 滿而覆 虛而欹)."고 하였습니다. 공자도 이를 본받아 계영배를 곁에 두고 지나침을 경계하였다고 합니다. 자신을 비운다는 것은 나를 영(零)으로 만든다는 것이 아니라,

가득 채우지 않고 작은 것에도 만족하고 감사한다는 것입니다. 자신의 아집, 교만, 아상을 버린다는 뜻입니다. 《금강경》에서는 아상(我相), 인상(人相), 중생상(衆生相), 수자상(壽者相)을 버리라고 합니다. 나와 너, 잘났다와 못났다는 분별을 버리라는 말입니다. 마르쿠스 아우렐리우스도 "행복한 삶을 살기 위해서 필요한 것은 거의 없다."라고 하였습니다.

유종원(柳宗元)의 〈강설(江雪)〉이라는 시가 있습니다. "온 산에 새 하나 날지 않고, 길마다 인적이 끊겼는데, 외로운 배에 도롱이 삿갓 쓴 늙은이, 눈 내린 찬 강에서 홀로 눈을 낚네(千山鳥飛絕 萬徑人蹤滅 孤舟簑笠翁 獨釣寒江雪)."라는 시입니다. 도롱이 삿갓 쓴 늙은이는 낚시에 아무런 욕심이 없습니다. 눈 내린 강에서 홀로 눈을 감상하는 것입니다. 화정 덕성(華亭 德誠) 선사의 〈선거우의(船居寓意)〉라는 시가 있습니다. "천자 낚싯줄 물속에 던지니, 한 물결 뒤에 만 물결 따라오고, 밤은 고요하고 물은 차서 물고기 물지 않으니, 빈 배 가득 달빛만 싣고 돌아오노라(千尺絲綸直下水 一波纔動萬波隨 夜靜水寒魚不食 滿船空載月明歸)."라는 시입니다. 물고기를 하나도 잡지 못하고 돌아오면서 빈 배 가득 달빛만 싣고 돌아오는 선사의 무욕(無欲)은 천하의 어느 부자보다 부유합니다. 달빛만 싣고 돌아오는 선사의 여유가 부럽습니다. 아이들 먹을 것 사 들고 만면에 웃음 가득 싣고 돌아오는 가장의 모습 같습니다.

아상을 버리면 나머지 인상, 중생상, 수자상도 버려집니다. 차를 마실 때에는 다른 욕심을 내지 않습니다. 다만 차를 마시는 것으로 만족합니다. 다른 탐심을 내지 않는 것입니다. 그래서 다선(茶禪)이라고 합니다. 차를 마시는 것이 선이 됩니다. 차를 마시는 동안에 잡념이 없고, 탐욕이 없기 때문입니다. 오직 차만 마시는 것입니다. 그야말로 소욕지족, 차를 마시는 것으로 만족하는 것입니다. 차 마시는 것이 수행이고, 차 마시는 것이 바로 참선이 됩니다. 그래서 〈칠완다가(七碗茶歌)〉를 쓴 노동(盧仝)은 "여섯째 잔을 마시면 신선과 통하고, 일곱째 잔은 마시기도 전에 양 겨드랑이에 맑은 바람이 인다(六碗通仙靈 七碗吃不得也 唯覺兩腋習習淸風生)."라고 하였습니다. 차를 마시면서 양 겨드랑이에 이는 맑은 바람을 느껴 보세요. 묵은 욕심과 번뇌가 씻기어 신선이 될 것입니다. 조선 시대 원감 충지 스님도 "새벽엔 미음 한 국자, 낮엔 밥 한 사발에 배가 부르다. 목마르면 차 석 잔 달여 마시니, 깨달음 있고 없고 상관하지 않으리(寅漿飫一杓 午飯飽一盂 渴來茶三椀 不關會有無)."[56]라고 무욕 달관의 경지를 노래하였습니다.

3일 닦은 마음

부처님이 절에 있습니까? 시장에 있습니까? 이렇게 물으면 부처님은 절에 있다고 할 것입니다. 부처님은 모든 사람이 부처라고 하셨습니다. 그러므로, 부처님은 시장에도 있는 것이 맞습니다. 부처 모형으로 만든 불상(佛像)은 진짜 부처님이 아니지요. 단하 천연(丹霞天然) 스님이라는 분이 혜림사라는 절에서 하루를 묵게 되었는데 방이 너무 추워서 법당에 있는 나무로 된 부처 불상을 쪼개서 불을 피워 추위를 피했다고 합니다. 깜짝 놀란 원주 스님이 어떻게 불상을 불태울 수 있느냐고 꾸짖자, 다비를 해도 사리가 나오지 않는 불상이라면 진짜 부처도 아닌데 불을 피워 몸을 녹이는 것이 무엇이 잘못되었냐고 반문했다고 합니다. 이것이 '단하소불(丹霞燒佛)'의 고사(故事)입니다. 형상에 사로잡히지 말아야 하는 것을 가르쳐 주는 이야기입니다. 진짜와 가짜를 구별해야 합니다.

우리는 부처님을 보러 절에 달려갑니다. 절에 가는 이유는 부처님이 거기에 있기 때문이 아니라 불상을 보면서 내 마음속의 불성을 보기 위함입니다. 내가 부처임을, 모든 사람이 부처임을 깨우치기 위해서 가는 것입니다. 불상에 절을 하면서 세상 모든 사람이 부처임을 깨닫고, 자비심을 기르고, 나를 내려놓는 것입니다. 성철 스님도 부처님 오신 날 봉축 법어에서 "교도소에서 살아가는 거룩한 부처님들, 술집에서 웃음 파는 엄숙한 부처님들, 밤하늘에 반짝이는 수 없는 부처님들, 꽃밭에서 활짝 웃는 아름다운 부처님들, 구름되어 둥둥 떠 있는 변화무쌍한 부처님들, 물속에서 헤엄치는 귀여운 부처님들, 허공을 훨훨 나는 활발한 부처님들, 넓고 넓은 들판에서 흙을 파는 부처님들, 우렁찬 공장에서 땀 흘리는 부처님들, 고요한 교실에서 공부하는 부처님, 오늘은 당신네의 생신이니 축하합니다."라고 하였습니다. 진짜 부처님은 시장에, 공장에, 학교, 하늘에 있음을 가르쳐 주는 법어입니다. 부처님을 멀리서 찾을 것이 아니라, 내 내면에서, 가까이에서 찾으라는 말씀입니다.

절에 가면 마음이 편해집니다. 마음이 편해지는 이유는 욕심을 내려놓기 때문입니다. 절에 가서 욕심을 내는 사람은 없습니다. 그러므로 마음이 편해지려면 절에 가 있는 것처럼 욕심을 내려놓으면 됩니다. 절 입구에 가면 모든 욕심을 내려놓으라고 합니다. 수원 봉녕사(奉寧寺) 입구에 가면 "삼일수심천재보 백년탐물일조진(三日修心千載寶 百年貪物一朝塵)"이라고 쓰여 있습니다. 3일 닦은 마음 천년의 보배가 되고, 백 년간 탐한 재물 하루아침에 티끌이 된다는 말입니다. 그러므로 무엇을 탐하겠습니까? 《벽암록》에 "누구나 잠깐 앉아 선을 닦으면, 강가의 모래같이 많은 칠보로 장식된 탑을 짓는 것보다 나은 것이니, 탑은 끝내 무너져 티끌이 되겠지만, 한순간 마음을 깨끗이 하면 부처를 이루리(若人靜坐一須臾 勝造恒沙七寶塔 寶塔畢竟碎微塵 一念淨心成正覺)."[57]라고 하였습니다. 한순간의 마음이 이렇게 중요한 것입니다.

화성 용주사(龍珠寺) 입구에 가면 "입차문래 막존지해(入此門來 莫存知解)"라고 쓰여 있습니다. 이 문에 들어서면 내가 알고 있다는 알음알이를 내려놓으라는 말입니다. 내가 잘났다는 교만한 마음을 내려놓으라는 것입니다. 모두가 부처임을 알라는 말입니다. 어느 대학 교수가 스님을 찾아와 자신이 아는 지식을 마구 쏟아 냅니다. 스님은 차 한 잔 마시라고 하면서 찻잔이 넘쳐도 계속 차를 붓습니다. 대학 교수는 자신이 알고 있다는 아상(我相)이 넘쳐서 다른 것은 보이지 않는 것입니다. 절에 가는 이유는 자신을 내려놓기 위해서입니다. 자신을 들고 절에 가는 것은 의미가 없습니다. 부처님을 만나러 가는 것은 나를 내려놓기 위한 것입니다. 마하트마 간디는 "기도는 자신이 가치가 없으며 약하다는 것을 고백하는 것이다(Prayer is a confession of one's own unworthiness and weakness.)."라고 하였습니다.

몇 달에 한 번 영월에 있는 부처님 진신사리를 모시고 있는 법흥사(法興寺)를 갑니다. 신림IC에서 내려 무릉도원면을 지나 캠핑장이 즐비한 계곡을 따라가다 보면 법흥사 입구가 나옵니다. 원음루(圓音樓)를 지나 적멸보궁(寂滅寶宮)으로 오릅니다. 법흥사 입구에 키 큰 소나무가 줄지어 서 있습니다. 부처님을 지키는 사천왕 같습니다. 적멸보궁에는 부처님 불상이 없습니다. 내 마음속의 부처님을 보고 절을 합니다. 절에 다녀오면 마음이 편안합니다. 마음을 내려놓았기 때문입니다. 나를 내려놓아야 그 자리에 부처님이 들어오는 것입니다. 내 마음을 내려놓아야 소나무 사이로 불어오는 청량한 바람도 들어옵니다. 모두 내려놓고 세상을 살아갈 힘을 얻어 오는 것입니다. 모두 내려놓았는데 오히려 힘이 나는 것입니다.

계륵

“바람처럼 사라지다”라는 말이 있습니다. 《바람과 함께 사라지다(Gone with the Wind)》라는 영화도 있지만 바람과 함께 사라지는 것과 바람처럼 사라지는 것은 약간 결이 다른 것 같습니다. “바람과 함께 사라지다”는 바람이 불어서 그 바람을 타고 사라진다는 말인데, “바람처럼 사라지다”는 바람이 없어도 바람처럼 사라진다는 말입니다. 우리 인생도 바람처럼 사라집니다. 바람이 불건, 불지 않건 바람처럼 사라집니다. 어제 멀쩡하던 사람이 오늘 바람처럼 사라지는 것을 보고 황망함을 느낍니다. 어제의 영웅도 오늘 바람처럼 사라지고, 오늘의 영웅도 내일 바람처럼 사라집니다.

바람처럼 사라진 영웅이 얼마나 많습니까? 《삼국지》의 조조나 손권, 유비뿐만 아니라 스티브 잡스, 마이클 잭슨에 이르기까지 흔적도 없이 사라져 버렸습니다. 요즘에는 AI 기술로 사람의 얼굴과 음성을 합성하기도 하지만 그것이 실제 인물일 수는 없습니다. 가수 김범룡의 〈바람 바람 바람〉이라는 노래도 있습니다. 우리네 인생도 바람처럼 왔다가 바람처럼 사라집니다. 바람은 잡을 수가 없습니다. 우리네 인생도 잡을 수가 없습니다.

인생을 잡으려는 시도는 실패로 끝납니다. 영원히 사는 인간은 없습니다. 바람처럼 사라지지 않으려고 진시황은 영원한 생명을 꿈꾸었지만, 그것은 불가능한 일입니다. 시간을 잡을 수 없듯이 인생도 잡을 수 없습니다. 나도 잡을 수 없고, 친구도 잡을 수 없고, 아무도 잡을 수 없습니다. 그래서 만물은 바람 같은 것입니다. 《금강경(金剛經)》에 "일체 만물은 꿈(夢) 같고, 환영(幻) 같고, 물거품(泡) 같고, 그림자(影) 같고, 이슬(露) 같고, 번개(電) 같다(一切有爲法 如夢幻泡影 如露亦如電 應作如是觀)."라고 하였습니다.

인생도 잡으려 해도 잡을 수 없고, 꿈, 환영, 물거품, 그림자, 이슬, 번개처럼 순식간에 없어집니다. 인생이 바람처럼 왔다가 흔적없이 사라지는 것임을 알게 되면 더 소유하려고 집착하지 않을 것입니다. 바람을 더 많이 모은다고 모을 수 있을까요? 바람은 모아도 소용없는 일이라는 것을 안다면 대범(大凡)하게 보내 버릴 수 있을 것입니다. 인생도 잡을 수 없습니다. 그래서 대범하게 보내 버려야 합니다.

집에 보면 버릴까, 말까 하는 물건들이 많이 있습니다. 버리기에는 아깝고 가지고 있기에는 마음에 들지 않습니다. 이러한 것들을 계륵(鷄肋)이라고 합니다. 먹자니 먹을 것이 없고, 버리자니 아까운 닭의 갈비뼈 같은 것입니다(食之則無所得 棄之則如可惜). 진수(陳壽)의

《삼국지(三國志)》에 나오는 이야기입니다. 그래서 계륵을 조조는 어떻게 했습니까? 결국은 버리고 돌아가게 됩니다. 버리지 않으면 두고두고 고민하게 됩니다. 우리네 인생도 똑같습니다. 사물에 대한 집착을 과감히 버리자니 뭔가 아쉬운 것 같고, 그렇다고 버리지 않고 집착을 하자니 걱정과 번뇌가 끊이지 않습니다.

집착(執着)은 계륵(鷄肋)입니다.

그래서 놓아 버려야 하는 것입니다. 물처럼, 바람처럼 흘려보내야 하는 것입니다. 집착은 바람을 모으는 것처럼 허망한 일입니다. 그냥 바람을 바람으로 인정하는 것이 깨끗하고 마음 편합니다. 집착이나 미련은 바람이라고, 잡을 수 없다고, 그렇게 마음 편히 놓아 버려야 됩니다. 생각이 모여서 굳어진 것이 집착이고, 고집입니다. 집착은 접착제 같은 것입니다. 마치 접착제같이 생각에 딱 붙어서 꼼짝하지 못하고 생각의 노예가 되도록 하는 것입니다. 생각이 흐르지 않는 것이 집착입니다. 흐르지 않는 생각이 번뇌를 만들어 냅니다. 집착을 버리지 않으면 생각의 감옥에 갇혀서 자유를 잃게 됩니다. 그래서 생각도, 집착도 놓아 버려야 하는 것입니다. '객진번뇌(客塵煩惱)'라는 말이 있습니다. 번뇌는 밖에서 들어온다는 말입니다. 집착도, 생각도 밖에서 들어오는 것입니다. 나의 것이 아닙니다. 그러므로 계륵 버리듯이 과감하게 버려야 합니다.

방생

운전하다 보면 속도 제한 구간에서 속도를 살짝 넘겨 통과하는 경우가 있습니다. 속도 위반 카메라를 보는 순간 찜찜합니다. 속도가 제한 속도를 넘은 것 같은데 얼마나 넘었는지는 모르겠고, 범칙금 딱지가 날아올 것 같은 생각이 들면 기분이 좋지 않습니다. 그때는 딱 잊어버리는 것이 최선입니다. 혹시나 범칙금 딱지가 나오면 그날로 계좌 이체하고 딱 잊어버리는 것이 상수입니다. 사람들은 과거 일에 사로잡히거나 미래의 일을 걱정하느라 현재에 집중하지 못하는 경우가 많습니다. 범칙금 딱지가 나오면 그때 해결하면 됩니다. 미리 기분 나빠하거나 걱정할 필요가 없습니다. 그냥 하던 운전에 집중하고 지나치는 경치를 바라보고 흐뭇해하면 되는 것입니다.

"전후제단(前後際斷)"이라는 말이 있습니다. 앞과 뒤를 단절시킨다는 말입니다. 과거를 현재와 연결하지 않고, 미래를 현재와 연결하지 않는 것입니다. 과거는 과거고, 현재는 현재며, 미래는 미래라는 입장입니다. 과거를 현재에 들고 들어오거나, 미래를 현재에 끌고 들어오면 현재에 집중할 수가 없습니다. 육조 혜능(六祖 慧能) 스님도 "만일 앞의 생각과 지금 생각과 뒤의 생각이 이어져서 끊어지지 않으면 이를 얽매임이라고 하고, 모든 법에 대하여 생각과 생각이 머무르지 않으면 곧 얽매임이 없는 것이다. 이것이 머무르지 않음을 근본으로 삼는 것이다(若前念今念後念 念念相續不斷名爲繫縛 於諸法上 念念不住卽無縛也 此是以無住爲本).", "앞의 생각이 미혹하면 곧 범부요, 뒤의 생각이 깨달으면 곧 부처다(前念迷卽凡 後念悟卽佛)."라고 하였습니다.

운전하다 보면 옆 차선 운전 차가 갑자기 끼어드는 등 화가 나는 경우가 있습니다. TV를 틀면 정치인들이 상호 비방하는 내용의 뉴스가 대부분이고, SNS에서도 막말이 난무합니다. 이 시대는 화(火)의 시대인 것입니다. 마스노 순묘(枡野俊明) 스님은 분노의 감정을 머리까지 끌어올리지 말고 단전에 머물게 하라고 합니다. 분노를 단전에 두는 방법은 마음에 거슬리는 말을 들었을 때 할 말을 생각해서 화가 났을 때 반복하는 것입니다. 예를 들면 "하나! 하나! 하나!"라고 말합니다. 이렇게 하면 분노의 감정이 절반이나 절반 이하로 된다고 하니 한번 해 볼 만한 일입니다.[58] 이것도 번거로우면 가장 쉬운 방법은 눈을 감는 것입니다. 그리고 크게 한 번 숨을 쉬고 잊는 것입니다.

이것도 전후제단의 방법입니다. 앞에 일어난 상황과 뒤의 상황을 단절시키는 것입니다. 일종의 장면 전환입니다. 인도 델리의 횡단보도 신호등에 빨간불이 켜질 때 어떤 글자가 나타나는데, 그 글자는 relax라고 합니다.[59] 마음을 릴랙스(relax)하라는 것입니다. 마음을 현재로 가져오라는 말입니다. 세네카도 "과거는 망각의 손에 맡기고, 미래는 신의 손에 맡기면 된다. 우리의 손에 남은 것은 현재뿐이다."라고 하였습니다. 그러고 보면 전후제단은 나도 지키고, 타인도 지키는 호신부(護身符)가 되는 셈입니다.

대부분의 불평, 불만, 걱정은 과거나 미래와 연관되어 있습니다. 현재가 없는 것입니다. 범칙금 딱지 잊듯이 딱 잊어야 합니다. 그러면 언제나 새롭게 시작할 수 있습니다. 다시 신호 위반이나 주차 위반을 하지 않으면 범칙금 통고서를 받지 않습니다. 과거의 일이 현재의 발목을 잡지 못하도록 해야 과거를 잊은 보람이 있는 것입니다. 걱정, 불안, 불만의 대부분은 과거의 일 때문이고, 미래의 일 때문입니다. 현재에 집중하면 현재가 선물임을 알게 되는 것입니다. 현재가 선물로 보인다면 지금 잘 살아가고 있는 것입니다.

하이쿠 시인 오자키호사이(尾崎放哉)의 "무엇인가 구하는 마음 바다에 놓는다(何か 求む 心 海へ 放っ)"라는 하이쿠(俳句)처럼 구하는 마음은 바다에 놓아 버리고 자유롭게 즐기면 됩니다. 과거(過去)나 미래(未來)의 걱정과 번민은 방생(放生)해서 자유롭게 헤엄치도록 놓아줍시다. 우리는 현재의 바다(海)에서 즐기면 됩니다. 구하는 마음, 욕심내는 마음, 걱정, 번뇌는 잡지 말고 자기 길을 가도록 놓아주는 것이 방생(放生)이고 공덕(功德)을 쌓는 길입니다.

천장지구의 지혜

인간의 욕심은 끝이 없습니다. 자본주의의 지구 파괴는 상상을 초월합니다. 돈이 되는 것이라면 지구 파괴는 안중에도 없습니다. 쏟아지는 플라스틱의 양은 상상을 초월합니다. 1970년대만 해도 집에 우유를 배달하면 병에 담아서 배달하고, 다음 날 아침에 먹은 병을 수거해 갔습니다. 아침마다 배달되는 '목장 우유'병을 데워서 먹으면 꿀맛이었습니다. 두꺼운 유리병은 세척 후 재활용되었습니다. 플라스틱은 구경조차 하기 어려웠습니다. 지금처럼 물을 마시고 플라스틱을 함부로 버리는 것은 상상조차 하기 어려웠습니다. 자원을 모두 소중히 생각했습니다. 인간의 욕심이 극에 달한 모습입니다.

이제는 자신들이 얼마나 욕심을 내고 있는지조차도 모릅니다. 예전에는 욕심을 내면 "내가 너무 지나쳤구나!" 하고 뒤로 물러났습니다. 그러나 지금은 다릅니다. 오히려 욕심을 내야 한다고 생각합니다. 욕심을 내는 것이 개성이고 자기실현이라고 생각합니다. 탐욕은 파멸에 이르는 지름길입니다. 《법구경》에 "어리석은 사람은 모든 것이 내 뜻대로 될 수 있다고 생각하여 욕망과 교만을 날로 키운다."라고 하였습니다. 기고만장(氣高萬丈)이라는 말이 있습니다. 기운이 만장 높이(30미터)에 이른다는 말입니다. 오만방자하다는 말이고, 부끄러운 줄도 모른다는 말입니다. 사람이 만장 높이에 오르면 떨어지게 됩니다. 떨어지면 그 결과는 명약관화합니다. 욕심이 일상화되어 있는 것이 문제입니다. 자신이 얼마나 높이 올라가 있는지조차 모르는 것입니다. 남들이 하니 모두 따라 합니다. 멈출 줄 몰라 모두 위태로워진 형편입니다.

진리는 낮은 곳에 있습니다. 미국의 시인 제임스 오펜하임(James Oppenheim)은 "바보는 멀리서 행복을 찾지만, 현명한 사람은 자기 발밑에 행복을 키운다."라고 하였습니다. 높이 올라갈수록 진리와 멀어집니다. 기고만장한 것은 오래가지 못합니다. '천장지구(天長地久)'라는 말이 있습니다. 하늘과 땅처럼 오래 계속되는 것을 말합니다. 노자는 "천지가 오래갈 수 있는 것은 자기만 살려고 하지 않기 때문(天長地久 天地所以能長且久者 以其不自生)"이라고 하였습니다. 《입보리행론》을 쓴 인도 승려 산티데바(Shantideva)는 "세상의 모든 고통은 자기 자신을 생각하는 데서 오고, 세상의 모든 행복은 다른 사람들을 생각하는 데서 온다."라고 하였습니다.

자신만 알고 기고만장했던 왕 중에 비참한 최후를 맞지 않은 왕은 없습니다. 나무가 하늘로 가지를 올릴 수 있는 것은 튼튼한 뿌리가 있기 때문입니다. 나무가 초기에 크지 않는 것은 뿌리를 내리기 위한 것이라고 합니다. 뿌리를 내리고 난 다음에 위로 올라가는 것입니다. 옛말에 "뿌리 깊은 나무는 바람에 아니 흔들리니 꽃이 아름답고 열매가 많으며, 샘이 깊은 물은 가뭄에 마르지 아니하므로 내를 이루어 바다로 간다."라고 하였습니다. 인간의 욕심은 하늘로만 올라가려고 하는 것이 문제입니다. 《주역》에도 하늘이 위에 있고 땅이 아래에 있는 천지비(天地否) 괘는 이롭지 않고, 땅이 위에 있고 하늘이 아래에 있는 지천태(地天泰) 괘는 길하고 형통하다고 하였습니다. 하늘이 땅을 위해서 자신을 낮추기 때문에 형통한 것입니다. 사람이 소박함을 잃으면 정신이 병들게 됩니다. 퇴계 선생이 자신을 되돌아보고 항상 부끄러워했듯이 우리도 소박함을 잃지 않았나 자신을 되돌아볼 때입니다. 지구를 파괴하고 기고만장하지 않았나 반성해 봅니다. 산티데바는 "붓다는 다른 이들을 돌봄으로써 붓다가 된다."라고 하였습니다. 천장지구의 지혜를 배워야 할 때입니다.

제4장

마음이 머무는 곳

천 년 너럭바위

퇴계 선생은 단양군수 시절 암석에 탁오(濯吾)라는 글씨를 새기고 그곳에 가서 손발을 씻으며 자신을 돌아보았다고 합니다. '탁오'라는 말은 "창랑의 물이 맑으면 갓끈을 씻고, 창랑의 물이 흐리면 발을 씻는다(滄浪之水淸兮 可以濯吾纓 滄浪之水濁兮 可以濯吾足)."는 굴원(屈原)의 〈어부사(漁父詞)〉에 나온 글귀입니다. 퇴계 선생은 이곳에 와서 항상 자신의 마음을 되돌아보고, 마음을 씻은 것입니다. 어느 날 충청 감사 송당(松塘) 유홍(兪泓)이 퇴계 선생을 칭송하는 시를 보내자 "보내온 시 말씀이 너무 무거워 읊조리며 푸른 산 마주하니 부끄럽기만 하여라."라고 하였습니다.[60] 퇴계 선생은 늘 자신을 되돌아보며 자신의 부끄러움을 반성하였다고 합니다. 대학자의 겸손함이 읽는 사람을 부끄럽게 합니다.

"잠자는 시간을 아까워하지 말고 깨어 있는 시간에 최선을 다하여라."라는 말을 수험생이면 누구나 들었을 것입니다. 내가 가지지 않은 것을 탐내지 말고, 내가 가진 것에 최선을 다하는 것이 부끄럽지 않은 삶을 살아가는 자세일 것입니다. 깨어 있는 시간에 최선을 다하는 것이 퇴계 선생의 '탁오'라는 글에서 배울 점일 것입니다. 깨어 있는 시간, 힘이 있는 시간이라도 허튼짓을 하지 않고 집중할 수 있다면 남다른 성과를 얻을 수 있습니다. 중요한 것은 시간의 양이 아니라 내가 내게 쓸 수 있는 시간을 얼마나 효과적으로 사용할 수 있느냐 하는 것입니다. 시간을 효과적으로 사용하는 사람일수록 이룰 수 있는 것이 많을 것입니다. "다만 할 수 있는 시간만 최선을 다하겠다." 이렇게 생각한다면 하면 마음이 한결 편해질 것입니다.

퇴계 선생은 탁영담(濯纓潭)에 있는 너럭바위(盤陀石)를 보고 "누런 탁류 넘치면 형체를 숨겼다가, 물결 잔잔하자 모습 드러내네. 어여뻐라 요동치는 물결 속에서도, 천 년 동안 너럭바위 움직이지 않다니(黃濁滔滔便隱形 安流帖帖始分明 可憐如許奔衝裏 千古盤陀不轉傾)."라고 노래하였습니다. 요동치는 물결 속에서도 천 년 동안 움직이지 않는 너럭바위를 보고 마음을 가다듬은 것입니다. 처음 마음을 계속 유지하기는 어렵습니다. 그럴 때마다 천 년 동안 움직이지 않는 너럭바위를 보고 마음을 다잡을 수 있을 것입니다. 고려 시대 무의 혜심(無衣 慧諶) 스님도 "냇가에서 발을 씻고, 산 보며 눈 맑히네. 그깟 영욕 꿈꾸지 않으니 이 밖에 무엇을 구하리(臨溪濯我足 看山淸我目 不夢閑榮辱 此外更何求)."[61]라고 노래하였습니다. 영욕을 꿈꾸지 않으면 마음 편히 살 수 있는 것입니다. 퇴계 선생은 진정한 도는 겨울에 가죽옷을 입고, 여름에 베옷을 입는 것과 같이 일상적인 것이며, 사사로운 욕심은 마음을 갉아먹는 벌레이고 악의 근원이므로 항상 몸가짐을 삼가야 한다고 하였습니다.

불가에 조고각하(照顧脚下)라는 말이 있습니다. 자기 발밑을 잘 비추어 보라는 말입니다. 어두운 길을 걸을 때는 자기 발밑을 잘 살펴보아야 합니다. 세상이라는 어두운 길을 걸어갈 때는 조심조심 걸어가야 합니다. 딴생각을 하면서 걸으면 도처에 널려 있는 돌부리에 걸려 넘어질 수밖에 없습니다. 딴생각이 바로 욕심입니다. 욕심에 빠져 있으면 자기 발밑을 보지 못합니다. 자기 발밑은 현재입니다. 욕심이 현재를 보지 못하게 하는 것입니다. 욕심이 사람을 망치게 합니다. 욕심이 사람의 눈을 가리는 것입니다. 그러므로 조고각하는 깨어 있으라는 말입니다. 행복은 밖에 있는 것이 아니라 내 안에 있는 것입니다. 행복은 내 안에 있는데, 밖에서 찾으면 찾을 수 없습니다. 내가 가지지 않은 것을 탐내지 말고, 내가 할 수 있는 것, 내가 가진 것에 감사하는 것이 조고각하입니다. 퇴계 선생은 묘갈명(墓碣銘)에서 "근심 가운데 즐거움이 있고 즐거움 가운데 근심이 있네, 자연의 조화를 따라 돌아가니 다시 무엇을 구하랴(憂中有樂 樂中有憂 乘化歸盡 復何求兮)."라고 하였습니다. 대학자는 겸손하고, 욕심 없는 삶을 최고의 기쁨으로 여겼습니다. 자신을 낮추고, 감사하면서, 욕심 없이 현재를 살아간다면 퇴계 선생처럼 부끄럽지 않은 삶을 살 수 있을 것입니다.

좋은 그림

저는 그림 보기를 좋아합니다. 특히 동양 산수화를 보고 있으면 마음이 편안합니다. 그림은 어디가 마음에 들든, 들지 않든 내가 고칠 수 있는 것이 아닙니다. 그림은 완성된 것이니 있는 그대로 받아들이게 됩니다. 그리고 있는 그림 그대로 느낍니다. 내가 바꿀 수 있는 것이 없으므로 그대로 받아들이는 것입니다. 만일 내가 보고 있는 그림이 마음에 들지 않으면 다른 그림을 보면 됩니다. 모든 그림이 마음에 들지는 않습니다. 마음에 들지 않는 그림을 붙들고 계속 기분 나빠할 이유가 없습니다.

세상일도 이와 같습니다. 모든 세상일이 내 마음에 들지는 않습니다. 마음에 들지 않는 일은 마음속에서 지우면 됩니다. 다른 세상일로 넘어가면 됩니다. 마음에 드는 그림을 보고 위안을 얻듯이, 마음에 드는 세상일로 위안을 얻으면 됩니다. 마음에 드는 일이든, 마음에 들지 않는 일이든, 완성된 그림과 같이 이미 완성된 것이고 내가 고칠 수 있는 것은 아닙니다. 내가 할 수 있는 것은 내가 어찌할 수 없는 것을 받아들이는 것입니다. 그리고 내가 좋아하는 그림, 내가 좋아하는 일을 선택하는 것입니다.

세상 모든 일을 내가 좋아할 수도 없고, 세상 모든 사람을 내가 좋아할 수도 없고, 세상 모든 사람이 나를 좋아하게 할 수는 없는 일입니다. 세상일을 그림을 바라보듯이 바라볼 일입니다. 어찌 보면 세상일은 이미 완성된 일이고, 신의 작품일지도 모릅니다. 모든 일은 원인이 있어서 발생한다는 인과의 법칙에 따라서 이루어진 것인지도 모릅니다. 세상의 인과를 내가 모두 알 수는 없는 일이지요. 또한 신의 의사를 내가 모두 알 수도 없는 일입니다. 내가 할 수 있는 것은 여러 작품 중에서 내가 좋아하는 작가의 작품을 보고, 즐기고, 감동하고, 행복해하는 것입니다.

어떤 기분 나쁜 일이 생기더라도 거기에 집착하지 말고 가볍게 넘겨야 할 이유가 여기에 있는 것입니다. 기분 나쁜 일에 집중할수록 더욱 기분이 나빠질 것입니다. 《법구경》에서도 "고통에서 벗어나고 싶은가? 그렇다면 마음을 그곳에 두지 마라."라고 하였습니다. 나쁜 그림에 집중하면 내 눈만 더 나빠지고, 내 기분만 나빠질 것입니다. 그러므로 좋은 그림, 아름다운 그림, 내가 좋아하는 그림에 집중할 일입니다. 좋은 일, 좋은 생각, 내가 좋아하는 사람에게 집중할 일입니다.

마음의 곳간

주위에 보면 마음이 넓은 사람이 있습니다. 어떻게 저렇게 마음이 넓을까 부럽습니다. 또 마음이 평안한 사람이 있습니다. 언제나 온유합니다. 어떻게 저렇게 마음이 고요할까 부럽습니다. 우리의 마음에도 곳간이 있습니다. 곳간이 꽉 차서 아무것도 들일 수 없는 사람이 있는 반면, 곳간에 여유가 있어서 어떤 것도 받아들일 수 있는 사람도 있습니다. 조그마한 일에도 짜증을 내는 사람이 있고, 그냥 흐르는 강물 바라보듯이 여유롭게 바라보는 사람도 있습니다. 마음의 곳간의 크기가 다른 것입니다. 그렇다면 어떻게 마음의 곳간을 넓힐까요?

마음은 텅 비울 때 가장 커집니다. 반면, 마음에 이런저런 것들을 가득 채울 때 좁아집니다. 마치 집 안에 물건이 가득 차 있으면 사람 앉을 곳이 부족한 것과 같습니다. 생각이 많으면 짜증이 많습니다. 생각을 비우면 여유가 있습니다. 절에 가면 방에 가구가 없이 텅 비어 있습니다. 공간을 넓게 씁니다. 필요 없는 것은 들이지 않는 것입니다. 마음도 텅 비우는 사람이 마음 부자입니다. 절에 갔다 오면 마음이 충만해져서 돌아옵니다. 절에서 무엇을 채우라고 한 적이 없고 비우라고 했는데, 오히려 마음이 충만해진 것입니다. 부처님께 모두 바쳤는데 오히려 충만해진 것입니다. 마음을 비웠는데 마음은 더 충만해지고, 더 넓어지니, 마음은 채워서 부자가 되는 것이 아니라 비워서 부자가 되는 것입니다.

가진 사람이 써야 할 곳, 좋은 일을 해야 할 곳에 쓰지 않는 것을 인색하다고 합니다. 마음이 인색한 것도 병이라고 합니다. 스스로 고통을 자초하는 마음의 병이라는 것입니다. 알루보몰래 스마나사라 스님은 "우리가 소유한 모든 것은 빌린 것이라고 합니다. 돈 역시 빌린 것이므로 돈을 끌어안고 사는 것은 어리석은 일이라고 합니다."[62]라고 말합니다. 반대로 가진 것이 없는 사람이 자신이 가진 것을 생각하지 않고 펑펑 쓰는 것도 위험합니다. 가지고도 쓰지 않고, 가지지 않고 있으면서 가진 듯이 쓰는 것도 인색하고 어리석고 위험한 행동입니다. 법정(法頂) 스님도 무소유는 아무것도 가지지 않는 것이 아니라 불필요한 것을 가지지 않는 것이라고 하였습니다. 우리는 불필요한 것의 바다에 둘러싸여 있습니다. 불필요한 것을 가진 사람을 부러워합니다. 탐욕과 집착을 버리는 것이 무소유입니다. 불필요한 것을 욕심내지 않는 것이 중도이고 지혜입니다.

우리 마음의 곳간도 비우면 비울수록 넓어집니다. 자신도 행복해지고 타인도 행복해집니다. 내가 아는 것이 많다고, 내가 가진 것이 많다고 하는 마음은 마음의 곳간을 아집과 교만과 탐욕으로 가득 채워 버립니다. 마치 컴퓨터 용량을 잡아먹듯이 내 아집, 탐욕, 교만이 내 마음의 용량을, 곳간을 잡아먹게 됩니다. 수시로 비워 내고, 삭제하고, 버리기를 해야 합니다. 하드웨어 용량이 여유가 있어야 필요한 것을 저장할 수 있듯이 마음의 용량, 곳간이 커야 자신과 타인을 품을 수 있습니다. 마음의 용량이 적은 사람은 자신도 품지 못합니다. 늘 자기 자신에 대한 불평을 쏟아 냅니다. 자기 자신도 품지 못하는데 타인이야 말할 것도 없습니다. 마음의 용량이 커야만 자신이 원하는 것, 타인이 원하는 것 모두 받아들일 수 있습니다.

우리의 마음도 용량을 업그레이드하고, 쓰지 않는 생각, 집착, 걱정을 휴지통에 버려야 합니다. 그리고 아예 휴지통 비우기를 해서 영원히 삭제해야 됩니다. 휴지통에 많은 것을 쌓아 놓을수록 용량이 줄어들듯이, 용량만 차지하는 쓸데없는 생각, 걱정, 집착은 버려야 합니다. 텅 빈 마음이 자신과 주위 사람을 행복하게 할 수 있습니다. 황벽(黃檗) 스님도 "마음 외에 다른 법은 없고, 마음에 사념이 일어나면 곧 법체와 어긋난다(唯是一心 更無別法 擧心動念 卽乖法體)."라고 하였습니다. 텅 빈 마음이 가장 큰 마음입니다. 마음을 텅 비워 허공과 같이 마음을 넓게 써야 하겠습니다. 마음을 비운 자리에 나비처럼 지극한 즐거움이 찾아오는 것입니다.

내게 맞는 신발 찾기

요즘 자기 자신을 찾는 사람이 늘어났습니다. “나는 누구인가?”, “나는 어디에서 와서 어디로 가는가?” 하는 의문을 품는 사람이 늘어났습니다. 그런데 여기저기 아무리 찾으려 기웃거려도 자기가 누군지 찾지 못합니다. 그래서 자기를 찾으러 갔다가 포기하기 일쑤입니다. 《금강경》에서는 만물은 이슬 같고, 거품 같고, 그림자 같다고 하였습니다. 만물이 이슬 같고, 거품 같고, 그림자 같음을 알게 되면 자기 자신을 찾는 것을 멈추게 될 것입니다. 그러나 《금강경》에서 이렇게 답을 주었는데 믿지 못하는 것이 중생입니다. 다른 무언가가 있을 것이라고 생각합니다. 부귀도, 영화도, 자기 자신도 따로 있을 것이라고 생각합니다.

“하루가 다하도록 봄을 찾아다녔으나 봄을 보지 못하고, 짚신이 다 닳도록 구름 덮인 고개까지 밟고 다녔네. 지쳐 돌아와 매화나무 밑을 지나는데, 봄은 이미 매화 가지에 무르익고 있는 것을(盡日尋春不見春 芒鞋遍踏隴頭雲 歸來偶過梅花下 春在枝頭已十分).”이라는 옛 시가 있습니다. 평생을 자기를 찾아 밖을 헤매 다녀도 찾지 못합니다. 왜냐하면 이슬 같고, 거품 같고, 그림자 같기 때문입니다. 중관 해안(中觀 海眼) 스님도 "배고프면 밥 먹고 피곤하면 잠자니, 오직 이 수행이 깊고도 깊구나. 세상 사람 일러 줘도 어리석어 믿지를 않고, 마음 밖 부처를 찾아 헤매 다닌다네(飢來喫飯倦來眠 只此修行玄更玄 說與世人渾不信 却從心外覓金仙)."[63]라고 하였습니다. 그러면 만물이 이슬이고, 거품이고, 그림자면 어떻게 살아야 할까요?

집착을 버리고 무심하게 허공같이 사는 것입니다. 이슬도, 거품도, 그림자도 잡는다고 잡을 수 있는 것이 아닙니다. 허공은 모든 것을 받아들이고, 어떤 것에도 집착하지 않습니다. 모든 것이 이슬과 같기 때문입니다. 깨달은 분들이 세상에 초연하게 무심히 사시는 것을 볼 수 있습니다. 봄이 가면 여름이 온다는 것을 알기에 봄이 가도 안달복달하지 않고, 봄이 오면 그냥 봄을 즐깁니다. 밥 먹을 때는 밥만 먹습니다. 차 마실 때는 차만 마십니다. 왜냐하면 이 순간이 소중한 것을 알기 때문입니다. 이 순간은 다시 오지 않는다는 것을 알기 때문입니다.

'일기일회(一期一會)'라는 말이 있습니다. 일본의 다도(茶道)에서 유래된 말로 차를 내는 주인과 차를 마시는 손님은 이 순간이 일생에 단 한 번밖에 오지 않는 기회로 생각하고 이 순간에 모든 정성을 다한다는 말입니다. 최선을 다한 사람은 후회하지 않습니다. 이 순간에 자신의 모든 것을 바쳤기 때문입니다. 이 순간과 하나가 된 것입니다. 사람도, 시간도 영원하지 않기에 귀한 것입니다. 그것이 이슬 같고, 거품 같고, 그림자 같아서 귀한 것입니다. 그래서 최선을 다 할 수 있습니다. "이 또한 지나가리라."라는 말이 있습니다. 이 바람이 영원하지 않음을 알기 때문에 이 바람에 집착하지 않는 것입니다. 곧 지나갈 것임을 알기에 초연합니다. 어려운 처지에 부닥쳐서 목숨을 끊는 사람이 있습니다. 부닥친 문제가 너무 커 보여서 내려놓지 못하기 때문입니다. 문제에 깔려 버린 것입니다. 그러나 이 순간은 영원하지 않습니다. 문제도 이슬 같은 것입니다. 내려놓으면 길이 생깁니다.

아무리 좋은 직장이라도 자신과 맞지 않으면 내려놓는 것이 좋습니다. 아무리 높은 지위라도 자신과 어울리지 않으면 내려놓는 것이 현명한 사람입니다. 아무리 돈을 많이 버는 자리라도 자신의 양심에 맞지 않으면 내려놓을 줄 알아야 합니다. 자신에게 맞지 않는 음식을 먹으면 탈이 납니다. 자신에게 맞지 않는 지위, 권력, 부귀는 재앙을 가져옵니다. 얻지 않음만 못합니다. 아무리 좋은 신발도 자신에게 맞지 않으면 무용지물입니다. 내게 맞는 신발이 최고의 신발입니다. 남의 신발이 좋아 보여도 나에게 맞지 않으면 아무 쓸모가 없습니다. 절제를 모르는 권력의 말로는 비참할 수밖에 없습니다. 자신에게 맞지 않는 것을 탐하는 것은 화약을 지고 불에 뛰어드는 것과 같습니다.

그래서 자신을 찾는 것은 자신에게 맞는 것을 찾는 것입니다. 그것이 진정한 자신을 찾는 것입니다. 사람이 찾고자 하는 것은 자기 자신이 되는 것입니다. 그 열쇠는 욕심을 버리는 무심에 있습니다. 자신에게 맞지 않는 것은 아무리 좋은 것이라도 버리는 것이 무심입니다. 그것이 타인의 삶이 아닌 자신의 삶으로 사는 것입니다. 도연명(陶淵明)을 후세 사람들이 부러워하는 것은 자신의 것이 아닌 것은 모두 버리고 자연으로 돌아가서 자기 자신으로 살았기 때문입니다. 도연명은 집에 도착해 〈귀거래사(歸去來辭)〉를 짓습니다. "무릎 하나 겨우 들일 집이건만, 편안하기 그지없고(審容膝之易安), 이 몸 세상에 남아 있을 날, 그 얼마나 되랴(寓形宇內復幾時), 부도, 지위도 바라지 않고(富貴非吾願), 천명을 즐기고 살면 그뿐, 근심할 일 무엇 있겠는가(樂夫天命復奚疑)."라고 하였습니다. 《신곡》을 쓴 알리기에리 단테(Alighieri Dante)는 "그대가 그대의 별을 따라간다면 영광스러운 하늘에 이르지 못하는 일은 없을 것이다."라고 하였습니다. 임제 스님도 "어디를 가든 자신이 머무는 곳에서 주인이 되면, 그 자리가 진리의 자리이다(隨處作主 立處皆眞)."라고 하였습니다. 자기를 찾는 것은 자신에게 맞지 않는 것은 더 이상 구하지 않는 것입니다. 구하지 않으면 현혹되지 않습니다. 그때 자신이 자기 자신의 주인이 되는 것입니다.

내 마음속 부처 찾기

사람들은 일이 뜻대로 되지 않으면 불안하고, 초조하고, 짜증을 내게 됩니다. 그런데 일이 잘 안되는 것이 기본이라고 한다면 어떻게 될까요? 일이 잘 안되어도 "그런가 보다." 하고 넘어갈 것입니다. 일이 잘될 것이라는 걸 기본으로 두고 있으니, 조금이라도 잘 안되면 초조하고 불안해지는 것입니다. 인생은 고해(Dukkha)라고 합니다. 세상은 장애가 기본인 것입니다. 그러므로 일이 잘 안되더라도 너무 실망하지 말아야 합니다. 오히려 일이 잘되면 기뻐해야 하는 것입니다. 《채근담》에도 "꾀꼬리 울고 꽃들이 만발해 산과 계곡을 아름답게 장식해도 이것은 한때의 환상일 뿐이고, 물 마르고 나뭇잎 떨어져 바위와 벼랑이 앙상하게 드러나면 천지의 참모습을 본다(鶯花茂而山濃谷艶 總是乾坤之幻鏡 水木落而石瘦崖枯 纔見天地之眞吾)." 라고 하였습니다.

에픽테토스는 "사람을 불안하게 하는 것은 사실 자체가 아니라 사실에 대한 사람들의 생각이다."라고 말했습니다. 우리는 보통 사실이 중요하다고 생각합니다. 그러나 에픽테토스는 사실이 어떻든 그것을 내가 어떻게 받아들이느냐, 어떻게 생각하느냐가 중요하다고 말합니다. 어떤 사실이 있는 것이 중요한 게 아니라 내가 그것을 어떻게 받아들이느냐 하는 것이 중요하다는 것입니다. 실제로 사람들에게 영향을 끼치는 것은 어떤 사실이 아니라 그 사실에 대한 사람들의 생각입니다. 아무리 명품이 있다 하더라도 내 마음이 동하지 않으면 아무런 의미가 없고, 누구나 좋아하는 그림이나 음악이 있더라도 내가 좋아하지 않으면 나에게는 아무 의미가 없습니다.

세상이 어떻게 돌아가느냐가 중요한 것이 아니라 그 사실을 내가 어떻게 생각하고 받아들이느냐가 중요합니다. 경제가 어렵다고 합니다. 경제가 회복되면 좋겠지만, 경제가 어렵다고 모두가 어려운 것은 아닙니다. 어려움을 기회로 삼아 재기하는 사람도 있습니다. 어려울수록 더 강해지는 사람도 있습니다. 시험이 어려울수록 성적이 더 좋은 사람도 있습니다. 어려움이 도전 의식을 북돋아 주기 때문입니다. "어렵단 말이지, 그럼 나도 한번 해 본다 말이지." 하는 사람들입니다. 헬렌 켈러는 "세상은 고난으로 가득 차 있지만, 그것은 또한 극복으로도 가득 차 있다(All the world is full of suffering. It is also full of overcoming.)."라고 하였습니다.

불교에서도 '일체유심조(一切唯心造)'라는 말이 있습니다. 모든 것은 마음먹기 나름이라는 말입니다. 내 마음이 모든 것을 만들지, 상황이 모든 것을 만드는 것은 아니라는 말입니다. 그래서 상황을 만들려고 하지 말고 먼저 내 마음을 만들기 위해 노력해야 합니다. 상황이 아니라 내 마음이 더 중요하다는 뜻입니다. 내 마음에 붉은 안경을 쓰면 세상이 붉게 보이고, 내 마음에 검은 안경을 쓰면 세상이 검게 보입니다. 세상이 탁해 보이는 것은 내 마음이 탁하기 때문입니다. 세상이 청정해 보이는 것은 내 마음이 청정하기 때문입니다. 부처의 눈에는 부처가 보이고, 중생의 눈에는 중생이 보인다고 합니다. 아무리 보아도 부처가 보이지 않는다면 부처가 없음을 탓하지 말고, 내 마음이 청정하지 못함을 탓해야 할 것입니다. 마더 테레사 수녀님은 예수님 아닌 사람을 만난 적이 없다고 하였고, 성철 스님은 부처님 아닌 사람을 만난 적이 없다고 하였고, 《코란》에는 당신이 향하는 어디에나 신이 있다고 하였습니다. 내 마음이 지옥이면 세상도 지옥이고, 내 마음이 천국이면 세상도 천국입니다.

어둠 속에서 어둠을 보는 사람이 있고, 어둠 속에서도 빛을 보는 사람이 있습니다. 어둠을 몰아내는 사람은 어둠 속에서도 스스로 빛이 되는 사람입니다. 어둠에는 어둠만 있는 것이 아닙니다. 인도의 시인 타고르(Rabindranath Tagore)는 "오늘 당신이 힘들었다면, 손해를 봤다면, 책임을 졌다면, 죄를 뒤집어썼다면, 고통을 참아 냈다면, 그 모든 것이 빛이 되어 당신의 길을 비추어 줄 것입니다."라고 하였습니다. 빛과 어둠도 내 마음속에 있습니다. 부처는 밖에서 찾지 말고 내 마음에서 찾으라고 합니다. 소동파와 불인(佛印) 스님의 유명한 일화가 있습니다. 불인 스님은 소동파를 장엄한 부처님으로 보인다고 하였고, 소동파는 불인 스님을 소똥 무더기로 보인다고 하였습니다. 그 이야기를 들은 여동생은 "불인 스님은 마음에 부처님이 있어 오라버니를 부처님으로 본 것이고, 오라버니는 마음에 소똥이 한 무더기가 있어 불인 스님을 소똥으로 본 것"이라며 소동파를 나무랍니다. 그래서 사실이 중요한 것이 아니라 사실을 보는 내 마음이 중요하다고 합니다. 부처는 세상에 있는 것이 아니라 세상을 보는 내 마음속에 있습니다. 내 마음속의 부처가 깨어나야 세상의 부처를 볼 수 있습니다.

비교하는 마음 내려놓기

마음을 내려놓는다, 마음을 비운다고 하는 것은 비교하는 마음을 내려놓는 것입니다. 누구는 일등을 하고, 누구는 일류 대학을 가고, 누구는 고액 연봉을 받는다, 하는 마음을 내려놓는 것입니다. 마음을 비운다는 것은 고승, 선사만 할 수 있는 일은 아닙니다. 비교하는 마음을 내려놓으면 편안한 마음으로 살아갈 수 있습니다. 누구는 연봉 10억 원을 받는다더라, 누구는 주식 투자로 100억 원을 벌었다더라, 하는 이야기에 마음이 흔들리지 않으면 편안하게 살아갈 수 있습니다. 사람은 사회적 동물입니다. 옆의 사람이 무슨 차를 타고 다니는지, 어떤 옷을 입고 다니는지, 어떤 가방을 들고 다니는지 영향을 받기 쉽습니다. 그러나 영원한 것은 없습니다.

《성경》에 "남을 판단하지 않으면 판단 받지 않고, 남을 용서하면 용서받는다."는 말이 있습니다. 파란(Pharan)의 아레타스(Arétas)라는 수도자가 기쁨과 환희에 넘쳐 죽음을 맞이하는 것을 보고 그의 스승이 어떻게 그렇게 죽음을 기쁘게 맞이하는지 물었습니다. 그러자 그 수도자는 "저는 수도자가 된 이후 의식적으로 누구도 판단하지 않았습니다. 어쩌다 다툼이 있으면 즉시 그 자리에서 화해했습니다.

주님께서 판단하지 않으면 판단받지 않으며, 용서하면 용서받는다고 말씀하지 않았습니까?"[64]라고 했다고 합니다. 이것이 비교하지 않는 마음입니다. 비교는 사람이든, 사물이든 판단하는 것에서 옵니다. 다툼도 다른 사람을 판단하는 것에서 옵니다. 판단하지 않으면 다투지 않게 되고, 비교하지 않게 되고, 부러워하지 않게 됩니다. 판단하지 않는 것은 그만큼 어려운 일이지만 참으로 중요한 일입니다.

해는 늘 동쪽에 있는 것이 아니고 오후가 되면 서쪽으로 넘어갑니다. 인간사도 마찬가지입니다. 대통령을 하든, 대기업 CEO를 하든, 영원히 할 수는 없습니다. 대기업 CEO가 빌딩 청소하는 사람보다 행복하다고 할 수는 없습니다. 비교하는 마음이 없으면 스스로 행복한 것입니다. 비교하는 순간, 마음이 지옥으로 들어가는 것입니다. 모든 번뇌와 병은 비교하고 견주는 데서 나오는 것입니다. 좋아하고, 싫어하는 마음에서 오는 것입니다. 승찬 스님도 《신심명(信心銘)》에서 "비교하는 마음을 없애면 비할 데가 없다(至道無難 唯嫌揀擇 但莫憎愛 洞然明白)."라고 하였습니다. 《유마경》에도 "법은 비교함이 없으니 상대가 없기 때문이다(法無有比 無相待故)."라고 하였고, 용수(龍樹) 스님도 "번뇌는 판단에서 생기고, 판단은 생각에서 생기고, 생각은 공에 의해서 소멸된다."라고 하였습니다.

공부할 때 부모님에게 제일 듣기 싫은 말이 누구 집 아들, 딸은 일등 하는데, SKY대학 입학했는데, 대기업에 합격했는데 하는 말입니다. 직장에 들어가고 결혼해서 배우자에게 제일 듣기 싫은 말이 누구는 연봉 얼마 받는다더라, 어떻게 산다더라 하는 말입니다. 이런 말을 한다고 아들, 딸, 배우자에게 무슨 좋은 영향을 미칠 수 있을까요? 아무런 도움이 되지 않습니다. 불만과 불화만 일으킬 뿐입니다. 누군가 비교하는 것은 이혼 사유 1순위입니다. 성격 차이는 대부분 눈높이의 차이이고, 눈높이의 차이는 비교하는 마음에서 나옵니다. 마음 수양의 1순위는 비교하는 마음을 내려놓는 것입니다. 그러면 교만한 마음이 내려앉게 됩니다.

교만한 마음이 있으면 "나는 수준이 높은데, 너는 왜 수준이 낮냐?" 하는 비교하는 마음이 바로 올라옵니다. 교만한 마음을 내려놓으면 모든 사람이 보살로, 부처로 보입니다. 내가 부처가 되면 모든 사람이 부처로 보이고, 내가 마음을 내려놓지 못하면 모든 사람이 중생으로 보이는 것입니다. 타인이 어떻게 보이는지는 내가 어떤 눈으로 보는지에 달려 있습니다. 누구와도 비교하지 않는 부모, 배우자, 가족, 친구가 훌륭한 부모, 배우자, 가족, 친구입니다. 그들은 비교당하기 위해 태어난 것이 아닙니다. 나도 비교하기 위해 태어난 것이 아닙니다. 모두 사랑받기 위해 태어난 사람들입니다.

"느리지만 자신의 속도로 경쟁을 하지 않는 나무들이 오래 산다."[65]라고 나무 의사 우종영 선생은 말합니다. 즉, 자신의 속도가 중요하다는 것입니다. 다른 사람의 속도에 맞추는 것이 경쟁입니다. 그러면 자신의 속도를 잊게 됩니다. 거북이가 토끼의 속도를 따라간다고 토끼의 속도로 갈 수는 없습니다. 거북이에게는 거북이의 속도가 있습니다.

거북이가 토끼의 속도로 가면 거북이가 아닙니다.

거북이는 거북이의 속도로 가야 거북이답습니다. 거북이는 거북이의 속도로 가야 행복한 것입니다. 자기만의 속도로 가면 경쟁은 무의미해집니다. 거미줄 같은 세상의 그물에 묶여 있는 것이 인간이라고 합니다. 고기가 어부의 그물에 걸려 올라오는 것은 고기를 유인하는 미끼가 있기 때문입니다. 부귀, 공명, 권력은 인간을 낚는 미끼와 같은 것입니다. 그렇다면 그 미끼는 누가 다는 것인가요? 그 미끼를 다는 자는 바로 자기 자신입니다. 자신의 욕심에 미혹되어 어부가 던져 놓은 그물에 걸리게 되면 오지도 가지도 못하게 됩니다. 미끼가 화려할수록 물고기도 잘 걸려들듯이, 부귀, 영화, 권력이 화려할수록 사람의 눈도 멀게 됩니다.

다니카와 슌타로는 그의 시에서 "가득 차 있는 우매한 인류"[66]라고 어리석음으로 가득 차 있는 인간의 모습을 꼬집었습니다. 시인 허형만은 "소 한 마리 끌 힘도 없으면서 문고리 문고리마다 끌어당기려고 하는구나."[67]라고 하였습니다. 자신의 교만함을 되돌아보게 하는 시입니다. 조선 시대 함월 해원(涵月 海原)스님은 "하루 종일 분별하는 마음 잊고 앉았노라니 온 하늘에 꽃이 비처럼 흩날리는구나. 내 인생 지닌 것 무엇이 있나 벽에 걸린 표주박 하나뿐일세(終日

忘機坐 諸天花雨飄 生涯何所有 壁上掛簞瓢)."[68]라고 하였습니다. 마음속 살림살이가 벽에 걸린 표주박 하나뿐이니 무심의 경지를 보는 듯합니다.

평상 쓸고 문 열기

사람의 마음에 이 마음, 저 마음이 일어납니다. “이 대학 갈까, 저 대학 갈까, 이 직장 갈까, 저 직장 갈까, 짜장면을 먹을까, 짬뽕을 먹을까, 산으로 갈까, 바다로 갈까, 계속 만날까, 헤어질까, 오늘 쉴까, 출근할까….” 온갖 마음이 나타나는 것입니다. 그런데 이 마음이라는 것은 허망합니다. 이름이 마음이지 실체가 있는 것이 아닙니다. 혜가(慧可) 스님이 달마(達磨) 스님에게 “이 마음을 편안하게 해 주십시오.”라고 하자, 달마 스님이 “그 마음을 가져오느라, 내가 편안하게 해 주마.”라고 합니다. 그런데 혜가 스님이 아무리 마음을 찾아도 마음을 찾을 수가 없었습니다. 그래서 “마음을 찾을 수 없습니다.”라고 말합니다. 불편한 마음을 찾으려고 하니 그 마음을 찾을 수도 없고, 내놓을 수도 없더라는 말입니다. 마음은 실체가 없고 허망한 것이므로 찾을 수도 없고, 내놓을 수도 없고, 잡을 수도 없습니다. 마음이 허공과 같음을 알고 거기에 얽매이지 말라는 법문입니다.

《금강경》에 ‘응무소주 이생기심(應無所住 而生其心)’이라는 말이 있습니다. "머무른 바 없이 그 마음을 내라."는 말입니다. 허상인 마음에 속지 말고 흘려보내라는 말입니다. 짜장면을 먹은들, 짬뽕을 먹은들 다음 날이면 다 잊어버립니다. 그리고 다음 점심때 또 고민합니다. "짜장면을 먹을까? 짬뽕을 먹을까?" 걱정도 이와 같습니다. 걱정을 잡는다고 잡을 수 있겠습니까? 걱정하는 마음을 머무르게 한다고 머무르게 할 수 있겠습니까? 걱정이나, 마음이나, 붙잡을 수 없고 머무르지도 않습니다. 사람들이 흔히 말하는 마음은 집착하는 마음입니다. 나에게 나타나는 마음은 집착하는 마음입니다. 황벽스님은 "마음은 맑고 깨끗하여 허공과 같고, 상도 모양도 없다. 마음을 움직이면 즉시 법체에서 어긋난다(此心明淨 猶如虛空 無一點相貌 擧心動念 卽乖法體)."라고 하였습니다. 마음은 허공과 같은 것이므로 집착하는 마음은 가짜 마음인 것입니다.

강물을 잡을 수 없듯이 마음도 잡을 수 없습니다. 머무른 바 없이 그 마음을 흘려보내야 합니다. 사실은 마음을 흘려보내는 것이 아니라 집착을 흘려보내는 것입니다. 현대인의 큰 병은 마음을 흘려보내지 못하고 붙잡고 있는 것입니다. 어떤 사람은 과거를 흘려보내지 못해서 잡고 있고, 어떤 사람은 미래를 흘려보내지 못해서 잡고 있습니다. 과거에 대한 집착도 집착이고, 현재에 대한 집착도, 미래에 대한 집착도 집착입니다. 집착은 병입니다. 미국 소설가 레이먼드 챈들러(Raymond Chandler)는 "우리가 스스로에게 놓는 덫만큼 치명적인 함정은 없다."라고 하였습니다. 집착은 우리가 우리 스스로에게 놓는 덫입니다. 원래의 마음은 허공처럼 늘 그 자리에 있습니다. 마음이 허공과 같은 것임을 안다면 집착하지 않고 흘려보낼 수 있을 것입니다.

옛사람도 말하기를 "마음은 만 가지 경계를 따라 흘러가지만 흘러가는 그곳이 참으로 그윽하여라. 마음 흘러가는 그곳을 따라 본성을 깨달으면, 기쁨도 없고 근심도 없을 것이네(古人云 心隨萬境轉 轉處實能幽 隨流認得性 無喜亦無憂)."[69]라고 하였습니다. 마음이 공함을 알면 집착과 망념이 일어나지 않는다는 말입니다. 조선 시대 정관 일선(靜觀 一禪) 스님도 "낙엽이 산길을 묻어, 길 물을 사람이 없네. 노승은 평상 쓸고 동자는 문을 연다(落葉埋山逕 無人可問程 老僧勤掃榻 童子出門迎)."[70]라고 하였습니다. 노승은 평상 쓸고, 동자가 문을 여는 것이 집착 없는 마음입니다. 거기에는 아무런 집착이 없습니다. 오직 평상 쓸고, 문 여는 데만 집중할 뿐입니다. 그래서 그림 같습니다. 허공 같습니다.

그림자 마음

마음은 있는 것일까요? 없는 것일까요? 비사부(毘舍浮) 부처님은 "마음은 본래 생기는 것이 아닌데 대상으로 인해 존재한다. 만약 대상이 없으면 마음이라는 것도 또한 없으므로 죄와 복도 환영처럼 생겼다 사라진다(心本無生因境有 前境若無心亦無 罪福如幻起亦滅)."[71]라고 하였습니다. 그래서 옛말에 "달빛이 댓돌을 쓸어도 먼지 일어나지 않고, 달빛이 연못을 뚫어도 흔적이 없다(竹影掃階塵不動 月穿潭底水無痕)."라고 하였습니다. 달빛은 흔적을 남기지 않습니다. 대상이 없으므로 흔적을 남기지 않는 것입니다. 육조 혜능 스님은 "지혜의 지(智)는 해, 혜(慧)는 달과 같다(智如日 慧如月)."고 하였습니다. 해와 달은 누구에게나 평등하게 비칩니다. 좋고 싫음이 없습니다. 붙잡고 있음이 없습니다. 그래서 흔적을 남기지 않습니다. 마음은 그림자와 같은 것이라 대상이 있어야 생깁니다. 대상이 없으면 마음도 없습니다. 번뇌는 대상이 있음으로써 생기는 것이고, 대상이 없으면 번뇌도 없는 것입니다.

대상이 없으면 주체도 없고, 주체가 없으면 대상도 없습니다. 그래서 대상이 없으면 아(我)도 없고, 대상에 대한 집착이 없으면 아(我)도 없어지게 되는 것입니다. 마치 달이 흔적을 남기지 않는 것과 같습니다. 《천수경》에 '죄무자성종심기 심약멸시죄역망 죄망심멸 양구공(罪無自性從心起 心若滅時罪亦亡 罪亡心滅 兩俱空)'이라고 하였습니다. "죄는 자성이 없고 마음에 따라 일어나니, 마음이 없으면 죄도 없고, 죄가 없으면 마음도 없으니, 죄도 마음도 모두 공하다."라는 말입니다. 그래서 "마음은 원래 실체가 없다."라고 하는 것입니다. 《금강경》에 "모든 현상은 그림자와 같다(一切有爲法 如夢幻泡影)."라고 했습니다. 마음도 공하고, 대상도 공한 것입니다. 대상이 없으면 마음도 없고, 마음이 없으면 대상도 없는 것입니다.

시기불 (尸棄佛) 부처님은 "몸은 물거품과 같고 마음은 바람과 같은 것(身如聚沫心如風)."이라고 하였으며, 구류손(拘留孫) 부처님은 "몸도 마음도 그 본성이 텅 비었음을 알았다면 이 사람이 부처님과 무엇이 다르랴(了得身心本性空 斯人與佛何殊別)."라고 하였습니다.[72] 그래서 우리의 마음도, 대상도 원래 텅 빈 것임을 안다면 우리도 부처가 되는 것입니다. "내가 문제시하지 않으면 어떤 문제도 존재하지 않는다."라고 합니다. 문제의 원인은 나 자신에게 있고, 내가 무심하면 모든 문제는 존재하지 않는다는 것입니다. 마음이 없으면 대상이 없고, 대상이 없으면 마음도 없으므로 내 마음에 일이 없으면 한가합니다. 마음에 일을 만들어서 바쁜 것이지, 마음에 일이 없으면 스스로 한가한 것입니다. 그래서 '심중무일사 심자한(心中無一事 心自閑)'이라고 합니다. 사람이 가장 편안하고 행복할 때는 아무 생각이 없을 때입니다. 지금 만족하기 때문입니다. 지금 만족하고, 구하는 것이 없으면 그곳이 극락(極樂)입니다.

육조 혜능 스님은 "모든 경계 위에서 마음이 물들지 않으며, 경계에 마음을 내지 않는 것이 무념이다(於諸境上 心不染曰無念 於自念上 常離諸境 不於境上生心)."라고 하였습니다. 또한 "미혹한 사람은 경계에 생각이 일어나고, 생각에 사견을 일으키므로 일체의 괴로움이 이로부터 생긴다(迷人 於境上有念 念上便起邪見 一切塵勞妄想 從此而生)."라고 하였습니다. 대상에 생각을 일으키면 괴로움이 생긴다는 말입니다. 물건을 보고 욕심을 일으키면 괴로움이 일어나는 것과 같습니다. 그러므로 대상에 마음이 물들지 않아야 번뇌에서 해방되는 것입니다. 그래서 마음이 없으면 대상이 없게 되고, 대상이 없으면 마음도 없게 되는 것입니다.

그래서 무엇을 보느냐가 중요합니다. 사람이 바다를 보고 있으면 마음이 편안하고, 걱정스러운 생각을 하면 마음이 불편한 것과 같습니다. 마음은 무엇을 보고 있느냐에 따르는 것입니다. 만약 대상을 보아야 한다면 밝고, 맑은 대상을 보아야 하고, 마음에 대상을 싣지 않으면 스스로 한가해서 번뇌에서 해방되는 것입니다. 《장자》 〈제물편(齊物編)〉에 망량(罔兩)이 그림자에게 물었습니다. "당신은 얼마 전에는 걷더니 지금은 멈추고, 아까는 앉아 있더니 지금은 서 있소. 어째서 줏대가 없는 것이요?" 그림자가 대답했습니다. "나는 내 뜻대로 그러는 것이 아니고, 기대고 있는 사람의 몸에 따라서 그러한 것이고, 내가 기대고 있는 사람의 몸은 또 그가 기대고 있는 것 때문에 그러한 것일 것입니다." 대상에 기대면 대상에 예속되고, 대상에 기대지 않으면 자유로워질 수 있을 것이라는 이야기입니다. 그래서 지공 화상도 "집착하지 않으면 즉시 해탈이요, 구함이 있으면 다시 그물에 걸리게 된다(無著卽是解脫 有求又遭羅罥)."라고 하였습니다.

마음이 머무는 곳

"바람이 움직이느냐, 깃발이 움직이느냐?"고 두 스님이 다투고 있었습니다. 육조 혜능 스님은 움직인 것은 깃발도 아니고, 바람도 아니고, 그대들의 마음이라고 하였습니다. 중생의 눈에는 바람이 움직이고, 깃발이 움직입니다. 그러나 깨달은 사람의 눈에는 중생의 마음이 움직이는 것이 보입니다. 마음이 움직이지 않으면 그것을 깨달음이라고 합니다. 분명히 깃발이 움직이고, 바람이 움직입니다. 깃발이 움직이고, 바람이 움직이는 것은 자연 현상입니다. 깃발이 움직이는지, 바람이 움직이는지 다투는 것은 사람의 마음입니다. 분별의 마음이 작동해서 내 눈에는 깃발이 움직이는 것으로 보이고, 상대의 눈에는 바람이 움직이는 것으로 보입니다. 깃발이 움직이든, 바람이 움직이든 사람의 마음이 움직이지 않으면 아무 일이 없습니다.

세상일이 옳다, 그르다고 다투는 이유는 사람의 마음이 움직이기 때문입니다. 마음이 움직이지 않으면 아무런 다툼도 없습니다. 세상일에 절대적으로 옳은 것은 없고, 절대적으로 틀린 것은 없습니다. 노자는 이것을 '총욕약경(寵辱若驚)'이라고 합니다. 총애받는 것도, 욕먹는 것도 오래가지 못한다는 말입니다. 어제의 대역죄가 오늘은 찬양받을 일이 되고, 오늘 찬양받을 일이 내일 대역죄가 된다는 말입니다. 그러므로 총애받는 것도 좋아할 일이 아니고, 욕먹는 것도 의기소침할 일이 아니라는 말입니다. 깃발이 움직이는 것도, 바람이 움직이는 것도, 내 마음이 움직이기 때문에 다툼이 있는 것입니다. 임제 스님도 "삼계는 오직 마음뿐이고 만법은 오직 의식이 만들어 낸 것이다(三界唯心 萬法唯識)."라고 하였습니다.

내가 꽃을 보지 않으면 꽃이 피어도 핀 것이 아닙니다. 내가 꽃을 보지 못했는데 그 꽃이 피었는지 내가 어찌 알 수 있을까요? 아무리 가까이 있어도 내 마음이 없으면 보이지 않고, 아무리 멀리 떨어져 있어도 내 마음이 가면 신경이 쓰이게 됩니다. 거리의 문제도, 시간의 문제도 아닙니다. 내 마음의 문제일 뿐입니다. 고운 최치원(孤雲 崔致遠)의 〈추야우중(秋夜雨中)〉이라는 시가 있습니다. "가을바람에 괴로운 마음을 읊조리니 세상에 나를 알아주는 사람 적구나. 창밖에 삼경의 비가 내리는데, 등불 앞의 마음은 만 리를 달리네(秋風惟孤吟 世路少知音 窓外三更雨 燈前萬里心)."라는 시입니다. 어린 나이에 당나라 유학 가서 알아주는 사람은 없고, 고향 신라를 그리워하는 시입니다. 마음이 머무르는 곳에 집착이 있게 됩니다.

《금강경》에 "머무른 바 없이 그 마음을 내라."라는 말이 있습니다. 머무르면 얽매이게 되고, 머무르지 않으면 얽매임이 없게 됩니다.

마음이 움직이면 번뇌고, 마음이 움직이지 않으면 그것이 선정(禪定)입니다. 도신(道信) 스님은 선 수행의 방법으로 하나의 목표에 집중하고 그것을 옮기지 않는 '수일불이(守一不移)'를 강조했습니다. "마치 새끼줄로 새 다리를 매어 놓고 새가 날아가려 하면 끌어당기는 것처럼 집중해서 보고 있으면 마음은 스스로 안정된다(如繩系鳥足 欲飛還掣取 終日看不已 泯然心自定)."라고 하였습니다.

마음은 자신이 그린 것이 나타난 것이고, 그리지 않으면 나타나지 않습니다. 번뇌, 걱정이 생겼다면 그것은 스스로 만든 것입니다. 스스로 번뇌와 걱정이라는 밧줄을 만들었다는 것을 알고 번뇌와 걱정이라는 밧줄을 벗어 던져야 합니다. 맹호연(孟浩然)의 〈춘효(春曉)〉라는 시가 있습니다. "봄잠에 새벽이 오는 줄 몰랐는데 여기저기 새 우는 소리, 밤에 온 비바람 소리에 꽃잎은 또 얼마나 떨어졌을까?(春眠不覺曉 處處聞啼鳥 夜來風雨聲 花落知多少)" 하는 시입니다. 지난 밤 온 비바람에 꽃잎이 얼마나 떨어졌는지 마음이 흔들린 것입니다. 꽃잎에 마음이 빼앗긴 것입니다. 지공 화상은 "번뇌는 마음 때문에 있는 것이고(煩惱因心故有), 있음과 없음은 내가 만든 것이다(有無我自能爲)."라고 하였고, 임제 스님은 "움직이는 것과 움직이지 않는 것, 이것은 두 가지 경계일 뿐이다(動與不動 是二種境)."라고 하였습니다. 경계에 마음이 흔들리지 않으면 다툼도, 번뇌도, 마음도 없는 것입니다.

소록도 수녀님

현대인이 겪는 스트레스는 첫 번째가 인간관계 때문이라고 합니다. 누군가를 사랑하거나 누군가를 미워하기 때문입니다. 누군가를 사랑하거나 누군가를 미워하는 마음이 없으면 번뇌도 없습니다. 현대인이 겪는 스트레스 두 번째는 아마 돈 때문일 것입니다. 재물에 대한 욕심이나 걱정이 없다면 스트레스도 없을 것입니다. 어떤 사람은 돈에 대한 스트레스가 첫 번째이고, 인간관계에 대한 스트레스가 두 번째라고도 할 것입니다. 인간관계든, 돈이든 집착하는 마음에서 번뇌가 오는 것입니다. 지공 화상도 "마음을 취하고 버리는 데 두면 두 가지 경계에 끌려다니게 된다(安心取捨之間 被他二境回換)."라고 하였습니다.

하심(下心)하라는 말이 있습니다. 마음을 내려놓으라는 말입니다. 소록도병원에서 한센인을 돌보는 데 한평생을 바치신 수녀님들이 계십니다. 오스트리아에서 오신 마리안느 스퇴거(Marianne stöger) 수녀님과 마가렛 피사렉(Magaritha Pissarek) 수녀님입니다. 이분들이 말도 통하지 않는 낯선 땅에서 얼마나 많은 어려움을 겪었겠습니까?

이분들이 사용하셨던 방에 '하심(下心)'이라는 글자가 한문으로 붙어 있었습니다. 그동안 얼마나 많은 어려움을 겪었는지 알 수 있는 장면입니다. 하심이라는 글자 하나로 이국땅에서의 어려움을 이겨 냈던 것입니다. 하심은 자신을 낮추는 것입니다. 자신을 내려놓은 것입니다. 자신을 낮추고 타인을 높이는 것입니다. 하심은 사랑입니다. 사랑의 마음으로 어떤 어려움도 이겨 내신 것입니다. 39년, 43년간 연고도 없는 이국땅에서 한센인을 돌보시다가 사람들에게 부담이 되고 싶지 않다는 편지 한 장을 남겨 놓고 소록도를 조용히 떠나셨다고 합니다.

내가 집착한다고 내가 원하는 바가 이루어지는 것도 아닙니다. "내가 좋은 일을 하려고 하는데 왜 그러느냐."라고 한다고 내 말을 이해하는 것이 아닙니다. 내 진심을 이해해 주는 사람은 드뭅니다. 내가 걱정한다고, 집착한다고 내가 원하는 일이 이루어진다면 매일 걱정만 하면 되지 열심히 일할 필요가 없는 것이지요. 번뇌의 마음이 없으면 내가 원하는 일에 더 집중할 수 있습니다. 단지 내가 하는 일에만 집중하면 더 나은 결과를 낼 수도 있습니다. 다른 모든 것들은 내려놓는 것입니다. 그래서 숭산(崇山) 스님은 "단지 할 뿐"이라고 하였습니다. 즉, 하심(下心)하는 것입니다. 밥을 먹을 때는 밥 먹는 것에만 집중하고, 청소할 때는 청소하는 것에만 집중하고, 운전할 때는 운전에만 집중합니다. 사람이 결과에 신경 쓰면 사심이 들어가게 되고, 사심이 들어가면 배가 산으로 가게 됩니다. 다른 곳에 한눈이 팔려서 실패하는 운동선수, 기업가, 정치인이 한둘이 아닙니다. 본연의 역할에 최선을 다하지 않고 마음이 다른 곳에 가 있었기 때문입니다. 하심하면 보이지 않던 것도 보이게 됩니다. 다른 사람의 마음이 보이는 것입니다.

'정신일도하사불성(精神一到何事不成)'이라는 말이 있습니다. 정신을 원하는 일에만 집중하는 것입니다. 하심은 아무 생각도 하지 않는 것이 아니라, 현재 하고 있는 것에 온 정신을 집중하는 것입니다. 한마음으로 집중해서 마음이 수천 가지, 수만 가지로 번져 나가지 않게 하는 것입니다. 하심은 아무 생각이 없는 것이 아니라 하나의 마음입니다. 하심(下心)이 일심(一心)인 것입니다. 소동파는 "크고 원만하신 부처님은 시방세계 어디에나 가득한데, 전도된 망상은 생사 중에 출몰하네. 시작도 없는 옛적부터 지은 나의 업은 본래 한 생각에서 생겨났으니, 다시 한 생각이 없어져서 생과 멸이 없어지면 나도 부처님과 다르지 않네(佛以大圓覺 充滿河沙界 我以轉倒想 出沒生死中 云何以一念 我造無始業 本從一念生 旣從一念生 還從一念滅 生滅滅盡處 則我與佛同).", "향 사르고 묵묵히 앉아 마음 깊이 성찰하니, 사물과 나를 모두 잊어 몸과 마음 모두 비었어라. 일념이 청정하여 오염된 인식 절로 없어지니, 안팎이 모두 없어져서 마음 짓는 바 없네(焚香默坐 心自省察 物我相忘 身心皆空 一念淸淨 汚染自落 表裏消然 無所附麗)."라고 하였습니다.[73]

살다 보면 하나라도 더 얻으려고 애를 쓰지만 결국은 공(空)으로 돌아가는 것이 인생입니다. 누구도 영원하지 못합니다. 미국 9 · 11

테러 때 마지막 순간에 사람들이 한 일은 가족에게 전화하는 일이었습니다. 그래서 "사랑한다!"라고 전하는 것이었습니다. 마지막 할 일은 사랑하는 일만 남아 있는 것입니다. 사랑을 전하는 방법은 가까이 있는 사람에게 일심으로 전념하는 것입니다. 일심으로, 하심으로, 무심으로 부처가 되는 것입니다. 원오 극근(圓悟 克勤) 선사는 "지금 현재에 일념하면 마른 나무에서 꽃이 핀다(現前一念 枯木生花)." 라고 하였습니다. 우리 인생에도 하심의 꽃을 피워야 하겠습니다.

진리의 언덕

"진리를 보는 자는 부처를 보는 것이다."라는 말이 있습니다. 그러면 진리는 무엇일까요? 불교의 진리는 〈삼법인(三法印)〉과 〈사성제(四聖諦)〉로 요약됩니다. 〈삼법인〉의 첫째는 제행무상이고, 둘째는 일체개고이며, 셋째는 제법무아입니다. 제행무상(諸行無常)은 모든 것은 변하고, 영원하지 않다는 것입니다. 모든 만물은 태어나고, 변화하고, 소멸한다는 것입니다. 일체개고(一切皆苦)는 사람이 무상과 무아를 깨닫지 못하고 영원하지 못한 것에 집착하여 괴롭다는 것입니다. 제법무아(諸法無我)는 이 세상에 존재하는 모든 사물은 인연으로 생겨났으며, 변하지 않는 영원한 나는 없다는 것입니다.

〈사성제〉는 네 가지 성스러운 진리라는 말로, 고집멸도(苦集滅道)를 말합니다. 고성제(苦諦)는 존재하는 모든 것은 괴롭다는 것입니다. 집성제(集諦)는 괴로움의 원인은 어리석음(無明)과 갈망(渴愛)이라는 것입니다. 멸성제(滅諦)는 괴로움은 소멸할 수 있으며 괴로움이 소멸한 상태가 열반이라는 것입니다. 도성제(道諦)는 괴로움을 소멸하기 위한 여덟 가지 바른 수행 방법을 말합니다.

만물은 무상하고, 나도 무상하며, 영원하지 않은 것에 집착하면 고통스러우니 이것을 알고 괴로움에서 벗어나라는 것이 불교의 진리입니다. 제행무상, 일체개고, 제법무아의 진리를 보면 부처를 보게 된다는 것입니다. 이러한 진리를 보게 되면 고요하고, 번뇌가 없는 경지에 도달하는데 이를 열반적정(涅槃寂靜)이라고 합니다. 부처의 경지입니다. 세속에 물들지 않는 경지입니다. 세속에 물들지 않으므로 마치 흙탕물에 피어난 연꽃과 같습니다. 연꽃은 진흙탕 물에서 피어납니다. 진흙탕에 살지만 향기롭고 아름다운 꽃을 피웁니다. 사람도 고통의 세상인 사바세계에서 살지만 고통에서 벗어나 향기로운 꽃을 피울 수 있습니다. 고통에서 벗어나는 길이 진리의 말씀입니다.

어두운 동굴에서 헤매고 있을 때는 빛을 찾아갑니다. 빛을 찾으면 어두운 동굴에서 벗어날 수 있습니다. 한 줄기 빛과 같은 것이 진리의 말씀입니다. 누구나 힘들고 괴로울 때 세상을 살아가는 빛을 찾습니다. 살다 보면 "나는 누구? 여기는 어디?" 하고 길을 잃습니다. 이때 진리는 어두운 길을 밝히는 등불이 됩니다. 부처님도 스스로를 의지하고, 법을 의지하라고 하였습니다(自燈明法燈明 自歸依法歸依). 자신을 등불로 삼고, 법을 등불로 삼으라는 말입니다. 자신의 등불을 밝히고, 법의 등불을 밝히면 어두운 동굴에서 벗어날 수 있는 것입니다.

마음의 눈을 뜨면 제행무상, 일체개고, 제법무아의 진리가 보이는 것입니다. 공자님도 "아침에 도를 들으면 저녁에 죽어도 좋다(朝聞道夕死可矣)."는 마음으로 간절히 진리를 구했습니다. 부처님도 전생에 설산동자 시절 몸을 보시하면서 얻은 진리가 "모든 것은 무상하니 이것이 생멸의 법이다. 나고 죽는 것이 없어지면 고요하고 즐거워지리라(諸行無常 是生滅法 生滅滅已 寂滅爲樂)."라는 것이었습니다. 마음이 일어나지 않으면 지극한 고요함과 즐거움에 이른다는 말입니다. 내 마음을 일으키면 생멸의 바다에 뛰어드는 것입니다. 내 마음을 일으키지 말고 생멸의 바다에서 벗어나라는 가르침입니다. 《원각경》에 "헛것인 줄 알았으면 곧 떠나라, 헛것을 떠나면 곧 해탈이다(知幻則離 離幻則覺)."라고 하였습니다. 마음이 조물주입니다. 생멸에서 멀어지면 그것이 고요함과 즐거움입니다. 마음이 생멸의 바다를 넘어서면 진리의 언덕으로 가는 것입니다.

그림자에 속지 않기

《금강경》에 "일체 만물은 그림자와 같다(一切有爲法 如夢幻泡影)."고 하였습니다. 우리는 그림자를 보고 웃고, 울고 하는 것입니다. 내가 보고 있는 것이 그림자라면 어떻게 하시겠습니까? 그림자를 보고 좋아하는 마음도 일어나고, 싫어하는 마음도 일어나며, 탐내는 마음도 일어나고, 미워하는 마음도 일어나는 것입니다. 좋았던 기억, 나빴던 기억이 기쁨과 분노를 만들어 냅니다. 기억은 그림자입니다. 실재가 아닌 것이지요.

그림자인 기억이 그림자인 분별을 만들고, 그림자인 집착을 만듭니다. 기억도, 분별도, 집착도 모두 그림자인 것입니다. 우리가 보고 있는 것은 실재가 아닌 그림자인 것입니다. 그림자를 보고 분별과 집착, 탐욕과 어리석음을 일으키는 것입니다. 그림자를 보고 웃고 우는 것임을 안다면 우스운 일입니다. 장자(莊子)는 어떠한 사물에도 집착하지 않으면 허(虛)의 지극함에 이른다고 하였습니다. 사물의 본질이 그림자임을 안다면 지극한 도에 이른다는 말입니다.

그림자에 그림자를 곱하면 결국은 그림자밖에 되지 않습니다. 아무리 강한 집착도 그것이 그림자임을 알면 집착하지 않을 수 있습니다. 그림자에 집착하는 사람은 없습니다. 그래서 만물이 그림자임을 깨달으면 무명과 번뇌와 집착을 없앨 수 있습니다. 공에 무엇을 곱해도 공이 됩니다. 그래서 일체개공(一切皆空), 모든 것이 공이 됩니다. 무명과 번뇌도 공임을 알면 집착하지 않을 수 있습니다. 그림자는 "인연화합(因緣化合)"에 의해서 생긴 것이고, 그림자의 실체는 공입니다.

동산 양개 스님은 "다른 데서 나를 찾지 마라, 나와 멀어지리니. 나 이제 홀로 가노니, 어디에서나 그를 만나리라. 개울에 비치는 그림자가 지금의 나이지만, 그는 나가 아니다. 이것을 깨달아야 진리와 하나가 되리(切忌從他覓 迢迢與我疎 我今獨自往 處處得逢渠 渠今正是我 我今不是渠 應須恁麼會 方得契如如)."라고 하였습니다. 서산대사로 불리는 청허 휴정 대사도 "시내 건널 때 그림자 보고 마음을 쉬었다(歇心行影渡溪時)."라고 하였습니다. 개울에 비친 나는 그림자입니다. 내가 구하는 '나'와 '나의 것'이 개울에 비친 그림자임을 알면 내려놓을 수 있습니다. 백장(百丈) 스님도 "단지 망념을 일으키지 않으면 곧 여여한 부처다(但離妄緣 卽如如佛)."라고 하였습니다. 그러므로 집착할 것이 아무것도 없습니다. 그림자가 그림자임을 알면 사물의 본질을 보는 것입니다.

그림자에 속으면 얼마나 허망하겠습니까? 일체 만물은 그림자입니다. 그림자에 미소 지으세요. 그것은 그림자니까요. 너무 심각하게 살지 맙시다. 자신에게건, 타인에게건 인상을 쓰는 것은 그림자에게 인상을 쓰는 것입니다. 화를 내는 것은 그림자에게 화를 내는 것입니다. 그림자에게 인상 쓴다고, 화를 낸다고 그것이 무슨 소용이 있겠습니까. 그것이 그림자임을 알고 웃어야 하겠습니다. 그림자에 속지 말아야 하겠습니다.

우산의 마음

우리의 뇌는 스토리를 만들어 내는 데 탁월한 능력을 가지고 있습니다. 문제는 생각이 과장되어 있고, 사실이 아닐 가능성이 높다는 데 있습니다. 생각은 본질적으로 작은 것을 크게 보이게 하기도 하고, 더 아름답게도, 더 절망적이게도, 더 과장되게도 보이게 한다는 것입니다. 침소봉대(針小棒大)하는 것이지요. 과장된 생각의 왜곡에서 벗어나는 것만으로도 고통에서 벗어나고, 진실에 더 가깝게 다가갈 수 있습니다. 수레를 끄는 것보다 수레를 끌어야 한다는 생각이 더 힘듭니다. 생각은 과장하기를 좋아하기 때문입니다. 이것이 인간의 생각이 가진 속성입니다. 문제는 부풀리기를 좋아하는 생각에 사람이 휘둘린다는 것입니다. 생각은 판타지(fantasy)인 것입니다. 미국 작가 조너선 샤프란 포어(Jonathan Safran Foer)는 "나는 행복에 대해 생각하고, 또 생각했다. 수백만 번을 생각했지만, 단 한 번도 행복을 얻지 못했다."[74]라고 하였습니다.

감정도 또한 같습니다. 그냥 넘어갈 수도 있지만 감정은 작은 불씨를 부채질해서 크게 만듭니다. 가만히 생각해 보니 화가 나는 것입니다. 말하자면 불난 집에 부채질하는 것입니다. 감정을 어떻게 컨트롤할 수 있을까요? 허췐펑 교수는 감정을 바라보는 연습을 하라고 조언합니다. 감정과 나 자신이 별개임을 깨닫고, 마치 다른 사람들이 다투고 있어도 나는 화가 나지 않는 것처럼 감정과 나를 떨어뜨려 놓으면 감정의 영향을 받지 않을 수 있다는 것입니다.[75] 감정 따로, 나 따로 떨어뜨려 놓고 보는 것입니다.

아잔 브람 스님은 "운전사가 아니라 승객이 되어라."[76]라고 합니다. 현상을 묵묵히 관찰하고, 생각이 내달리기 전에 멈추라는 것입니다. "우리에게 문제로 비치는 것은 인과법칙의 지배를 받을 뿐, 거기에는 걱정하고 근심할 만한 실체가 없다."[77]라고 합니다. 하늘에 비가 오는 것을 막을 수 없듯이 문제가 생기지 않도록 막을 수는 없습니다. 세상일을 모두 통제할 수는 없습니다. 그러나 비가 오면 우산을 쓰면 됩니다. 그 우산이 승객의 마음입니다.

생각도 나 자신과는 별개입니다. 생각을 나 자신과 분리할 수 있다면 생각을 컨트롤할 수 있습니다. "내 감정이 이렇구나.", "내 생각이 이렇구나." 하고 감정과 생각을 자신과 분리시키면, 보다 냉정하게 관찰자의 입장에서 감정과 생각을 내려다볼 수 있습니다. 그러나 생각이나 감정이 쉽게 나에게서 떨어지지 않습니다. 떨어뜨리는 연습을 해야 합니다. 마치 먼 산 불구경하듯이 생각이나 감정을 자신과 분리시키는 것입니다. 그러면 생각과 감정이라는 화마(火魔)에서 벗어날 수 있습니다. 생각과 감정에 가까이 있으면 생각과 감정의 화마에 불타 버리는 것입니다.

아잔 브람 스님은 '나', '나의 소유'라는 것이 남아 있는 한, 집착을 멈출 수 없다고 하였습니다. 처음 수행할 때 '무엇을 잡는가'에 초점을 맞추었는데, 지금은 '무엇이 잡는가'에 초점을 맞추어 생각해 보니, 그것이 바로 '나'였음을 깨닫게 되었다고 합니다.[78] '무엇을'이 아니라 '무엇이'가 중요하다는 말입니다. 《유마경》에도 "벗어난다는 것은 나와 나의 것에서 벗어난다는 것이다(云何爲離 離我 我所)."라고 하였습니다. 《법구경》에도 "자신이 자신의 주인이다. 노련한 조련사가 말을 다루듯이 자신을 다스려라.", "감각은 길들여지지 않은 말과 같다. 말을 길들이려고 애쓰지 마라."라고 하였습니다.[79] 생각과 감정을 관찰자의 마음으로 떨어뜨려 놓고 바라보라는 것입니다. 그러면 생각에 대한 집착도, 감정에 대한 집착도, 나에 대한 집착도 내려놓을 수 있습니다. 임제 스님이 말했듯이 내가 잡지 않으면 "가는 곳마다 주인이 되고, 서 있는 곳마다 진리의 자리(隨處作主 立處皆眞)"가 될 수 있는 것입니다.

번 아웃

무엇인가 잘되지 않고 불만이 쌓여만 가고, 무슨 일도 손에 잘 안 잡히고 심기도 불편할 때가 있습니다. 평소에 즐겨 보던 책도 심드렁하고, 즐겨 듣던 음악도 재미가 없습니다. 평소 맛있다고 하는 것을 먹어도 예전만큼 맛있지도 않고, 아무것도 하기 싫을 때가 있습니다. 만나던 사람들도 보기 싫고, 괜히 말을 걸면 짜증을 내고 심술을 부리고 싶고, 누군가가 안 건드려 주나 하고 속이 부글부글 끓을 때도 있습니다. 이때는 세상 살기도 싫고, 만사가 귀찮습니다. 이른바 번 아웃 증상(Burnout Syndrome)입니다.

보약을 먹어도 제대로 몸으로 가지 않습니다. 어느 정도 체력이 있어야 보약도 약효를 받습니다. 체력이 바닥난 상태에서 보약이 효과가 나려면 2~3개월은 꾸준히 먹어야 몸이 받아 준다고 합니다. 기초 체력이 바닥나 있을 때는 백약이 무효입니다. 마음도 마찬가지입니다. 마음이 기진맥진했을 때는 어떤 재미있는 것도 흥미를 가져다주지 못합니다. 이때는 특효약이 필요합니다. 몸은 보약이 약발을 받으려면 2~3개월이 필요하지만, 마음은 병들면 2~3개월도 버틸 수가 없습니다. 하루가 여삼추(一日如三秋) 같은데 몇 개월을 어찌 한숨만 쉬고 살아갈 수 있겠습니까? 이러다가 무슨 일이 일어날지도 모릅니다. 우울증에 걸리기도 하고, 사회의 반항아가 되기도 하고, 허무주의자가 되기도 합니다.

이때가 위로가 필요한 때입니다. 이때 위로를 주는 책은 열심히 하라는 내용의 책이 아닙니다. 이미 너무 열심히 해서 번 아웃 된 사람에게 열심히 하라는 말은 환자에게 독약을 주는 처방입니다. 그럼 마음 편히 쉬라고 하는 말이 도움이 될까요? 쉰다고 지친 몸과 마음이 돌아오는 상태가 지난 사람에게 쉼은 노동과 같은 것입니다. 그때는 새로운 시야가 필요합니다. 생각의 전환이 필요합니다.

장자는 말합니다. 현실을 벗어나라, 우주를 꿈꾸라고 말입니다. 좀생이들의 생각을 벗어던지라고 합니다. 기존 틀을 깨어 버리고 새로운 세계를 창조하라고 합니다. 듣지도 보지도 못한 곤(鯤)이라는 물고기가 나타나고, 대춘(大椿)이라는 나무가 나타납니다. 북쪽 바다에 물고기가 있는데 그것의 이름은 곤(鯤)입니다. 그 크기가 몇천 리인지는 아무도 모릅니다. 곤이 변해서 새가 되면 그 이름을 붕(鵬)이라고 하는데, 붕의 등이 얼마나 큰지는 아무도 모릅니다. 붕이 날개를 펴면 마치 하늘에 구름이 드리운 것 같습니다. 바람이 불고 바다가 움직이면 붕이 남쪽 바다로 옮겨 가는데 물을 한번 치면 파도가 삼천리까지 일고, 하늘을 날면 구만리를 날아올라 여섯 달을 날고 난 다음에야 쉰다고 합니다. 남쪽 바다의 이름을 천지(天池)라고 합니다.

현실에서의 이런저런 고민과 스트레스가 확 날아갑니다. 통쾌하지 않을 수 없습니다. 내가 대붕(大鵬)이 되어 구만리 하늘을 날아올라 북쪽 바다에서 남쪽 바다로 날아가면 얼마나 상쾌할까요? 이때 우리에게 필요한 것은 상상력입니다. 알베르트 아인슈타인도 "상상력이 지식보다 중요하다."라고 하였습니다. 상상력(想像力)이라는 위로가 필요한 것입니다. 장자는 우리가 대붕과 같은 존재라고 우리를 위로합니다. 우주와 나는 동일한 존재라고 자부심도 줍니다. 대붕을 비웃던 쓰르라미와 작은 비둘기를 조롱합니다. 우리를 조롱했던 것들이 쓰르라미와 작은 비둘기와 같은 좀생이라고 일깨워 줍니다.

대춘(大椿)이라는 나무는 8천 살을 봄으로 삼고, 8천 살을 가을로 삼는다고 합니다. 크기가 이 정도는 되어야 내 마음에 조금이라도 위로가 되지 않을까요? 장자 덕분에 대붕이 되어, 대춘이 되어 위로를 받습니다. 대붕이 되어 높은 하늘로 비상하면 나를 괴롭혔던 문제들은 장난감처럼, 좁쌀처럼 보일 것입니다. 나를 괴롭힌 사람들은 좁쌀처럼 보일 것입니다. 다니카와 슌타로도 이십 억 광년의 고독을 노래했습니다. 나도 이십 억 광년의 번 아웃에서 벗어나야 하겠습니다.

뗏목

황벽 스님은 《완릉록(宛陵錄)》에서 "마음이 곧 부처요, 무심이 곧 도(卽心是佛 無心是道)."라고 하였습니다. 부처님께서 하신 말씀은 마음을 제도하기 위한 것이고, 마음이 없다면 법도 없다고 하였습니다. 법이라는 것은 강을 건너기 위한 뗏목과 같은 것입니다. 강을 건너지 못했으면 뗏목이 필요하고, 강을 건너고 나면 뗏목이 필요 없습니다. 그래서 강을 건너지 못한 사람이 법이 없다는 말을 듣고 뗏목을 버리면 강을 건널 수 없는 것입니다. 마음을 깨달으면 나도 없고, 남도 없고, 나의 것도 없고, 너의 것도 없다고 합니다. 그런데 마음을 깨닫지도 못했는데 나도 없고, 너도 없다고 한다면 그것은 거짓 깨달음입니다.

또한 마음을 깨달으면 부처도 없고 중생도 없다고 하는데, 깨닫지도 못했으면서 부처도, 중생도 없다고 한다면, 그것도 걱정스러운 일입니다. 달마 대사가 동쪽으로 온 까닭은 마음이 부처라는 것을 가르쳐 주시기 위함이라고 합니다. 모든 것은 마음이 만든 허상이고 망상이므로 마음이 부처임을 깨닫고 망상을 짓지 말라고 합니다.

마음이 그대로 부처인데 무엇을 구하겠습니까? 마음을 깨닫지 못하니 번뇌가 있고 지혜가 필요한 것입니다. 물건을 보면 욕심이 생기고 번뇌가 생깁니다. 그래서 무심이 도라고 합니다. 마음이 무심하다면 탐욕도 생기지 않고, 성냄도 생기지 않고, 지혜도 필요가 없습니다. 탐욕과 성냄이 있으므로 지혜가 필요한 것입니다. 탐냄과 성냄이 있으면 이것이 어리석음에서 오는 것임을 알아야 합니다.

황벽 스님은 "마음은 밝고, 밝으므로 지난 견해를 모두 버려라.", "참부처는 입이 없어서 법을 설하지 않고, 참들음은 귀가 없어서 들을 수 없다."라고 하였습니다. 마음이 텅 비어 있는데, 무엇이 설하고, 무엇이 들을 수 있겠습니까? 텅 비어 고요한 마음이 바로 부처인 것입니다. 부처를 딴 데서 찾지 말고 텅 빈 마음에서 찾아야 한다는 것입니다. 그래서 다른 곳에서 마음을 찾는 것을 "당나귀를 타고 앉아 당나귀를 찾는다(騎驢覓驢).", "머리를 버리고 머리를 찾는다(捨頭覓頭)."라고 합니다.

무심이 부처라면 부처를 찾으려고 해도 찾을 수 없을 것입니다. 그래서 부처를 찾지 못했다면 내가 마음을 내려놓지 못했기 때문에 부처를 보지 못한 것임을 알게 될 것입니다. 부처는 밖에서 구하지 말고 내 마음에서 구해야 합니다. 마음을 깨닫지 못했기 때문에 부처를 보지 못한 것입니다. 번뇌도, 마음도 내려놓으면 그것이 바로 부처이고, 그곳이 바로 극락정토입니다. 부처를 찾으려면, 극락정토에 가려면, 마음을 내려놓을 일입니다.

좁쌀 한 알

장자는 본질적인 것을 내(內)라고 하고, 비본질적인 것을 외(外)라고 해서 무엇을 지켜야 하는지를 명확하게 가르쳐 줍니다.[80] 진정한 자기가 되는 사람을 지인(至人), 성인(聖人), 신인(神人)이라고 하였습니다. 외부에 얽매이지 않고, 자기에 얽매이지 않고, 세속적인 가치에도 얽매이지 않으므로 자유롭다고 합니다. 장자는 우주적 자기(宇宙的 自己)를 추구합니다. 우주적 관점에서 자기도, 공(功)도, 명예도 한낱 먼지에 불과한 것입니다. 그러한 우주적 시각에서 인간을, 세상사를, 사물을 바라보기 때문에 자유로울 수 있는 것입니다.

인간은 불교에서 말하는 미진(微塵)과 같은 것입니다. 지극히 작은 먼지와 같은 존재라는 말입니다. 파스칼(pascal)이 말했듯이 자신이 갈대와 같은 존재임을 알기에 인간은 위대한 것입니다. 소크라테스(socrates)는 "너 자신을 알라."라고 하였습니다. 인간이 위대한 것은 인간 자체가 위대한 것이 아니라, 자신이 미진과 같은 존재임을 알기 때문에 위대한 것입니다. 자신이 미진과 같은 존재라는 것을 아는 것이 왜 위대한 것일까요? 자신이 미진과 같은 존재임을 알기에 자기를 고집하지 않고, 과욕을 내지 않고, 헛된 세상사에 집착하지 않고 내려놓을 수 있어 위대한 것입니다. 반대로 말하면 자신이 미진과 같은 존재임을 모른다면 탐욕을 내고, 세상사에 집착하고, 부와 명예에 집착할 것입니다. 인간의 재물에 대한 집착, 명예에 대한 집착, 자기에 대한 집착은 쉽사리 버릴 수 없습니다. 그 이유는 인간이 미진과 같은 존재임을 받아들이지 못하기 때문입니다. 장자처럼 우주적 시각에서 자신을 바라보지 못하는 것이지요.

"당신은 미진과 같은 존재다. 당신은 미약한 존재다."라는 사실을 결코 받아들이지 못합니다. 그래서 내려놓을 수 없는 것입니다. 파스칼이 말했듯이 자신이 갈대와 같은 존재임을 인정하지 못하고, 소크라테스가 말했듯이 자기 자신을 알지 못하는 것입니다. 왜냐하면 자기 자아라는 존재는 영원히 존재하고 싶고, 남보다 더 잘 살고 싶기에 이러한 것들을 받아들이지 못하는 것입니다. 인간이 위대한 것은 역설적이게도 자신이 미진과 같은 존재임을 인정하기 때문입니다. 얼마나 아이러니(irony)한 결론입니까? 자신이 미진과 같은 존재임을 인정해야만 위대하다니 말입니다. 그러나 이러한 철학적 인식을 가진 존재이기 때문에 약하고, 유한한 인간이 위대한 것입니다.

부와 명예라는 것은 주인이 아니라 객(客)입니다. 부와 명예는 주인이 있는 것이 아니라 그 자리에 앉아 있는 사람이 주인입니다. 장자가 말하는 비본질적(非本質的)인 것입니다. 그래서 주인이 바뀌면 그 사람이 주인이 되는 것입니다. 명예는 손님이므로 언제나 주인이 수시로 바뀌고, 영원한 주인은 없는 것입니다. 그러나 부와 명예의 자리에 앉아 있는 사람은 마치 그것이 자신의 자리인 양, 영원한 자기 자리인 양, 원래부터 자신의 자리인 양 착각합니다. 인간이 부와 명예를 추구하는 이유는 한번 그것을 잡으면 영원히 그것이 자신의 것이 될 것으로 착각하기 때문입니다. 그러나 그것이 영원히 자신의 것이 아니라 잠시 머무를 뿐이라는 것을 안다면 그것들을 얻기 위해 많은 것을 희생하지는 않을 것입니다. 그것들이 머무는 시간은 짧습니다. 온 인생을 바쳐 추구했다 하더라도 그것들의 자리는 영원하지 않습니다. "이럴 줄 알았다면 일찍 내려놓는 것이 나았을 걸."이라고 후회하기도 합니다. 본질적인 것과 비본질적인 것을 구별할 줄 아는 것이 지혜입니다.

《장자》에 천하를 넘겨주려는 요(堯)임금에게 허유(許由)는 "뱁새는 둥지를 틀 나뭇가지 하나면 족하고, 두더지는 배를 채울 정도의 물이면 족하다."라고 말합니다. 뱁새가 무성한 숲을 자기의 것으로 하려고 하고, 두더지가 대하의 물을 자기의 것으로 하려고 한다면, 불가능한 것을 하려고 하다가 좌절하여 죽고 말 것입니다. 비본질적인 것을 추구하는 것은 이와 같은 것입니다. 나뭇가지 하나가 필요한 사람이 숲을 탐내고, 목 적실 물 한 바가지가 필요한 사람이 대하를 탐내는 것과 같은 것입니다. 바다를 탐낸다고 바다가 내 것이 되는 것은 아닙니다. 바다가 내 것이 되지 않았다고 허망해할 사람은 없을 것입니다. 세상 부귀영화(富貴榮華)는 바다와 같은 것입니다. 내가 탐내서 내 것이 될 수 있는 것이 아닙니다. 바라보고 즐기면 되는 것입니다. 그것이 거품 같음을 알고, 그것이 일어나고 사라지는 것을 바라보고 즐기면 되는 것입니다.

소동파도 〈적벽부(赤壁賦)〉에서 "인간은 천지에 기대어 사는 하루살이요, 망망대해의 좁쌀 한 알과 같은 존재(寄蜉蝣於天地 渺滄海之一粟)"라고 하여 인간의 미약함을 인정한 후, "천지의 사물은 각자 주인이 있고, 진실로 내 것이 아니라면 털끝이라도 취하지 말아야 한다(且夫天地之間 物各有主 苟非吾之所有 雖一毫而莫取)."라며 본질(內)과 비본질(外)을 구별하여 내 것이 아닌 것을 탐내지 말아야 한다고 합니다. 그리고 "강 위의 맑은 바람과 산 위의 밝은 달은 조물주가 준 누구나 쓸 수 있고, 없어지지 않는 무진장 보물이니 너와 나 함께 즐겨야 할 것이다(惟江上之淸風 與山間之明月 取之無禁 用之不竭 是造物者之無盡藏也 而吾與者之所共樂)."라고 합니다. 내 것이 아닌 것을 탐내지 말고, 조물주가 준 무진장의 보물을 즐기면 된다고 노래합니다. 그래서 장자는 "명예라는 것은 손님과 같은 것인데 나더러 장차 손님이 되라는 말인가?(名者實之賓也)"라고 반문합니다. 수천 년 전의 장자의 이야기가 지금까지도 살아 있는 이유는 그것이 귀담아들을 말이기 때문일 것입니다. "정신 차리라"는 장자의 일갈(一喝)에 헛된 것을 추구하려는 마음에서 깨어납니다.

제5장

연꽃 향기
바람에 날리고

불완전함의 미학

킨츠키(金繼ぎ, Kintsugi)라는 것이 있습니다. 깨진 도자기를 금으로 보수하는 일본의 전통 예술입니다. 깨진 그릇의 흠을 오히려 더 아름답고 빛나게 하는 기술입니다. 깨진 도자기는 가치가 다 되었다고 생각하고 버립니다. 그러나 킨츠키는 깨진 흠을 수리하여 더욱 빛나게 하는 것입니다. 흠(欠)이 있어서 더 아름다워진 것입니다. 인간의 흠이라는 것도 또한 이와 같습니다. 자신의 약점이 강점이 되는 것입니다. 역경을 이겨 내 아름다운 꽃을 피우는 것과 같습니다. 불완전함이 완전함보다 더 아름다워진 것입니다. 킨츠키같이 불완전함을 완전함으로 바꾸는 노력으로 탄생한 것이 음악이고, 미술이고, 문학이고, 예술입니다. 몽테뉴(Michel Eyquem de Montaigne)도 자신을 깨지고 물이 새는 그릇에 비유하였습니다. "그릇이 제 모양을 찾으려면 주의 깊게 망치질해야 한다."[81]라고 하였습니다. 불완전함을 빛으로 바꾸려면 먼저 불완전함을 인정해야 합니다. 페르시아의 시인 잘랄루딘 루미는 "당신의 결점은 영광이 나타나는 방식이다. 그곳은 빛이 당신에게로 들어가는 곳이다."라고 하였습니다. 깨진 틈이 있어야 그 사이로 빛이 들어옵니다. 깨진 틈이 있어야 그 틈을 통

해서 자유와 깨달음이 들어옵니다.

"번뇌가 보리(煩惱卽菩提)"라는 말이 있습니다. 번뇌를 불쏘시개 삼아 깨달음을 얻는 것입니다. 불완전함, 부족함, 불편함을 동력 삼아 인생의 명품을 만드는 것입니다. 진주조개가 이물질을 없애려고 노력하는 과정에서 만들어진 것이 진주입니다. 킨츠키도 이와 같습니다. 흠을 아무것이나 가지고 메우는 게 아니라 자신이 가진 가장 최고의 것으로 메우는 것입니다. 미국 시인 매들린 브리지스(Madeline S. Bridges)는 〈삶의 거울(Life's Mirror)〉이라는 시에서 "삶이란 우리의 존재와 행동을 그대로 비추어 주는 거울이다. 당신이 가진 최고의 것을 세상에 주라. 최고의 것이 당신에게 돌아오리라."라고 하였습니다. 자신이 가진 최고의 것을 주면 최고의 것이 돌아오는 것입니다.

불완전함의 미학을 뜻하는 "와비사비(わびさび)"라는 말이 있습니다. 레너드 코렌(Leonard Koren)은 와비사비에 대해 "일상의 세세한 것들에 감사하는 마음과 눈에 잘 띄지 않는 존재들의 아름다움을 보는 통찰력을 길러 주었다."[82]라고 하였습니다. 동양화에는 서양화에는 없는 여백이 있습니다. 여백이 그림의 중요한 부분입니다. 여백이 주는 순백의 아름다움은 그림을 더욱 깊고 신비롭게 합니다. 여백이 있는 그림은 불완전한 그림이 아니라 최고의 그림입니다. 여백이라는 불완전함이 완벽을 넘어선 깨달음의 경지에 이르게 하는 것입니다.

일본 다도의 완성자 센 리큐(千利休)는 와비사비의 분위기를 전하는 데 우지와라노 데이카(藤原定家)의 시를 사용했다고 합니다. "둘러보면 꽃도 단풍도 없구나 바닷가의 초라한 오두막 가을 저물녘"[83] 꽃도 단풍도 없는 가을 바닷가 초라한 오두막에 저녁이 밀려옵니다. 석양과 함께 내적 충만감이 파도처럼 밀려옵니다. 아무것도 없는 초라한 오두막인데 마음은 왜 더 부유해지는 것일까요? 와비사비는 "성공에 대한 집착을 내려놓고 홀가분한 삶을 즐기라."[84]고 합니다. 홀가분한 삶은 자연 그대로의 자신입니다. 거추장스러운 가식을 벗어 놓은 진짜 자신의 모습입니다. 시인 황인숙은 "용서하시라, 옥의 티를"이라고 노래하였습니다.[85] 《채근담》에 "군자는 모자라는 곳에 머물지언정 완전한 곳에 머물지 않는다(君子 寧居缺不處完)."라고 하였습니다. 불완전함, 꾸미지 않은 소박함은 이렇게 감동적이고, 아름다운 것입니다. 불완전해 보이는 있는 그대로의 소박한 자신이 가장 자신다운 것입니다.

중도의 지혜

마음이 허전한 날에는 노자의 《도덕경(道德經)》을 읽습니다. 노자는 더하라고 하지 않고 덜어 내라고 하기 때문입니다. "배운다는 것은 날로 더하는 것이지만, 도를 따르는 것은 날마다 덜어 내는 것이다(爲學日益 爲道日損)." 노자는 만족하라고 하기 때문입니다. "만족할 줄 알면 욕되지 않고, 그칠 줄 알면 위태롭지 않으니, 그래야 길고 오래갈 수 있다(知足不辱 知止不殆 可以長久)." 약한 것이 강하다고 하기 때문입니다. "천하에 가장 약한 것이 천하에 가장 단단한 것을 부린다(天下至柔 馳騁天下之至堅)." 그래서 배운 것이 없어도, 가진 것이 없어도, 힘이 없어도 위로가 됩니다.

또한 노자 사물의 양면을 볼 줄 알아야 한다고 하였습니다. "큰 인물은 늦게 이루어지고, 큰 소리는 들리지 않으며, 큰 형상은 드러남이 없다(大器晩成 大音希聲 大象無形).", "구부리면 곧아지고, 파이면 채워지고, 해어지면 새롭게 되고, 적으면 얻게 되며, 많으면 미혹된다(枉則直 窪則盈 幣則新 少則得 多則惑).", "천하의 어려운 일은 쉬운 일에서 시작되고, 천하의 큰일은 작은 일에서 시작된다(天下難事 必作於

易 天下大事 必作於細).”라고 하였습니다. 사물은 양면을 가지고 있으므로 사람이 보는 면은 사물의 앞면일 수밖에 없습니다. 그러므로 사물의 뒷면을 볼 줄 아는 사람이 지혜로운 사람이라는 것입니다. 살다 보니 사물에는 눈에 보이는 앞면만 있는 것이 아니었습니다. 옆면도 있고, 내가 모르는 뒷면도 있었습니다.

노자는 이러한 사물의 원리를 깨닫고 우리에게 가르침을 줍니다. “크게 이루어진 것은 약간 모자란 것 같고, 크게 충만한 것은 약간 빈 것 같고, 밝은 도는 약간 어두운 것 같고, 나아가는 도는 약간 뒤로 물러나는 것 같다(大成若缺 大盈若冲 明道若昧 進道若退).”라고 하였습니다. 앞으로 나아가고 가득 찬 것만 좋은 것이 아니라는 말입니다. 배가 가득 차면 좋은 것 같지만, 배가 가득 차면 소화 불량, 설사, 위장병 등 좋지 않은 것이 따라옵니다. 그러므로 배가 가득 찬 것은 좋지 않습니다. 약간 빈 것 같은 것이 제대로 가득 찬 것입니다. 꽃도 피기 직전이 가장 아름답습니다. 이렇게 가장 아름다운 것은 약간 부족한 듯할 때입니다. 그래야 할 것이 있기 때문입니다. 약간 부족한 듯한 상태가 가장 좋은 상태입니다. 앞으로 나아가기 위해서는 뒤로 물러나야 할 때도 있습니다. 방이 지저분한 것은 청소할 기회가 되고, 위기는 기회가 되는 것입니다. 슬픔은 기쁨의 계기가 되고, 고난은 발전의 계기가 되는 것입니다. 가득 찬 그릇이나, 가득 찬 사람은 더 채울 곳이 없습니다.

노자도 “되돌아가는 것이 도의 움직임이다(反者 道之動).”라고 하였습니다. 영원한 것은 없습니다. 무엇이든 극에 달하면 돌아오는 것입니다(物極必反). '상반상성(相反相成)'이라는 말이 있습니다. 서로가 서로를 이루어 준다는 말입니다. A와 Z는 반대편에 위치해 있지만 서로의 존립 근거가 되는 것입니다. 그러므로 A가 없으면 Z도 없고, Z가 없으면 A도 없습니다. 꼴찌가 없으면 1등이 없는 것과 같습니다. 꼴찌 했다고 절망하지 말 것이며, 1등 했다고 오만하지 말아야 하는 이유입니다. 1등은 꼴찌가 있기 때문에 존재하는 것입니다. 1등은 그것을 알아야 합니다. 상반상성은 곧 공존입니다. 함께 사는 것입니다.

노자는 무엇이 나를 만들어 주는지를 알아야 한다고 합니다. 자신이 하늘에서 뚝 떨어진 것으로 아는 사람들이 있습니다. 소위 잘나가는 사람들, 자신이 제일 잘났다고 생각하는 사람들 중에 이러한 사람이 많습니다. 이러한 사람들이 추락하면 날개가 없습니다. 그래서 노자는 "고귀는 비천에서 나오고 비천은 고귀에서 나온다(貴以賤爲本 高以下爲基)."라고 합니다. 서로는 서로의 존재 근거가 되는 것입니다. 크게 이루어진 것은 약간 모자란 것 같고, 크게 충만한 것은 약간 빈 것 같다고 한 것도 같은 이유입니다. 서로 공존해야 하기 때문입니다. 자신의 존재 근거를 아는 사람을 지혜롭다고 하고, 한쪽으로 치우치지 않는 것을 중도라고 합니다. 노자는 사물의 양면을 보는 지혜를 통해 우리에게 중도를 가르쳐 줍니다. 나만 사는 지혜, 너만 사는 지혜가 아니라 함께 사는 지혜, 공존의 지혜를 가르쳐 준 것입니다.

현재를 선물하세요

소상공인시장tv 《시장 사람들》이라는 프로를 보면 시작 화면에 박수 치는 할머니가 나옵니다. 무엇이 좋은지 박수를 치고 웃고 있습니다. 나물 파는 할머니가 옆에 있는 할머니와 대화를 나누다가 파안대소(破顔大笑)하는 장면입니다. 소박한 백발의 할머니가 정말 행복해 보입니다. 인생 별것 있겠습니까? 마음이 편안하면 최고입니다. 순간순간 행복하게 살면 그것이 행복한 인생이겠지요. 박수 치는 인생이 행복한 인생입니다. 아침에 일어나면 이 할머니처럼 박수를 쳐 보세요. 그리고 환하게 웃어 보세요. 그러면 성공한 인생일 것입니다. 가진 것은 많지만 얼굴을 찡그리고 있다면 그 인생이 행복할까요? 박수 치는 인생이 성공한 인생입니다.

박수받는 인생이 성공한 인생이 아니라 박수 치는 인생이 성공한 인생입니다. 칭찬받는 사람보다 칭찬하는 사람이 훌륭한 사람입니다. 말 잘하는 사람보다 말 잘 들어 주는 사람이 훌륭한 사람입니다. 박수 치는 인생, 칭찬하는 인생, 남의 말 잘 들어 주는 인생을 삽시다. 그러면 잘 사는 인생입니다. 마음이 우울할 때 박수를 한번

쳐 보세요. 기분이 좋아질 것입니다. 용기도 날 것입니다. 다니카와 슌타로는 "강물이 노래하는 것은 종달새가 강이 부르는 노래를 칭찬했기 때문"[86]이라고 하였습니다. 박수를 치는 것은 박수를 받는 것보다 인생을 주도적으로 사는 것입니다. 사랑은 받는 것이 아니라 주는 것이듯이 박수도 받는 것이 아니라 주는 것입니다. 박수를 매일 받을 수는 없지만 매일 칠 수는 있습니다. 《성경》에도 "언제나 서로 남에게 선을 행하도록 힘쓰십시오. 또 모든 사람에게 선을 행하십시오. 항상 기뻐하십시오. 늘 기도하십시오. 어떤 처지에서든지 감사하십시오. 이것이 그리스도 예수를 통해서 여러분에게 보여 주신 하느님의 뜻입니다."라고 하였습니다.

중국의 구지(俱胝) 선사는 천룡(天龍) 화상이 손가락 하나를 세우는 것을 보고 깨달음을 얻었습니다. 그것을 '한 손가락 선(一指頭禪)'이라고 합니다. 손가락 하나 세우는 것이 깨달음인 것입니다. 누가 어떤 질문을 해도 손가락 하나를 세웁니다. 그 한 손가락이 우주이고, 깨달음인 것입니다. 이 순간에는 다른 것이 끼어들 수 없습니다. 일념(一念)입니다. 모든 것을 다 잊고 현재에 집중하는 것입니다. 현재 외에는 아무것도 없습니다.

소설가 무라카미 하루키(村上春樹)는 어느 날 이탈리아 피아체 카브르에 접해 있는 카페에 앉아 에스프레소 커피를 마시다가 지금 여기 걷고 있는 사람들이 100년 후에는 한 사람도 존재하지 않고 먼지로 변해 버릴 것이라는 생각을 하게 됩니다. 100년 후에는 모두 먼지로 변합니다. 나도 100년이 되지 않아서 먼지로 변할 사람입니다. 그렇다면 먼지가 되기 전에 무엇을 해야 할까요? 무라카미 하루키는 "내가 원하는 것은 영원한 삶도, 불멸의 걸작도 아니다. 이 소설을 다 쓸 때까지 살아 있게만 해 달라는 것뿐이다."[87]라고 하였습니다. 일념인 것입니다. 바로 지금, 현재가 가장 소중한 것입니다. 이것이 무라카미 하루키를 만든 것입니다.

구지 선사는 손가락 하나 들어 세워서 이 우주가 지금, 이 손가락 하나에 있음을 깨닫습니다. 할머니는 박수를 쳐서 지금 행복을 부릅니다. 나이도 잊고, 걱정도 잊고, 욕심도 잊고, 본래의 나로 돌아오는 것입니다. "시간을 자신에게 선물하라."라는 말이 있습니다. 박수 치는 인생이, 손가락 하나를 들어 세우는 인생이 현재를 자신에게 선물하는 인생입니다. 현재는 아무도 선물할 수 없습니다. 오직 자신만이 자신에게 선물할 수 있습니다. 현재를 사는 것은 자신이기 때문입니다. 행복해야 하는 것도 자신이기 때문입니다.

현재를 자신에게 선물하세요. 현재로 자신을 채우세요. 그것이 자신의 인생을 가치롭게 만들어 가는 길입니다. 내가 "현재가 최고야, 최상이야!"라고 하면 현재가 최고, 최상이 됩니다. 내가 "그 사람이 최고야, 최상이야!"라고 하면 그 사람이 최고, 최상이 됩니다. 마음은 조물주입니다. 내가 생각하는 대로 됩니다. 나는 나에게 최고의 현재를, 최상의 현재를 선물할 수 있습니다.

사람이란 무엇일까요

사람이란 무엇일까요? 몸이 사람일까요, 정신이 사람일까요, 영혼이 사람일까요? 국립국어원 표준국어대사전에 '사람'이라고 찾아보니 "생각을 하고 언어를 사용하며, 도구를 만들어 쓰고 사회를 이루어 사는 동물", "일정한 자격이나 품격 등을 갖춘 이"라고 정의되어 있습니다. 그러나 생각을 하지 않고, 언어를 사용하지 않고, 도구를 만들어 쓰지 않는다고 하여 사람이 아닌 것은 아닙니다. 생각이 없는 사람, 언어를 사용하지 않는 사람, 도구를 만들어 쓰지 않는 사람, 일정한 자격이나 품격이 없는 사람도 많습니다. 붓다는 사람이 몸과 감정, 생각이 합성된 것임을 깨달았습니다. 시냇물이 모여 강물이 되듯이 몸, 감정, 생각이 모여 사람이 되는 것입니다. 시냇물이 계속 흘러 들어가면 강이나 바다도 변하듯이 새로운 요소가 유입되면 기존에 있던 요소도 변동이 있게 됩니다.

몸도, 생각도, 감정도 이와 같습니다. 한결같은 몸, 한결같은 감정, 한결같은 생각은 없습니다. 두 개나 세 개, 그 이상의 것들이 모인 감정은 그 구성물이 바뀌면 바뀌게 됩니다. 일관된 감정을 가지는 사람을 믿을 만한 사람, 신뢰할 수 있는 사람이라고 할 수 있겠지만, 감정의 본질은 그렇지 않습니다. 감정은 끊임없이 변하고, 요동치는 것이 정상입니다. 두 개나 세 개, 그 이상의 요소가 합성된 것이 감정이기 때문입니다. 집에 있으면 답답한 사람이 바다에 나가면 시원함을 느낍니다. 사무실에 있던 사람이 운동을 하면 시원함을 느끼는 것은 감정의 구성 요소가 바뀌었기 때문입니다. 감정의 구성 요소가 바뀌면 감정은 변동하기 마련입니다. 이러한 감정을 잘 조절하는 사람이 신뢰할 수 있는 사람입니다. 감정이 원래 일관된 것이 아니라, 사람이 감정을 조절할 수 있는 능력을 가지고 있기 때문입니다.

그렇다면 이 몸도, 감정도, 생각도 믿을 만한 것이 아님을 알 수 있습니다. 몸도, 감정도, 생각도 변동하고, 요동치는 것이 정상입니다. 이것이 요동친다고 당황할 것이 아닙니다. 왜냐하면 그 구성 요소는 끊임없이 변하기 때문입니다. 부분이 변하는데 전체가 변하지 않을 수 없습니다. 몸의 어느 부분이 탈이 나면 그 부분을 치료하고 조절해서 몸 전체가 건강해집니다. 감정도 어느 부분이 탈이 나면 그 부분을 변경하고 새로운 요소, 환경을 투입하면, 새로 투입된 것이 예전의 요소를 대체하게 될 것입니다. 부분이 변하면 전체가 변하고, 부분을 조절하면 전체가 안정화되는 것입니다. 영원한 것은 없습니다. 모든 것이 항상(恒常)한다는 것은 착각입니다.

즐거움도 슬픔도, 건강도, 불건강도 모두 항상하지 않고 변하는 것입니다. 이 몸도, 감정도, 생각도 합성물(合成物)이기 때문입니다. 몸이 좋지 않거나 기분이 좋지 않으면 그 구성물을 바꾸면 됩니다. 기분이 좋지 않으면 장소를 옮겨서 시원한 공기를 들이마시면 기분이 좋아집니다. 몸이 좋지 않으면 먹는 것을 바꾸면 됩니다. 그러면 더 건강해집니다. 부분이 모여 전체가 됩니다. 기분 나쁜 것이 어쩔 수 없는 것이 아닙니다. 구성물을 바꾸면 됩니다. 부분은 끊임없이 바뀝니다. 그것을 보는 것이 모든 것이 공함을 보는 것입니다. 영원한 것은 없습니다.

모든 것이 부분이 모인 합성물임을 안다면, 모든 것이 영원하지도 않고 변한다는 것을 알게 되는 것입니다. 영원하지 않으니 집착할 것도 없는 것입니다. 미국의 시인 마크 스트랜드(Mark Strand)는 〈나의 아버지에게 바치는 비가〉에서 "손은 당신의 손이고, 팔도 당신의 팔인데, 그러나 당신은 거기에 없었다."[88]라고 하였습니다. 《반야심경》에도"오온(五蘊)이 공함을 비추어 보고 모든 괴로움에서 벗어났다(照見五蘊皆空 度一切苦厄)."라고 하였습니다. 오온이 공함을 알고, 모든 괴로움을 내려놓아야 하겠습니다. 몸도, 감정도, 생각도, 모두 공함을 알고, 집착도 내려놓고 괴로움도 내려놓고 날마다 좋은 날이 되도록 해야겠습니다.

우리는 어디서 와서, 어디로 가는가

우리는 어디서 와서 어디로 갈까요? 사람은 어디서 와서 어디로 가는지 궁금해합니다. 우리는 온 곳으로 가게 되어 있습니다. 우리는 어디서 왔을까요? 불교에서는 인간은 윤회한다고 합니다. 인간은 윤회의 수레바퀴에 따라 돈다고 합니다. 우리는 윤회의 세계에서 왔습니다. 그래서 죽으면 다시 우리가 온 윤회의 세계로 가게 됩니다.

불교의 목적은 윤회의 사슬에서 벗어나는 것입니다. 윤회에서 벗어나 생사의 고리에서 벗어나기 위해 수행하는 것입니다. 어리석은 중생은 자신이 어디서 와서 어디로 가는지 알지 못합니다. 그러나 수행자는 자신이 어디서 와서 어디로 가는지 아는 사람입니다. 그래서 업을 짓지 않고, 금생에 깨닫기 위해서 수행하는 것입니다.

인간은 육도 윤회를 한다고 합니다. 지옥, 아귀, 축생, 아수라, 인간, 천상계의 여섯 곳을 윤회합니다. 중생은 자신이 어디서 왔다가 어디로 가는지 모르고 계속 업을 지어서 육도 윤회의 고통을 받게 됩니다. 천상에서의 복이 다하면 다시 인간계로 내려오게 됩니다. 지옥에서 선행을 쌓으면 인간계로 오게 됩니다. 부처님도 지옥에 있을 때 다른 사람의 수레를 대신 끌어 주는 선행으로 인간계로 왔다고 합니다.

여러분은 지옥이 있다고 생각하세요, 없다고 생각하세요? 저는 지옥이 있다고 생각합니다. 대학교 때 지옥에 간 꿈을 꾼 적이 있습니다. 거기에 가 보니 당시 이름만 대면 누구나 알 수 있는 사람이 와 있었습니다. 엄청나게 뜨거운 불구덩이에서 고통을 받고 있었습니다. 특이한 점은 현생에서는 극도의 고통을 당하게 되면 죽게 되는데, 거기에서는 죽음이 없다는 것입니다. 아무리 고통스러워도 죽지 않고 그 고통을 다 받고 있었습니다. 지옥에서는 죽지 않는다는 것을 처음 알았습니다. 그래서 금생에 악행을 저지르지 않고 사는 것이 매우 중요하다는 것을 그 꿈을 통해서 알게 되었습니다. 금생의 고통이 문제가 아니라 내생의 고통은 상상을 초월하는 것이었습니다. 일본의 시인 구사노 신페이(草野心平)는 말합니다. "죽으면 죽은 것으로 살아간다."[89]

불설예수시왕생칠경(佛說豫修十王生七經)에는 흑암(黑闇)지옥, 풍도(風途)지옥, 철상(鐵床)지옥, 거해(鋸骸)지옥, 독사(毒蛇)지옥, 발설(拔舌)지옥, 검수(劍樹)지옥, 한빙(寒氷)지옥, 화탕(火湯)지옥, 도산(刀山)지옥이 있다고 합니다. 이름만 들어도 오싹한 지옥의 이름입니다. 단테의 《신곡》에도 로마의 시인 베르길리우스의 안내로 지옥을 여행하는 이야기가 나옵니다. 현생에 지은 업에 따라 내생에 어디로 갈지가 결정된다고 합니다. 지옥에 가지 않도록 선업을 짓고, 깨달음을 얻어서 윤회의 사슬에서 벗어날 일입니다. 금생에 부귀영화를 누리는 것이 시급한 것이 아니라, 내생에 지옥, 아귀, 축생, 아수라에 태어나지 않고 괴로움을 받지 않는 것이 시급하다고 할 것입니다. 그래서 우리가 어디서 와서, 어디로 가는지 알아야 합니다.

참회

대학교 다닐 때 중이염으로 고생한 적이 있습니다. 공부하는 내내 애를 먹었고, 취업하고 난 다음에도 과로를 하거나 술을 마시면 이비인후과를 다녀야 했습니다. 중이염은 난치병이라고 합니다. 십수 년을 중이염으로 고생했습니다. 그러다 이런 생각이 들었습니다. "내가 전생에 무슨 죄를 지어서 이렇게 고생을 하는구나." 하고 병을 받아들였습니다. 그리고 참회했습니다. 내가 잘못해서 생긴 병이므로 감사하게 받아들이기로 하였습니다. 불교에서는 업이 다하면 사라진다고 합니다. 또 참회를 하면 업이 녹기도 한다고 합니다. 그러자 반전이 일어났습니다. 병이 낫기 시작한 것입니다. 업은 받아들이고 참회하면 사라지게 된다는 경험을 한 것입니다.

사람은 좋은 인연을 탐하고 나쁜 인연을 싫어하지만, 인연은 자기 자신이 짓기 나름입니다. 선행을 쌓으면 좋은 인연을 짓게 되고, 악행을 쌓으면 나쁜 인연을 짓게 됩니다. 좋은 인연은 선행의 결과(果報)이고, 나쁜 인연은 악행의 결과(業報)입니다. 그러나 좋은 인연이든 나쁜 인연이든, 인연이 다하면 사라지므로 여기에 집착할 것이 아닙니다. 그러므로 나쁜 인연은 빚이므로 빨리 갚아야 합니다. 법륜(法輪) 스님도 "수행자는 재앙을 그동안 진 빚을 갚는 좋은 기회로 여깁니다."[90]라고 하였습니다. 빚을 갚지 못하면 빚에 찌들어 살아야 합니다. 빚을 업장(業障)이라고 합니다. 빚을 갚는 방법은 대항하는 것이 아니고 받아들이고 참회하는 것입니다. 《채근담》에도 "세상을 덮을 만한 공로도 긍(矜)이라는 글자 하나를 당해 낼 수 없고, 하늘을 가득 덮을 만한 죄도 회(悔)라는 글자 하나를 당해 낼 수 없다(蓋世功勞當不得一箇矜字 彌天罪過當不得一箇悔字)."라고 하였습니다. 뽐내면 공도 없어지고, 참회하면 죄도 없어진다는 말입니다.

달마 대사는 도에 들어가는 길로 사행론(四行論)을 이야기하였습니다. 인연을 만나도 경계에 마음이 흔들리지 않는 수연행(隨緣行), 탐욕의 마음을 내려놓고 아무것도 구하지 않는 무소구행(無所求行), 망상을 제거하고 불법을 수행하는 칭법행(稱法行), 그리고 보원행(報冤行)이 있습니다. 보원행은 수행자가 고통을 당할 때에는 이것이 전생에 자신이 저지른 행위의 업보라고 생각하여 기꺼이 받아들이고 원한의 마음을 내려놓는 것입니다. "내가 오랜 옛날부터 무수한 시간에 걸쳐 수많은 원한과 증오를 일으키고 해를 끼쳤다. 지금은 비록 죄를 범함이 없다고 할지라도 이 모든 고난은 오랜 기간에 걸쳐 지은 악업의 결과가 무르익은 것이다. 그러므로 이것은 하늘이 내린 것도 아니고, 타인이 준 것도 아니다."라고 생각하고 인과의 도리를 깨닫고 기꺼이 받아들여서 괴로움에서 벗어난다는 것입니다.

《천수경》에도 "죄는 자성이 없어 마음에 따라 일어난다. 마음이 비면 죄도 사라지고, 죄도, 마음도 모두 사라지는 것이 진짜 참회이다(罪無自性從心起 心若滅是罪亦忘 罪忘心滅兩俱空 是卽名爲眞懺悔)."라고 하였습니다. 마음이 조물주입니다. 마음이 죄를 짓는 것입니다. 죄는 경계에 집착하는 마음에서 오는 것이니 마음을 내려놓으면 경계도 없어집니다. 사람이 짓는 온갖 경계는 마음에 따라 일어나는 것이니 마음이 비면 죄도, 경계도 모두 비게 됩니다. 자신이 받는 괴로움을 자신이 지은 결과라고 기꺼이 받아들이는 것이 죄도, 마음도 사라지는 진짜 참회입니다.

《금강경》에 금강경 수지 독송으로 전생의 죄업을 녹일 수 있다는 구절이 있습니다. "만약 이 경을 수지 독송하면서 사람들에게서 천대를 받는다면, 전생의 죄업으로 악도(惡道)에 떨어져야 하지만 금생의 사람들이 천대하는 것으로써 전생의 죄업이 소멸되고 깨달음을 얻을 것이다(受持讀誦此經 若爲人輕賤 是人先世罪業 應墮惡道 以今世人 輕賤故 先世罪業 卽爲消滅 當得阿耨多羅三藐三菩提)."라고 하였습니다. 《금강경》 수지 독송으로 그동안 쌓인 업장을 소멸시킬 수 있는 길을 알려 주신 것은 부처님의 친절입니다. 《금강경》은 모든 형상 있는 것은 허망하므로 아상, 인상, 중생상, 수자상을 모두 소멸시키고, 머무른 바 없이 그 마음을 내는 경전입니다. 내가 짓는 모든 상(相)이 허망함을 알고, 나도 비고(我空), 법도 비고(法空), 모두 비기(俱空) 때문에 진짜 참회가 되는 것입니다.

생각에 말 걸기

사람은 하루에도 수만 가지 생각을 한다고 합니다. 그 생각에는 긍정적인 생각도 있고, 부정적인 생각도 있습니다. 그런데 일어나는 생각을 제어하기란 쉽지 않습니다. 생각을 하지 않으려고 해도 생각은 계속 일어납니다. 웬만한 도인이 아니면 생각을 제어하기가 어렵습니다. 생각을 제어하는 방법 중 하나가 생각에 말 걸기입니다. 예컨대 생각이 일어나면 "그것은 인연에 따라 일어나는 것"이라고 말하는 것입니다. 지침을 주는 것입니다.

생각은 적절히 제어하지 않으면 제멋대로 뻗어 나갑니다. 끝 간데 없이 뻗어 갔다가 다시 본래의 자리로 돌아옵니다. 생각이 뻗어 나간 뒤에는 "그래 봤자, 아무 소용도 없잖아."로 끝납니다. 생각만으로 해결되는 것은 없기 때문입니다. 생각에 말을 걸어 주어 생각의 방향을 잡아 주는 것입니다. 생각의 방향을 잡아 주어야 올바른 길로 생각이 접어듭니다. 마치 교차로에서 좌회전할 것인가, 우회전할 것인가 정해 주는 것과 같습니다.

깨달음을 성취한 부처님도 인연에 따라 사셨습니다. 어느 날 두통이 있어서 살펴보니 어릴 때 막대기로 물고기 머리를 두드린 원인으로 두통이 있음을 아시고 그대로 받아들이셨고, 대장장이 춘다가 만들어 준 죽을 드시고 돌아가셨습니다. 부처님도 인연에 따라서 사신 분입니다. 하물며 깨닫지 못한 일반인은 인연에 따라 사는 것이 당연한 일입니다. 부처님과 중생의 차이는 부처님은 그것이 인연에 의한 것임을 알고, 중생은 그 이유를 모른다는 것입니다.

원인을 알면 받아들이기가 쉽습니다. 몸에 병이 나도 그 원인을 알면 마음이 조금 더 편안합니다. 몸은 아픈데 그 원인을 알지 못하면 그것도 미칠 지경일 것입니다. 이유라도 시원하게 알고 싶을 것입니다. 정확한 원인을 알아야 병을 고칠 수 있습니다. 사람의 인생도 그 이유를, 원인을 알아야 마음 편안히 살아갈 수 있습니다. 그 이유는 인연입니다. 인연에 따라 살아가는 것입니다. 왜 나에게 이런 일이 생겼느냐고 번민하는 것이 아니라 지금의 결과가 인연에 따른 것임을 알게 되면 그냥 받아들이게 됩니다.

사람의 생각도, 번뇌도, 걱정도 모두 실체가 없습니다. 바람처럼 왔다가 바람처럼 갑니다. 그래서 무상(無常)하다고 합니다. 무상한 것에 집착해도 얻을 것은 없습니다. 생각도, 걱정도, 인생도 모두 연기(緣起)의 결과입니다. 연기라는 것은 "이것이 있으므로 저것이 있고, 이것이 없으면 저것이 없다."라는 것입니다. 모든 것은 원인이 있어서 일어나는 것임을 받아들이면 마음이 편해집니다. 세상의 번뇌는 지금의 상태를 받아들이지 못해서 생기는 것입니다. 지금 현재의 상태를 받아들이고, 감사할 수 있으면 번뇌가 없습니다. 생각에 말을 걸어 감사의 말을 하도록 지침(Guide line)을 주어야 하겠습니다. 그래야 제멋대로인 생각을 제어하고, 행복을 불러들일 수 있을 것입니다. 지금의 결과가 인연에 따른 것임을 알게 되면 그냥 받아들이고 감사할 수 있게 됩니다. 내게 오는 것에 대하여 "그것은 인연에 따라 오는 것입니다. 감사합니다."라고 말하는 것은 생각을 제어하고, 행복을 불러들이는 주문인 것입니다.

생각의 법칙

생각은 이리저리 굴러다닙니다. 생각은 구슬 같습니다. 생각이 만들어 내는 결정체가 구슬입니다. 한 번 구르면 어디까지 갈지 아무도 모릅니다. 생각의 구슬을 잘 굴리는 사람이 현인이고, 성인입니다. 생각이 만들어 내는 구슬이 영롱한 구슬일 수도 있고, 탁한 구슬일 수도 있고, 걱정 많은 구슬일 수도 있고, 해맑은 구슬일 수도 있습니다. 구슬이 맑은 것은 생각이 맑기 때문이고, 구슬이 탁한 것은 생각이 탁하기 때문입니다. 그러므로 구슬을 보면 그 사람이 살아온 인생을 알 수 있습니다.

그러면 생각은 어떻게 만들어지는 것일까요? 생각에도 물질의 법칙이 적용됩니다. 영롱한 구슬을 가지려면 맑은 생각을 가져야 합니다. 맑은 생각이 영롱한 구슬을 만들기 때문입니다. 구슬이 맑고 탁하고는 다른 사람의 생각이 좌우하지 않습니다. 구슬은 스스로 맑고, 스스로 탁합니다. 그래서 맑은 사람은 더욱 맑고자 하고, 탁한 사람은 더욱 탁하고자 합니다. 어떤 물체에 외부로부터 힘이 작용하지 않으면 그 물체는 원래의 운동 상태를 지속하려고 합니다. 관성의 법칙입니다(뉴턴의 제1 법칙).

자신의 생각을 갈고 닦아 맑고 영롱하게 만든다면 그것이 보물이 됩니다. 달리 보물이 없습니다. 자신이 가지고 있는 생각의 구슬을 갈고 닦을수록 더 영롱하게 세상을 비추어 줄 것입니다. 구슬의 맑기는 갈고 닦는 힘에 비례하고 탐욕의 질량에 반비례합니다. 물체에 힘이 작용하면 그 물체에 가속도가 붙게 되는데, 가속도의 크기는 가속도의 힘에 비례하고, 물체의 질량에 반비례합니다. 가속도의 법칙입니다(뉴턴의 제2 법칙).

세상이 암울해 보이나요? 자신의 미래가 암담해 보이나요? 그러면 자신의 생각이 밝지 않은지 돌아볼 일입니다. 생각을 닦으려면 그것을 방해하는 생각이 떠오릅니다. 내가 선행을 하려고 하면, '선행을 하면 뭐 하나, 누가 알아주는 것도 아니고, 아무런 이득은 없으면서 손해만 보는데.' 하는 방해하는 생각이 일어납니다. 이 방해를 이겨 내야 선행도, 수행도, 공부도 가능합니다. 어떤 일을 하든, 반대 없는 일은 없습니다. 어떤 물체에 작용하는 힘에는 그와 크기가 같고, 방향이 반대인 반작용의 힘이 작용됩니다. 작용, 반작용의 법칙입니다(뉴턴의 제3 법칙).

생각도 운동입니다. 생각이 어떻게 움직이는지 알면 생각을 통제하기가 쉬워집니다. 자신의 생각을 맑게 하면 생각은 스스로 더 맑아지려고 합니다(관성의 법칙). 생각을 맑게 하기 시작하면 점점 가속도가 붙게 됩니다(가속도의 법칙). 생각을 맑게 하려면 그것을 방해하는 생각이 일어납니다(작용 반작용의 법칙). 생각에는 두 개의 법칙이 더 있습니다. 내 생각이 밝으면 같이 있는 사람의 생각도 밝아지고, 내 생각이 어두우면 같이 있는 사람의 생각도 어두워집니다. 내 생각과 상대방의 생각이 서로 영향을 미치게 되는 것입니다(상호작용의 법칙). 생각은 할수록 어지러워집니다. 생각은 하면 할수록 부정적으로 흐릅니다. 긍정적인 것보다 부정적인 것이 생각할 것이 더 많기 때문입니다. 생각은 생각을 낳고, 생각은 갈수록 무질서해집니다(엔트로피의 법칙). 생각은 끝이 없습니다. 계속 확장하기만 합니다. 생각을 모으지 않으면 생각은 끝없이 펼쳐질 것입니다. 그래서 생각은 펼치지 않아야 하는 것입니다.

"생각은 말을 만들고, 말은 행동을 만든다. 행동은 습관을 만들고, 습관은 인격을 만든다. 그리고 인격은 운명을 만든다."라는 말이 있습니다. 생각이 운명을 만드는 것입니다. 마르쿠스 아우렐리우스도 "영혼은 생각에 물든다."라고 하였습니다. 그래서 "눈 내린 들판을 걸을 때에는 어지러이 걷지 말라, 오늘 내가 걸어간 발자국이 뒷사람의 이정표가 될지니(踏雪野中去 不遂胡亂行 今日我行跡 遂作後人程)"라는 옛 시가 있습니다. 오늘 내가 하는 생각이 내 운명을 만들고, 옆 사람의 운명에 영향을 미치고, 뒷사람의 이정표가 될지 모르니 항상 생각을 조심(操心)해야 할 것입니다.

어떤 사람이 강한 사람인가

이화여대 김재은 교수는 사회 양극화와 빠른 사회적 변화가 우리나라 국민의 가슴속에 분노의 불씨를 심어 주었다고 지적하고 있습니다. 왜냐하면 빠른 사회적 변화와 사회의 양극화에서 살아남는 것은 쉬운 일이 아니기 때문입니다. 살아남기 위해서 발버둥 치면서 우리 가슴속에 분노의 불씨를 심어 줬다는 것입니다. 그래서 이유 없이 짜증 나고, 화가 난다고 합니다. 예능과 스포츠가 분노 분출의 통로가 되었다고 보고 있습니다.[91] 지도적인 종교나 지도적 이념, 사상이 붕괴된 상황에서 연예나 스포츠가 종교나 사상의 역할을 대신하고 있다는 것입니다.

욕심이 분노를 만듭니다. 욕심은 큰데 현실은 그렇지 못하면 분노가 일어납니다. 스스로의 욕심을 다스리지 못하는 것입니다. 자본주의 사회에서는 능률과 생산성이 종교와 사상의 자리를 차지하고 있다고 합니다. 영국의 심리학자 가이 클랙스턴(Guy Claxton)은 "능률과 생산성을 따지면 마음과의 연결은 잃어버리고 만다."라고 경고합니다. 능률과 생산성은 정신의 영역이 아닙니다. 노자는 "타인을 이기는 사람은 힘이 세지만, 자신을 이기는 사람은 강하다(勝人者有力 自勝者强)."라고 하였습니다. 공자님도 "자신을 이기고 예로 돌아가는 것이 인이다(克己復禮爲仁)."라고 하였습니다. 화를 이기는 것이 현대사회의 큰 화두가 되었습니다. 감정을 이기는 사람이 강한 사람입니다. 현대사회에서 사회적으로 성공하고도 무너지는 사람은 누가 무너뜨린 것이 아니고 대부분 스스로 무너진 것입니다.

생각과 감정은 빈 껍질입니다. 거기에는 아무런 내용이 없습니다. 내용이 없는 것을 있는 것으로 착각하고 있는 것입니다. 감정이, 생각이 실체가 있는 것으로 생각해서 내가 내 스스로 주인 자리를 내준 것입니다. 화가 올라오면, 생각이 올라오면 그 화가, 그 생각이, 실체가 없음을 알아야 합니다. 아무것도 아닌 화에, 생각에 속고 있는 것입니다. 생각, 감정에 속지 말아야 하겠습니다. 생각, 감정이 주인 노릇을 하도록 놓아두지 말아야 하겠습니다.

사람의 7가지 감정을 칠정(七情)이라고 합니다. 불교에서는 희노애락애오욕(喜怒哀樂愛惡欲), 유교에서는 희노애구애오욕(喜怒哀懼愛惡欲), 한의학에서는 희노우사비경공(喜怒憂思悲驚恐)을 칠정이라고 합니다. 《불지경론》에서는 마음을 흔드는 8가지 바람(八風)을 말합니다(利衰譽毁稱譏苦樂). 기쁨, 노여움, 근심, 슬픔, 놀람, 두려움, 즐거움, 사랑, 미움, 욕망, 이익, 쇠퇴, 명예, 칭찬, 비난, 모함, 괴로움에 흔들리지 않는 사람이 강한 사람입니다. 희노애락(喜怒哀樂)의 감정에 지지 않고 이겨 내는 사람이 강한 사람입니다. 많이 가지고,

많이 아는 사람이 자기를 이기는 사람이 아닙니다. 감정에 흔들리지 않는 사람, 감정을 물처럼 흘려보낼 줄 아는 사람이 가장 강한 사람입니다.

당나라 유학자 이고(李翺)는 "칠정에 빠지지 않는 사람이 성인이다."라고 하였습니다. 《채근담》에도 "마음에 바람과 파도가 없으면 가는 곳마다 푸른 산이고, 푸른 물이다(心地上無風濤 隨在皆青山綠水)." 라고 하였습니다. 소동파는 "지극한 고요함으로 칠정의 근원을 보고 공의 이치를 터득해야 온갖 경계를 받아들일 수 있다. 나의 마음이 텅 비어 있어서 칠정이 없으니 삼라만상이 스스로 왕래한다(靜故了群動 空故納萬境 我心空無物 萬象自往還)."[92], "세상사 어떻게 보는가, 선심은 고요해서 세간, 출세간 어느 쪽에도 속하지 않네. 그러므로 마땅히 고목처럼 정념을 쉬어서 칠정의 습기를 떨쳐 내야 한다네(世事了如何 禪心久空寂 世間出世間 此道無兩得 故應入古稿 習氣要除彿)."[93]라고 하였습니다. 어떤 사람이 진정 강한 사람인지 알았으니 이제 감정에 지지 않아야 하겠습니다. 감정의 주인이 되어야 하겠습니다.

거리 두기

에리히 프롬(Erich Pinchas Fromm)은 소외된 사람은 자신의 감정과 생각을 대상에 투사(投射)하고 그 투사된 대상에 지배된다고 합니다. 자신을 자신으로 인식하지 못하고 대상을 통하여 자신을 인식함으로써 본래의 자신과 소외된다는 것입니다. 현대사회는 돈 우위의 사회입니다. 누구나 많은 돈을 벌기를 원합니다. 물신숭배의 시대인 것입니다. 사람이 돈에 자신을 투사하고 그 돈에 자신이 지배당합니다. 물질이 사람을 지배하는 것입니다. 물질을 중시하다가 점점 물질의 노예가 되는 것입니다. 자신의 감정을 중시하다 감정의 노예가 되기도 하고, 내가 화를 내지만 그 화가 나를 삼키기도 하고, 내가 술을 마시지만 술이 나를 마시기도 합니다. 그러므로 물질, 감정과 거리 두기를 해야 됩니다. 그렇지 않으면 물질과 감정의 노예가 되기 쉽습니다.

물질이나 감정은 불과 같아서 만나는 모든 것들을 태워 버립니다. 사람은 많은 돈을 벌기를 원하지만, 돈에 대한 탐욕은 사람을 태워 버립니다. 돈은 벌지도 못하고 사람만 망가뜨리는 것입니다. 화는 자연스러운 감정이지만 화를 통제하지 못하면 화의 노예가 됩니다. 사물이든, 감정이든 내가 통제하지 못하면 내가 통제받게 되는 것입니다. 생각도 또한 같습니다. 생각을 통제하지 못하면 내가 생각의 노예가 됩니다. 감정, 물질, 생각과 거리 두기가 필요한 이유입니다. 적절한 거리 두기가 되지 않으면 이것은 나를 태워 버릴 것이기 때문입니다. 그래서 주의해야 합니다. 불은 사람에게 이로움을 주지만 언제든지 사람을 태워 버릴 수 있기 때문입니다. 물질의 이로움, 돈의 편리함, 감정과 생각의 달콤함이 언제든지 나를 태워 버릴 수 있는 것입니다.

알루보몰레 스마나사라 스님은 "불교에서 말하는 명상은 자신을 타인으로 간주하여 관찰하는 훈련"이라고 합니다. 나에 대한 집착에서 벗어나고 싶거나, 완벽에 대한 망상에서 벗어나고 싶으면 나를 밖으로 내보내는 연습을 해 보라고 합니다.[94] 나를 밖으로 내보내는 것이 거리 두기입니다. 고려 시대 대각국사 의천(義天) 스님은 "부귀영화 모두 봄 꿈이고 만남과 헤어짐, 삶과 죽음도 모두 물거품이라. 마음 편히 내려놓지 않고 무슨 일 따져 가며 추구할 것인가?(榮華富貴皆春夢 聚散存亡眞水漚 除却栖神安養外 算來何事可追求)."[95] 라고 하였습니다.

코로나 바이러스(COVID-19)와의 거리 두기만 필요한 것이 아닙니다. 물질, 생각, 감정과 적절한 거리 두기와 통제 없이는 언제 이것의 노예가 될지 모릅니다. 마치 코로나 바이러스가 내 몸에 들어

오면 내 몸을 망가뜨리는 것과 같습니다. 물질과 감정의 달콤함 뒤에는 무서운 파괴력이 감춰져 있습니다. 옛말에 "불가근 불가원(不可近 不可遠)"이라는 말이 있습니다. 가깝지도 않고 멀지도 않게, 그리고 통제할 수 있어야 합니다. 그것이 물질과 감정의 주인으로 살 수 있는 길입니다. 물질과 감정은 절대 나의 것이 아닙니다. 나와 하나가 될 수 있는 것이 아닙니다. 그것은 언제나 적당한 거리 두기가 필요한 것입니다. 물질과 감정과 생각을 밖에 내놓고 바라보면 그것에 대한 집착이 사라집니다. '나'도 나의 밖에 내다 놓고 그것을 바라보면 '나'도 사라집니다. 나에 대한 집착이 사라지는 것입니다. 구름이 걷히면 맑은 하늘이 나오듯이 나에 대한 집착이 사라지면 즐거움과 행복이라는 본래의 자신이 고개를 내밀 것입니다.

연꽃 향기 바람에 날리고

수행이라는 것은 마음을 다스리는 것이라고 합니다. 어떤 마음을 다스리는 것일까요? 불쑥불쑥 올라오는 불평, 불만, 불만족, 조급함, 욕심, 시기, 외로움, 좌절, 비교하는 마음을 다스리는 것입니다. 이러한 마음은 평온한 마음과 대비됩니다. 평온함, 만족, 감사, 사랑, 이해, 자비, 평화, 나눔, 즐거움과 같은 마음과 반대되는 마음입니다. 수행은 평화와 감사와 같은 마음을 키우고 불만족, 불평과 같은 마음을 내려놓는 것입니다. 수행은 누르는 것이 아니라 내려놓는 것입니다. 수행은 바꾸는 것입니다. 고통을 즐거움으로 바꾸는 것입니다. 그래서 수행을 트랜스폼(Transform)이라고도 합니다. 수행은 변환, 변형, 전환입니다. 나쁜 정서를 수행을 통해서 좋은 정서로 바꾸는 것입니다. 나쁜 정서가 들어가서 좋은 정서가 나오는 것이 수행입니다.

혜능 스님도 《육조단경(六祖壇經)》에서 "어떤 것을 자성으로 제도하는 것이냐 하면, 자기 마음 가운데 삿된 견해, 번뇌와 어리석은 중생의 마음을 바른 견해로써 제도하는 것이다. 이미 사람들이 바른 견해를 가지고 있으니, 반야의 지혜로 어리석고, 미혹되며, 거짓된 중생의 마음을 타파하여 스스로 제도하되, 삿된 것이 오면 바른 것으로 제도하고, 미혹함이 오면 깨달음으로 제도하고, 어리석음이 오면 지혜로 제도하고, 악이 오면 선으로 제도하는 것이 참된 제도이다(何名自性自度 卽自心中 邪見煩惱愚癡衆生 將正見度 旣有正見 使般若智打破愚癡迷妄衆生 各各自度 邪來正度 迷來悟度 愚來智度 惡來善度 如是度者名爲眞度)."라고 하였습니다.

수행은 스스로 제도하는 것입니다. 나쁜 것을 좋은 것으로 변화시키는 것입니다. 세상이나 자신의 나쁜 기운을 회피하는 것이 아니라 좋은 기운으로 변화시키는 것입니다. 들어가는 대로 나오는 것은 수행이 아닙니다. 저 사람이 기분 나쁜 말을, 모욕적인 말을 했다고 해서 나도 기분 나쁜 말, 모욕적인 말을 하면 수행이 아닙니다. 그래서 수행이 어려운 것입니다. 모욕적인 말을 듣더라도 나는 향기로운 말을 해야 하기 때문입니다. 그래서 수행은 더러운 것을 깨끗하게 하는 것과 같습니다. 마치 더러운 물에서 연꽃이 피는 것과 같습니다. 연꽃이 피어남으로써 더러운 물이 정화되는 것입니다. 수행을 하지 않으면 더러운 것은 더 더럽게 되고, 수행을 하면 더러운 것이 맑게 됩니다. 세상이 맑고 아름다운 것은 맑고 향기로운 사람이 있기 때문입니다.

수행은 탁한(濁) 인풋(input)을 맑은(淸) 아웃풋(output)으로 만들어 내는 것입니다. 사랑도 같습니다. 나태주 시인은 〈사랑에 답함〉이라는 시에서 "예쁘지 않은 것을 예쁘게 보아주고, 좋지 않은 것을 좋게 생각해 주는 것이 사랑"이라고 하였습니다.[96] 사랑은 세상의 정수기, 공기청정기인 셈입니다. 그래서 좋지 않은 사람, 세상, 사건을 보더라도 실망하거나 좌절해서는 안됩니다. 더러운 물은 정수하면 맑은 물이 됩니다. 더럽다고 버리면 맑은 물을 얻을 수 없습니다. 번뇌를 버리면 깨달음을 얻을 수 없습니다.

무상한 몸이 있기에, 무상한 세상이 있기에 깨달음이 있습니다. 진흙탕이 있기에 연꽃이 피는 것입니다. 진흙탕은 연꽃이 사는 곳입니다. 사바세계는 부처가 탄생하는 곳입니다. 그래서 수행(Transform)이 필요한 것입니다. 사랑이 필요합니다. 중생의 눈에는 중생만 보이고, 부처의 눈에는 부처만 보인다고 합니다. 세상에 중생만 보인다면 세상 모든 사람이 모두 부처로 보일 때까지 수행해야 합니다. 사랑해야 합니다. 세상이 탁해 보이면 세상이 맑은 시냇물로 보일 때까지 내가 맑아져야 하겠습니다. 한 송이 연꽃이 세상을 맑고 향기롭게 합니다. 연꽃 향기 바람에 날리는 곳이 서방정토입니다.

경계 비우기

어린아이들이 옳다 그르다, 있다 없다 하면서 싸움을 벌이는 경우가 있습니다. 어른이라고 다르지 않습니다. 자기와 견해가 다른 사람은 매도되기 일쑤입니다. 그러다 보면 왕따, 외톨이가 나오기 마련입니다. 있고 없고, 옳고 그름이 그렇게 중요하지 않음에도 불구하고, 목숨 걸며 싸우기도 합니다. 그러다 시간이 흐르면 흐지부지됩니다. 그때는 목숨을 걸었지만, 시간이 지나고 나서 보니 별일 아니었기 때문입니다. 이래도 되고, 저래도 되는 일이었습니다. 그때는 그것 아니면 안 되는 줄 알았는데 지금 보니 그게 아닌 것입니다. 황벽 스님은 이것은 경계(境界)에 속박(束縛)되었기 때문이라고 합니다. “범부는 외적 대상, 경계에 따라 마음을 내어 기뻐하고 싫어한다. 만일 대상이 없기를 바란다면 마땅히 그 마음을 잊어야 한다. 마음을 잊으면 대상은 공하고, 대상이 공하면 마음이 없어진다. 만약 마음을 잊지 않고 단지 대상만 없애려고 한다면 대상은 없어지지 않고 어지러움만 늘어날 뿐이다(凡夫皆逐境生心 心遂忻厭 若欲無境 當忘其心 心忘卽境空 境空卽心滅 若不忘心 而但除境 境不可除 祇益紛擾).”라고 하였습니다.

'견물생심(見物生心)'이라는 말이 있습니다. 외적 대상이 있어서 마음이 생기는 것입니다. 외적 대상이 없으면 마음이 생기지 않습니다. 대상이 마음을 만드는 것이므로 대상을 없애는 방법은 대상 자체를 없애거나, 마음에서 대상을 없애야 합니다. 그러나 대상은 내 마음대로 없앨 수가 없습니다. 대상만 없애려고 한다면 대상은 없어지지 않고 어지러움만 늘어날 것이라고 황벽 스님은 경고합니다. 그래서 마음을 잊어야 하는 것입니다. 마음을 잊으면 대상이 없어지고, 대상이 공함을 알면 마음도 없어지게 됩니다. 마음이 대상에 분별을 일으키지 않는 것을 무념(無念)이라고 하고, 무상(無相)이라고도 합니다. 《유마경》에서도 "분별이 없으면 그것은 여법한 것이다(若無所分別 是則如法)."라고 하였고, 동산 양개(洞山 良价) 스님은 "출가자는 절대로 대상에 의지하지 않는다(出家之人 必不依物)."라고 하였습니다. 프랑스 철학자 장폴 샤르트르도 "의식에는 내용이 없다. 의식의 대상은 의식의 일부가 될 수 없다."라고 하였습니다.

황벽 스님은 "경계에 속박되어 좋다, 싫다는 두 가지 견해를 짓지 않으면 바로 법을 볼 수 있다(不起二見 不厭不忻 一切諸法 唯是一心)."고 하였습니다. 좋아하다가 나중에는 싫어할 수도 있고, 맞다고 생각되는 것도 뒤에 가면 맞지 않을 수도 있습니다. 내 생각만 맞다고 생각하는 것은 경계에 속박되어 실상을 제대로 보는 것이 아니라는 말씀입니다. 그러므로, 내가 옳다는 아집을 버려야 합니다. 영원히 옳은 것도 없고, 영원히 틀린 것도 없습니다. 옳다, 그르다는 판단만 하지 않아도 머릿속은 편안하고 고요해질 것입니다. 경계에 속박되면 자유를 잃게 되고 마음은 고요함을 잃게 되는 것입니다. 《유마경》에도 "경계에 따라 번뇌 망상이 일어나는 것이 병의 근본이다(從有攀緣 則爲病本)."라고 하였습니다.

내 주장, 내 견해가 바로 경계(境界)이고 상(相)이고 생멸의 법입니다. 번뇌와 고통은 이러한 경계에 집착하는 것에서 나오는 것입니다. 그래서 "마음이 일어나면 온갖 대상과 법이 생기고, 마음이 소멸하면 온갖 대상과 법이 소멸한다(心生種種法生 心滅種種法滅)."고 하였습니다. 이러한 경계는 내가 만드는 것입니다. 내가 경계의 울타리를 만들어 놓고 그 속에 속박되는 것입니다. 아무도 묶지 않았는데 스스로 울타리를 만들어 놓고 스스로 묶이는 것입니다. 경계가 바로 속박입니다. 경계에서 벗어나면 속박에서 벗어나는 것입니다.

선도 생각하지 않고, 악도 생각하지 않을 때 본래면목(本來面目)이 나타난다고 합니다. 내 본래면목이 선, 악, 시비판단에 가려지는 것입니다. 시비판단(是非判斷)이 곧 경계(境界)입니다. 내 주장이 올라올 때 그것이 나를 가리는 경계임을 안다면 그것에 속박되지 않고 자유로워질 수 있습니다. 일체 대상은 마음이 만들어 낸 것입니다(一切法皆由心造). 마음이 비면 경계도 비게 됩니다. 그래서 달마 대사도 "분별이 없는 마음은 바르다(無分別心 名爲正)."라고 하였고, "사물에 대하여 분별, 분별심, 탐욕, 번뇌를 일으키지 않는 것을 통달이라고 한다(卽物不起見 名爲達 卽物不起心 卽物不起貪 卽物不起惱 悉名爲達)."라고 하였습니다. 괄허 취여 스님도 "마음은 넓은 것이 큰 바다와 같고 더하거나 줄지 않음은 허공과 같네. 시시때때로 비추어 보면 마음 절로 빌 때 경계 절로 비네(能廣能心如大海 無增無減若虛空 時時密密回光照 心自空時境自空)."라고 한 것입니다.[97] 《채근담》에도 "만약 한 생각이라도 일어나지 않은 채 맑고 고요히 앉아 있으면, 어느 곳인들 참된 경지가 아니며, 어느 것인들 참된 모습이 아니겠는가(若一念不生 澄然靜坐 何地非眞境 何物非眞機)."라고 하였습니다. 한 생각이 일어나지 않으면 그곳이 참된 경지인 것입니다.

색즉시공

《반야심경》에 "색즉시공, 공즉시색(色卽是空 空卽是色)"이라는 말이 있습니다. 색(色)의 본질은 공(空)이고, 공(空) 안에는 색(色)이 있다는 말입니다. 사물(色)의 본질은 공입니다. 사물과 세계와 모든 현상의 본질은 공입니다(一切皆空). 모든 것은 공으로 돌아갑니다. 노자(老子)식으로 말한다면 무(無)로 돌아가는 것입니다. 무에서 유가 생기므로 유가 생기기 전의 상태가 무입니다. 그런데 여기서 무는 아무것도 없는 무가 아니고 유를 품고 있는 무입니다. 유를 창조하는 무인 것입니다. 그래서 무에서 유가 생겨나는 것입니다.

원래의 상태, 본래의 상태가 무이므로, 유의 고향은 무가 되는 것입니다. 그러므로 유는 오래가지 못하고 본래 자신의 자리, 즉 무로 돌아가는 것이니, 공수래 공수거(空手來 空手去)입니다. 공에서 왔다가 공으로 돌아가는 것입니다. 공이라고 해서 아무것도 없는 것이 아니라 색을 만들어 내는 공입니다. 연기(緣起)를 공이라고 합니다. 연기는 '이것이 있으므로 저것이 있고, 저것이 있으므로 이것이 있다.'는 것입니다. 색이 있어야 색의 본질이 공임을 알게 됩니다. 색이 없으면 색이 공함을 알지 못할 뿐만 아니라, 공도 없게 됩니다. 색으로 인해 공이 드러나는 것이니 공과 색은 서로 의존하는 것입니다. 그래서 공이 곧 색이요, 색이 곧 공인 것입니다.

만물은 색(色)입니다. 만물이 있으므로 공이 있고, 내(我)가 있으므로 공이 있는 것입니다. 내가 없으면 공도 없는 것이고, 공도 인식할 수 없게 되는 것입니다. 그래서 내가 없으면 법(法)도 없다고 합니다. 그래서 아공(我空), 법공(法空)입니다. 나도 공하고, 법도 공하다는 말입니다. 사람이 없으면 법도 없는 것입니다. 색즉시공은 세상의 진리가 바로 공이라는 것이고, 공즉시색은 공의 진리가 바로 세상에 나타난다는 것입니다.

조선 시대 청매 인오(青梅 印悟) 스님은 "나고 멸함이 실상이 아니요, 실상이 바로 생멸이다. 봄이 가고 가을이 아니라 푸른 잎 붉게 물든 것이 가을이다(生滅非實相 實相是生滅 非春去又秋 青葉染紅色)."라고 하였습니다.[98] 눈에 보이는 나고 멸하는 것은 색이므로 실상이 아닙니다. 실상은 색 안에 들어 있는 생멸이라는 무상의 진리로 나타나는 것입니다. 또한 실상은 봄 가고 가을 오는 관념이 아니라 푸른 잎 붉게 물든 것으로 나타나는 것입니다. 그래서 색 속에 공이 들어 있고, 공은 색으로 나타나는 것입니다.

마치 병아리가 껍질을 깨고 나오는 것과 같습니다. 병아리는 색이고, 껍질은 공입니다. 병아리가 껍질을 깨고 나오면 새로운 세계를 보게 됩니다. 병아리가 껍질을 깨고 나오지 못하면 새로운 세계를 볼 수 없듯이, 인간이 자신의 세계(色)에서 빠져나오지 못하면 미망에 머무는 것입니다. 색에도 집착하지 말고, 공에도 집착하지 말고, 색과 공을 깨고 나오면 헛것 아닌 본래 자신의 모습을 볼 수 있습니다. 선사들은 배고프면 밥 먹고, 피곤하면 자는 것이 본래의 자신의 모습이라고 하였습니다. "배고프면 밥 먹고 피곤하면 자는 것이 도(道)"라는 가르침에 실상이 있는 것이 아니라, 실상은 배가 고프면 밥을 먹고 피곤하면 자는 일상에 있습니다. 가르침에 집착하는 것은 공에 집착하는 것입니다.

어느 스님이 운문(雲門) 스님에게 "한 물건도 가지고 오지 않았을 때는 어떻게 합니까?" 하고 묻자, 운문 스님이 "놓아 버려라."라고 대답합니다. 한 물건도 없다는 말은 아무것도 없다는 말입니다. 아무것도 없으면 물을 사람도 없는 것입니다. 영가 현각 스님은 "철저히 사무쳐 보니 한 물건도 없고, 사람도 없고 부처도 없어서 삼천대천세계가 바다 가운데 물거품이고, 일체 성현이 마치 번갯불 스쳐 감과 같네(了了見無一物 亦無人亦無佛 大千沙界海中漚 一切聖賢如電拂)."라고 하였습니다. 한 물건도 없으면 질문할 사람도 없습니다. 질문을 한 스님은 상상 속의 질문을 한 것입니다. 공에 사로잡힌 것입니다. 그래서 운문 스님은 그 스님에게 한 물건을 놓아 버리라고 한 것이 아니라 한 물건도 가져오지 않았다는 '망념을 놓아 버리라'고 하신 말씀입니다.

조선 시대 월봉 무주(月峯 無住) 선사는 "아침부터 저녁까지 무슨 도리 궁리하나, 소를 타고 다시 소 찾음과 흡사하구나. 우습다, 오늘날 공부하는 사람들 깨달음 기다리기를 언제 그만둘까(終朝竟夜窮何道 恰似騎牛更覓牛 可笑如今參學輩 將心待悟幾時休)."라고 하였습니다. 색도 놓아 버리고, 공도 놓아 버리고, 자기 마음속의 부처를 보면 됩니다. 지공 화상은 《대승찬》에서 "분별하여 상을 취하려 애쓰지만 않는다면 자연히 곧바로 도를 얻게 된다(不勞分別取捨 自然得道須臾)."라고 하였습니다. 《반야심경》에서도 "오온이 공함을 비추어 보고 일체의 괴로움에서 벗어났다(照見五蘊皆空 度一切苦厄)."라고 하였습니다. 색이 공함을 비추어 보고 모든 괴로움에서 벗어나야 하겠습니다.

있는 것도 아니고,
없는 것도 아니고

“있는 것도 아니고 없는 것도 아니다.”라는 말을 들어 본 적이 있을 것입니다. 불교에서 많이 쓰는 표현인데 무슨 말인지 이해하기가 어렵습니다. 있으면 있는 것이고, 없으면 없는 것인데, 어째 있는 것도 아니고 없는 것도 아니라고 하는 것인지 어렵습니다. “유(有)도 아니고 무(無)도 아니며, 생(生)도 아니고 사(死)도 아니다.”라는 말도 합니다. 이것은 모두 마음이 지은 것이라는 말입니다. 실체가 없다는 말입니다. 실체가 있다면 유(有)는 유(有)고, 무(無)는 무(無)입니다. 생(生)은 생(生)이고 사(死)는 사(死)입니다. 그러나 실체가 없다면 말이 달라집니다. 유가 무가 될 수도 있고, 무가 유가 될 수도 있습니다.

유(有)일 때도 있고, 무(無)일 때도 있습니다. 그러면 이것을 유(有)라고 불러야 할지, 무(無)라고 불러야 할지 명확하지가 않습니다. 시작이 있으면 끝이 있습니다. 끝은 시작이 있기에 있는 것입니다. 시작이 있으면 끝이 있고, 시작이 없으면 끝이 없습니다. 유시유종, 무시무종(有始有終, 無始無終)이라고 합니다. 그렇다면 시작은 있을 수도 있고, 없을 수도 있습니다. 시작을 하면 시작이 있고, 시작을 하지 않으면 시작이 없습니다. 시작이 있으면 끝이 있고, 시작을 하지 않으면 끝이 없습니다.

연애를 해서 결혼으로 이어지는 경우가 있고, 연애를 해서 이별로 이어지는 경우도 있습니다. 이별을 하려면 연애를 해야 합니다. 연애(戀愛)를 하지 않으면 이별(離別)도 할 수 없습니다. 어떤 연예인은 이별을 하고 싶다고 합니다. 연애를 하지 않으니 이별도 할 수 없다는 것입니다. 시작이 없으니 끝이 없는 것입니다. 시작을 하면 이별할 수 있지만 시작을 하지 못하는 것입니다.

있는 것도 아니고, 없는 것도 아니라는 말은 시작이 없으면 끝도 없으니 있는 것도 아니고, 시작이 있으면 끝도 있으니 없는 것도 아니라는 말입니다. 시작과 끝은 엄밀히 말하면 있는 것도 아니고, 없는 것도 아닌 것입니다. 내가 시작하면 있는 것이고, 시작하지 않으면 없는 것입니다. 그래서 사람의 선택에 달린 것이지, 시작과 끝이 독자적으로 있는 것은 아닙니다. 내가 시작하면 끝이 있고, 시작하지 않으면 끝은 없습니다. 내 결정에 달린 것이지 독립적으로 존재하는 시작과 끝은 없습니다. 즉, 실체를 가진 시작과 끝은 없다는 것입니다. 결국 내 마음에 달린 것입니다. 마음을 먹으면 있고, 마음을 먹지 않으면 없습니다. 지공 화상도 《대승찬》에서 "있고 없음은 내 스스로 만든 것이다(有無我自能爲)."라고 하였습니다.

있음이 있으면 그 반대편에 없음이 있는 것이고, 없음이 있으면 그 반대편에 있음이 있는 것입니다. 동(東)이 있으면 서(西)가 생기는 것이고, 동(東)이 없으면 서(西)도 없습니다. 동쪽의 반대쪽이 서쪽이므로 동쪽이 없으면 서쪽도 없습니다. 해는 동쪽에서 뜨는데 어찌 동쪽이 없느냐고 하겠지만 내가 서 있는 곳을 기준으로 동쪽이라고 하므로 나보다 더 동쪽에 있는 사람 입장에서는 내가 서 있는 곳이 서쪽이 되는 것입니다. '나'라는 기준, '다른 사람'이라는 기준이 없으면 동서남북(東西南北)도 없는 것입니다. 시간도 그리니치(Greenwich) 천문대의 본초 자오선(本初子午線)을 기준으로 시간을 정하고 있습니다. 그래서 지공 화상도 "있지 않음과 없지 않음은 둘이 아니며, 있고 없음은 망심이 세운 이름이라 하나가 부서지면 다른 하나도 있을 수 없다(非有非無不二 有無妄心立號 一破一箇不居)."고 하였습니다.

그래서 "있는 것도 아니고, 없는 것도 아니다."라는 말은 독자적(獨自的)으로 존재(存在)하는 실체(實體)가 없다는 말입니다. 그래서 이것을 공(空)이라고도 하고, 연기(緣起)라고도 합니다. "이것이 있으므로 저것이 있고, 저것이 있으므로 이것이 있다."는 것입니다. 이것이 원인(原因)이 되어서 저것이 생기는 것이고, 저것이 원인(原因)이 되어서 이것이 생기는 것이므로 서로 의존 연결(依存 連結)되어 있다는 말입니다. 그래서 세상사는 모두 의존 연결되어 있고 독자적으로 존재하는 것은 없다는 말입니다. '너'가 없는 '나'는 없고 '나'가 없는 '너'도 없습니다. 만물은 모두 의존해서 존재하고, 평등한 것입니다. 그래서 나만 있는 것도 아니고, 너만 있는 것도 아닙니다. 네가 있어서 나도 있고, 내가 있어서 너도 있는 것입니다. 만물은 실체가 없이 서로 의존한다는 말입니다.

'동체대비(同體大悲)'라는 말이 있습니다. 부처는 중생과 자신이 같음을 보고 중생의 고통을 자신의 고통으로 여기는 대자비심(大慈悲心)을 일으키므로 이것을 동체대비라고 합니다. 유마거사(維摩居士)가 말한 "중생이 아프니 나도 아픈 것"입니다. 자타불이(自他不二)도 같은 말입니다. 나만 있거나, 너만 있는 것이 아닙니다. 인도의 성자 라마 크리슈나(Rama Krishna)는 "삶의 가장 지고한 목표는 사랑을 키우는 것이다."라고 하였습니다. 라마나 마하르시(Ramana Maharshi)도 "다른 사람에게 베푸는 것은 자기 자신에게 베푸는 것이다."라고 하였습니다. 너와 나는 운명공동체(運命共同體)입니다. 연기라는 그물로 연결되어 있는 것입니다. 이것이 공(空)과 연기(緣起)의 의미입니다. 그리고 이것이 있는 것도 아니고, 없는 것도 아닌 것의 의미입니다.

아상

달마 대사는 혜가 스님에게 마음이 고통스러우면 그 마음을 가져오라고 합니다. 그 마음을 가져오면 편하게 해 주겠다는 것입니다. 달마 대사가 마음을 가져오라고 한 것은 마음이 공하다는 것을 가르쳐 주기 위한 것입니다. 마음은 허공과 같아서 허공을 편안하게 해 줄 수는 없습니다. 또한 번뇌도 허공과 같아서 허공을 끊을 수 없습니다. 그러면 생각은 어디서 왔을까요? 티베트 수행 요결에서는 질문을 하라고 합니다. 생각이 일어날 때 자신에게 "이 생각은 어디에서 왔는가? 어디에 머무는가? 어디로 가는가?"라고 물으라는 것입니다. 그러면 생각이 공한 것임을 알게 된다는 것입니다.[99] 생각이 공한 것임을 알면 생각에 고통받지 않습니다. 지공 화상도 "생사가 꿈같은 줄 깨닫게 되면 일체의 구하려는 마음을 쉬게 된다(覺悟生死如夢 一切求心自息)."라고 하였습니다.

《금강경》에서도 "일체 만물은 공하다(凡所有相 皆是虛妄)."고 하였습니다. 우리가 고통받을 때 고통을 받는 것은 아상(我相), 즉 내가 지은 망상, 나에 대한 집착입니다. 아상이 없으면 고통받지 않습니다. 우리의 집착이 고통을 받는 것이지 마음이 고통을 받는 것은 아닙니다. 마음은 공하기 때문입니다. 집착을 버리면 고통도 없습니다. 집착이 가짜 마음, 즉 나(我)라는 것에 붙은 것이 아상입니다. 왜냐하면 진짜 마음은 공한 것이므로 실체가 없기 때문입니다. 그러므로 마음은 고통을 받을 수가 없습니다. 고통받는 것은 가짜 마음입니다. 지그문트 프로이트(Sigmund Freud)도 "자아는 자신의 집에서 주인이 아니다."라고 하였습니다.

마음이 있고, 번뇌가 있고, 생각이 있다는 집착이 사람을 묶는 것입니다. 집착이라는 밧줄이 번뇌입니다. 생각, 집착, 마음이 공함을 알면 그것은 편안하게 할 수도, 끊을 수도 없는 것임을 알게 됩니다. 허공을 어찌 편안하게 할 것이며, 허공을 어찌 끊을 수 있겠습니까? 공의 지혜가 집착, 욕망이라는 번뇌를 태우고 인간을 자유롭게 합니다. 걱정하고 있는 사람은 가짜 밧줄에 묶여 있는 사람입니다. 자신이 가짜 밧줄에 묶여 있는지도 모릅니다. 자신을 묶고 있는 밧줄을 자신이 풀 수 있는 밧줄이라는 것을 안다면 더 이상 가짜 밧줄에 묶여 있지 않을 것입니다. 번뇌가 가짜 밧줄인 것을 아는 것이 공의 지혜인 것입니다.

사람은 번뇌라는 가짜 밧줄에 묶여 있는 것입니다. 공이라는 불길이 번뇌라는 가짜 밧줄을 태울 수 있습니다. 지공 화상도 "번뇌는 마음으로 인해 생기는 것이므로 마음이 없다면 번뇌도 머물 곳이 없다(煩惱因心有故 無心煩惱何居)."라고 하였습니다. 집착이라는 밧줄이 가짜임을 안다면 더 이상 가짜 밧줄에 묶여 있지 않을 것입니다. 마음도 공하고, 집착도, 욕망도, 번뇌도 모두 공한 것입니다. 그래서 달마 대사가 "깨치면 꿈이 없고, 꿈이면 깨침이 없다(覺時無夢 夢時無覺)."라고 한 것입니다.

《금강경》에도 "아상이 있으면 보살이 아니다(有我相 人相 衆生相 壽者相 卽非菩薩)."라고 합니다. 자기라는 욕심, 자기 것이라는 욕심이 있으면 보살이 아니라는 말입니다. 욕심을 버리고 마음이 가난해져야 보살이라는 말씀입니다. 그래서 방거사(龐居士)도 "단지 온갖 있는 바를 비우기를 원할지언정, 온갖 없는 바를 채우려고 하지 말라(但願空諸所有 愼勿實諸所無)."라고 하였습니다. 아상을 일으키지 않으면 번뇌도 없습니다(但能不起吾我 涅槃法食常飽). 감산 덕청(憨山 德淸) 스님은 《장자내편주(莊子內篇註)》에서 "자아에 집착하면 큰 도가 훼손된다(固執爲我 故大道虧損多矣).", "소요하는 성인은 먼저 반드시 자기를 잊는다(故逍遙之聖人 先必忘己)."라고 하였습니다.[100] 아상이 괴로움을 만든다는 말입니다. 우리를 묶고 있는 아상이라는 밧줄을 공이라는 지혜의 불길로 태우면 온갖 구속에서 자유로워질 수 있습니다.

제6장

산은 산, 물은 물

생각의 블랙홀

'화두(話頭)'라는 말이 있습니다. 글자의 의미는 말머리라는 뜻입니다. 화두란 생각 이전에 무엇이 있었는지를 찾는 것입니다. "염불하는 자가 이 누구인가?(念佛者是誰)"라는 화두가 있습니다. 염불 수행을 하는 사람이 있는데, 염불하는 입이 아니라, 입이 염불을 하도록 시킨 것이 무엇인가 하는 것입니다. 아무 생각도 하지 않을 때 '나'라는 존재, 염불을 하도록 시킨 그것은 어디에 있느냐 하는 것입니다. 한 생각도 일어나기 전에 '나'는 어디에 있는 것일까요? 한 생각도 일어나지 않았으므로 '나'라는 것도 없는 것이 아닐까요?

나라는 존재는 생각이 일어나면 같이 일어나는 존재인 것입니다. 한 생각도 일어나기 전에 나도 인식하기 어려울 것입니다. 왜냐하면 생각이 있어야 나도 일어나기 때문입니다. 반대로 생각이 없으면 나도 없는 것입니다. 데카르트(Descartes)는 말했습니다. "나는 생각한다, 고로 나는 존재한다(Cogito, ergo sum)." 데카르트는 모든 것은 의심해도 의심하고 생각하고 있는 나의 존재는 의심할 수 없으므로 "나는 생각한다, 고로 나는 존재한다."라고 한 것입니다. 그러나 불교에서는 생각으로 인해 '나'가 존재하게 된다고 합니다. 데카르트도 내가 모든 생각을 멈출 때 내가 완전히 사라진다는 것도 가능하다는 것을 인정하고 있습니다. 데카르트는 의심할 수 없는 생각하는 '나'가 있으므로 내가 존재하고, 그 나의 존재를 가능하게 해 주는 것은 신이라고 합니다. 즉, 신이 생각하는 '나'를 존재하게 한다는 것입니다. 그러나 입증 불가능한 신의 존재를 입증하지 않더라도 생각 이전에 '나'는 있을 수 없으므로 나는 생각으로 인해 생성된다는 것은 명확합니다.

우리가 생각하지 않는다면, 생각하는 능력을 상실하였다면 나라는 존재를 인식하기 어려울 것입니다. 그러므로 "염불하는 자가 누구인가?"라는 화두는 생각 이전의 상태로 돌아가라는 것입니다. 생각 이전에 무엇이 있을까요? 생각 이전은 깨달음의 영역이고, 데카르트에 의하면 신의 영역일 것입니다. 인간이 꿈꾸는 인간을 초월하는 영역이 될 것입니다. 인간의 굴레를 벗고 자유를 찾는, 신을 찾는 영역일 것입니다. 그러므로 화두는 깨달음으로 가는 길, 신으로 가는 길이 될 것입니다. 염불도 또한 같습니다. 염불 삼매에 들면 나도 잊어버리게 됩니다. 나를 초월한 경지에 들어가는 것입니다.

세상의 번뇌는 모두 나로부터 나오는 것입니다. 불교에서는 나로부터 세계가 나온다고 합니다. 한 생각도 없을 때 나는 없는 것이며, 나를 넘어서게 되는 것입니다. 내가 누구인가를 깨달으면 깨달음의 문을 연 것입니다. 나는 생각으로 인해 생긴 것입니다. 그러므로 나는 피동적인 것입니다. 화두는 만 가지 생각을 빨아들이는 블랙홀(Black hole)입니다.

만 가지 생각이 화두에 빨려 들어가 한 생각도 하지 않게 되는 것입니다. 살면서 한 생각도 하지 않고 살기는 어려운 일입니다. 하루에도 수만 가지 생각이 왔다 가기 때문입니다. 어느 스님이 운문 스님에게 물었습니다. "한 생각조차 일으키지 않아도 허물이 있겠습니까?" 운문 스님이 대답했습니다. "수미산"(僧問雲門 不起一念還有過也無 門云 須彌山). 한 생각도 일으키지 않는다는 생각을 일으키는 것도 수미산처럼 큰 허물입니다. 생각하지 않겠다고 하는 것도 생각입니다. 현대인은 생각을 쉬고 싶어 합니다. 만 가지 생각을 쉬게 하는 방법은 생각 이전의 상태로 들어가는 것입니다. 마치 호랑이를 잡으려면 호랑이 소굴로 들어가는 것과 같습니다. 호랑이는 생각이며, 호랑이 소굴이 화두인 것입니다. 생각이라는 호랑이를 잡기 위해서는 호랑이 굴이라는 화두로 들어가야 합니다. 그러면 생각이라는 호랑이를 잡을 수 있습니다. 생각을 블랙홀로 집어넣는 것입니다. 생각과 생각 사이로 들어가는 것입니다. 호흡과 호흡 사이로 들어가는 것입니다. 그곳이 '진정한 나'가 사는 곳입니다.

대도무문

미진수(微塵數)라는 숫자가 있습니다. 미진수는 물질을 분석하여 더 이상 나눌 수 없는 극소 단위, 즉 셀 수 없는 무한수를 뜻합니다. 미진수 세계는 티끌의 수와 같이 한량없이 많은 세계를 말합니다. 인간의 번뇌도 미진수요, 세상도 미진수입니다. 연구를 많이 한 과학자일수록 겸손해진다고 합니다. 왜냐하면 극한에 가면 갈수록 더 이상 실체를 파악할 수 없고 오리무중(五里霧中)이기 때문입니다. 오리무중은 5리(2㎞)가 안개에 덮여 있다는 말입니다. 즉, 앞이 보이지 않는다는 말이지요. 안개가 헤아릴 수 없을 정도로 많기에 오리무중입니다.

오리무중일 때는 바르게 조심스럽게 한 발, 한 발 나아가면 됩니다. 그렇게 한 발 한 발 나아가다 보면 밝은 길이 나옵니다. 그러면 그 길로 나아가면 됩니다. 대도무문이라는 말이 있습니다. "큰길에는 문이 없고 천 갈래의 길이 있다. 이를 깨달으면 세상에 당당히 걸을 수 있다(大道無門, 千差有路, 透得此關 乾坤獨步)."《무문관》이라는 책에 나오는 말입니다. 목적지에 도달하는 데 문이 하나밖에 없는 것은 아닙니다. 천 갈래의 길이 있습니다. 서울로 가는 데 고속도로도 있고, 국도도 있고, 걸어가는 길도 있습니다. 길이 하나밖에 없다고 생각한다면 그 길이 막히면 목적지에 도달할 수 없습니다.

난관에 부닥쳤을 때 전혀 생각지도 못한 곳에서 해결책이 나타나기도 합니다. 길은 천 가지가 넘습니다. 내가 믿는 한 가지에 집착하면 나머지 999개의 길을 놓치게 되는 것입니다. 생각도 내 생각만 맞는 것이 아닙니다. 사람의 생각은 천 가지가 넘습니다. 각자에게는 각자의 생각이 있습니다. 내 생각만 맞다고 주장한다면 999개의 생각을 놓치는 것입니다.

어려움이 닥쳤을 때 천 가지가 넘는 해결책이 있다면 자포자기하지 않을 것입니다. 내가 생각하는 한 가지는 천 가지 중의 하나일 뿐입니다. 오리무중의 길에서는 똑바로 걸어가면 됩니다. 갈지자로 걸으면 자신이 어디서 출발했는지도 모르고 길을 잃어버리기 쉽습니다. 오리무중의 세상일수록 바르게 살아가야 합니다. 그러면 큰 길이 나타날 것입니다. 내가 원하는 목적지에 가장 빠르게 도착할 수 있는 길을 올라탈 수 있습니다. 뒤에 오는 사람들도 뒤따라올 수 있게 됩니다. 바른길을 묵묵히 걸어가는 것이 오리무중의 세상을 사는 지혜입니다. 그 길이 당당히 걸어갈 수 있는 대도무문의 길입니다.

눈은 가로, 코는 세로

고봉(高峯) 선사가 지은 《선요(禪要)》라는 책에 보면 학인이 고봉 선사에게 "제 허물이 어디에 있습니까?"라고 묻자, 고봉 선사가 "상주는 남쪽이요, 담주는 북쪽이다(學人過在甚麼處 師云湘之南潭之北)."라고 대답합니다. 상주는 양자강 남쪽에 있고, 담주는 양자강 북쪽에 있다고 합니다. 어쨌든 사람의 허물을 가리키는 것은 바람직하지 않습니다. 누가 나에게 자신의 허물이 무엇이냐고 묻는다면 답변하기가 곤란할 것입니다. 내가 그 사람의 허물을 말하면 그 사람과 계속 좋은 관계를 유지하기 어려울 것이고, 허물을 말하지 않는다면 좋은 관계를 유지할 수 있을 것입니다. 그 사람의 허물을 말하지 않는다고 관계가 틀어지지는 않습니다. 오히려 허물을 솔직하게 이야기했다가 관계가 심하게 틀어지는 경우도 있습니다.

세상에 허물이 없는 사람은 없습니다. 그러므로 허물이 있다고 부끄러워할 것은 아니지만, 누군가로부터 허물을 지적받는다면 얼굴이 붉어질 것입니다. 그럴 때는 "대전은 남쪽에 있고, 파주는 북쪽에 있다."라고 말해도 좋을 것입니다. 즉, 허물 없는 사람이 없다는 말입니다. 이 말을 돌려서 하는 것입니다. 그래서 서로 얼굴을 붉히지 않고 웃을 수 있는 것입니다. 화내면 허물을 고칠 수 없지만, 웃으면 허물을 고칠 수 있습니다. 허물을 고칠 수 있는 사람은 오직 자신밖에 없습니다. 자신이 허물을 고칠 의사가 있어야 허물을 고칠 수 있습니다. 누군가가 허물을 고치라고 한다고 해도 자신의 의지 없이는 허물을 고칠 수 없습니다. 어떤 경우는 자신의 의지가 있어도 그 의지가 매우 강하지 않다면 허물을 고칠 수 없을 수도 있습니다. 마치 담배를 끊는 것과 같이 독한 결심이 필요한 경우도 있을 것입니다.

그러면 허물은 왜 생기는 것일까요? 서울에서 보면 대전은 남쪽에 있고 파주는 북쪽에 있습니다. 당연한 이야기입니다. 당연한 것을 당연히 보지 못하기 때문에 허물이 생기는 것입니다. '안횡비직(眼橫鼻直)'이라는 말이 있습니다. "눈은 가로로 있고, 코는 세로로 있다."라는 말입니다. 일본의 도겐(道元) 선사가 송나라에 가서 스승의 인가를 받고 귀국하였습니다. 스님들이 물었습니다. "중국에 가서 무엇을 깨달았습니까?" 도겐 선사는 "안횡비직(頂天脚地眼橫鼻直 飯來開口睡來合眼)."이라고 하였습니다. 당연한 것을 배우고 온 것입니다. 눈이 세로이고, 코가 가로면 얼마나 괴롭겠습니까? 눈이 가로이고, 코가 세로이니 얼마나 행복한 일입니까? 지금 우리가 가진 것이 행복인 것입니다. 사람은 누구나 허물을 가지고 있습니다. 당연한 것을 당연하게 안다면 허물을 고칠 수 있습니다. 당연한 것을 알면 행복할 수 있습니다. 그러나 자신은 허물이 하나도 없다고 생각한다면 허물을 고칠 수 없습니다. 서울을 기준으로 부산은 남쪽이고 철원은 북쪽입니다. 이것을 당연하다고 생각한다면 허물을 고칠 수 있습니다. 당연한 것이 행복입니다.

진리를 진리로 받아들이는 것이 용기이고, 지혜입니다. 진리를 진리라고 인정하지 않는다고 해서 진리가 진리가 아닌 것으로 되지 않습니다. 누가 진리를 물으면 "부산은 남쪽이요 철원은 북쪽"이라고 하면 됩니다. 그러면 망상이 떠오르지 않을 것입니다. 진리를 진리로 받아들이지 않으니, 망상이 떠오르는 것입니다. 세상 만물은 영원하지 않습니다. 그러나 그것을 그대로 받아들이기가 어렵습니다. 나는 영원히 살고 싶고, 내 가족도, 내 재산도 영원하기를 바랍니다. 그래서 "나는 나대로 영원히 살겠다."라고 할 때 번뇌가 생깁니다.

당연한 것을 당연하게 받아들이면 행복할 수 있습니다. 살 수 있어서 행복하고, 죽을 수 있어서 행복한 것입니다. 그 반대가 불행입니다. 아무리 생각하고 노력한다고 해서, 부산이 북쪽이 되고, 철원이 남쪽이 되지는 않습니다. 생각과 망상이 번뇌와 고통을 만드는 것입니다. 있는 것을 있는 그대로 받아들여서 생각과 망상이 떠오르지 않는 것이 진리이고 지혜입니다. 황벽 스님도 "무심할 수만 있다면 그것이 완전한 깨달음이고, 망상 분별 때문에 갖가지 업과 과보를 짓는다(但能無心 便是究竟 祗爲妄想分別 造種種業果)."라고 하였습니다. 하늘은 푸르고, 바다도 푸릅니다. 그것을 받아들일 수 있는 것이 허물이 없는 것이고, 행복한 것입니다. 어린이는 바다를 보면 “바다다.” 하고 좋아합니다. 그것이 허물이 없는 것이고, 행복입니다.

날마다 좋은 날

어느 날 한 스님이 조주(趙州) 스님을 찾아와서 말했습니다. "스님, 오래전부터 조주의 돌다리라고 유명해서 막상 찾아와 보니 조그만 외나무다리밖에 없네요." 조주 스님이 대답했습니다. "그대는 조그만 외나무다리만 보았지, 진짜 돌다리는 보지 못하는구나." 그러자 스님이 물었습니다. "무엇이 조주의 돌다리입니까?" 조주 스님이 말했습니다. "나귀도 건너고, 말도 건너지."(僧問趙州 久響趙州石橋 到來只見略彴 州云 汝只見略彴 且不見石橋 僧云 如何是石橋 州云 渡驢渡馬) **101** 조주 스님은 "나의 다리는 당나귀도 건너고, 말도 건너갈 수 있는 다리인데, 그대는 왜 건너가지 못하느냐?"라고 말하는 것입니다. 돌다리니, 나무다리니 하는 분별심을 내려놓고 불법의 세계로 건너오라는 것입니다.

그 스님은 조주의 돌다리가 있는데 왜 분별의 세계에 남아서 돌다리를 건너 진리의 세계로 가지 못하는 것일까요? 바로 조주의 돌다리를 건너면 진리의 세계로 들어갈 텐데 말입니다. 그 이유는 믿지 못해서입니다. 믿지 못하고 구하기 때문입니다. 《유마경》에도 "만약

법을 구하는 자는 일체법에 있어서 구할 바가 없다(若求法者 於一切法 應無所求).”라고 하였습니다. 순자는 “절름발이 자라는 목적지에 도착하고, 여섯 마리 준마가 목적지에 도착하지 못하는 이유는 한쪽은 실행하고 다른 한쪽은 실행하지 않았기 때문이다. 도에 이르는 길은 비록 가깝지만 행하지 않으면 이르지 못한다(跛鼈致之 六驥不致 是無他 故焉 或爲之或不爲爾 道雖邇 不行不至).”라고 하였습니다.

부처님의 말씀은 사바세계에서 진리의 세계로 들어가는 문입니다. 문 앞에서 서성대지 말고 진리의 세계로 들어가야 하는데 마음을 내려놓지 못하는 것입니다. 진리의 세계가 눈앞에 있으면 진리의 세계로 들어가는 돌다리를 건너야 합니다. 당나귀도 건너고, 말도 건너는데, 인간이 어찌 건너지 못하고 두려워하겠습니까? 조주의 돌다리를 건너면 진리의 세계로 들어가는 것입니다. 앞선 성현들의 말씀들이 조주의 돌다리가 되니 이를 믿고 나아가면 됩니다. 분별과 차별을 놓아 버리고, 잘남과 성냄을 벗어 버리면 됩니다.

나옹(懶翁) 선사는 “청산은 나를 보고 말없이 살라 하네, 창공은 나를 보고 티 없이 살라 하네, 탐욕도 벗어 놓고 성냄도 벗어 놓고 물처럼, 바람처럼 살다 가라 하네.”라고 하였습니다. 잘남과 성냄, 분별과 차별을 벗어 놓는 것이 바로 진리의 세계로 가는 길입니다. 《금강경》에 아상, 인상, 중생상, 수자상을 벗으라고 합니다. 아상, 인상이 너와 나를 분별, 차별하는 것이고, 중생상, 수자상은 잘남과 성냄을 하지 않는 것입니다. 부처의 눈에는 부처만 보이고, 중생의 눈에는 중생만 보입니다. 부처의 눈에는 조주의 돌다리가 보이고, 중생의 눈에는 작은 외나무다리만 보이는 것입니다. 분별과 불신의 외나무다리를 볼 것이 아니라 무분별과 진리로 가는 조주의 돌다리를 보아야 합니다.

어느 스님이 석두(石頭) 스님에게 물었습니다. "어떤 것이 열반입니까?" 석두 스님이 대답합니다. "누가 너에게 생사를 주었느냐?" 받지도 않은 생사를 가지고 고민합니다. 또 묻습니다. "어떤 것이 해탈입니까?" "누가 너를 묶었느냐?" 아무도 묶지 않았는데 스스로 벗어나려고 하고 있습니다. 운문 스님이 법좌에 올라 말했습니다. "보름 전의 일은 묻지 않겠으니 보름 후의 일에 대해 말해 보라." 아무런 답이 없자, 스스로 답하기를 "매일매일이 좋은 날이다."라고 하였습니다(雲門垂語云 十五日以前不問汝 十五日以後道將一句來 自代云 日日是好日). 반산 보적 스님(盤山 寶積)은 고기를 사려는 사람이 상인에게 "좋은 고기를 주시오."라고 하자 상인이 "우리 가게에는 좋은 고기밖에 없습니다."라고 하는 말에 깨달았다고 합니다. 좋다, 싫다는 분별과 차별에 눈을 가려서 보지 못할 뿐입니다. 눈앞에 핀 꽃이 제일 아름답고, 오늘이 제일 좋은 날입니다. 매일매일 좋은 날밖에 없습니다. 오늘도 좋은 날 되소서.

짚신이 부처

"짚신시불"이라는 이야기가 있습니다. 스승이 "즉심시불(卽心是佛, 마음이 부처다)"이라고 한 말을 "짚신시불(짚신이 부처다)"로 잘못 알아듣고, 짚신시불을 화두로 삼아 참선해서 깨달았다는 이야기입니다. 어찌 짚신만 부처이겠습니까? 이 세상 만물이 모두 부처입니다. 소동파는 "시냇물 소리는 부처님의 설법이고, 청산은 부처님의 청정한 법신(溪聲便是長廣舌 山色皆非淸淨身)"이라고 했습니다. 시냇물도 설법을 하고, 청산도 설법을 하는데, 짚신은 어찌 설법을 하지 않겠습니까? 짚신을 가만히 들여다보면 만물의 이치가 들어 있습니다. 짚신은 사람의 가장 낮은 자리에 위치해서 사람이 다치지 않게 합니다. 가장 낮은 자리에서 온통 더러운 것을 보지만 불평불만을 하지 않습니다. 오직 사람들을 위해서 일합니다.

자신의 역할을 다하면 다시 돌아 자신이 온 곳으로 돌아갑니다. 짚이 신발이 되었으니 크게 성공한 것입니다. 다시 자연으로 돌아가니 그야말로 금의환향입니다. 아무런 역할도 하지 못하고 사라지는 짚이 얼마나 많습니까? 짚신은 큰 역할을 하고 자연으로 돌아갑니다. 모두가 싫어하는 자리에서, 모두가 싫어하는 돌부리, 진흙탕을 밟고 넘어서 자신의 한 몸을 바칩니다. 짚신이 제 역할을 다하고 나면 주인은 짚신의 공덕을 치하하게 됩니다. 인생살이와 똑같습니다. 남들이 하기 싫은 일, 하기 싫은 자리에서 묵묵히 자신의 소임을 다하게 되면 누구나 그 공덕을 찬탄하지 않을 수 없습니다. 짚신처럼 살면 누구나 부처가 됩니다.

짚신처럼 남을 위해 사는 것이 부처님의 자비입니다. 낮은 자리를 찾아서 아무도 가지 않으려는 낮은 자리로 가는 물의 지혜와 같습니다. 물은 낮은 곳으로, 낮은 곳으로 흘러서 자신은 낮추고 다른 것을 높여 줍니다. 그래서 평등하게 합니다. 그래서 노자는 "최고의 선은 물과 같다(上善若水).", "물은 만물을 이롭게 하지만 다투지 않고, 모든 사람이 머물기 싫어하는 곳에 머물기 때문에 도에 가깝다(水善利萬物而不爭 處衆人之所惡 故幾於道)."라고 하였습니다. 그래서 짚신이 도에 가까운 것입니다. "짚신시불", 짚신이 곧 부처인 것입니다. 하심(下心)이 곧 부처인 것입니다. 하심은 사랑입니다. 어려운 문제가 생겼을 때, 사는 게 무엇인지 의문이 들 때, 짚신이 곧 부처임을 떠올리고, 마음을 낮추면 문제가 없어질 수 있을 것입니다. 《법구경》에도 "비록 천 마디의 글을 외우더라도, 단 한마디의 의미있는 말을 들어서 편안함을 얻은 만 같지 못하다."라고 하였습니다.

맹자도 양혜왕(梁惠王)에게 "인의(仁義)가 있는데 어찌 이익(利)을 말하느냐?"라고 하면서 "사람들이 서로에게 이익을 취하려 한다면 나라가 위태로워질 것(王何必曰利 有仁義而已矣 上下交征利 而國危矣).” 이라고 경고하였습니다. 내 이익, 내 욕심을 내려놓으면 부처가 되는 것입니다. 남들이 하기 싫은 것을 찾아 하면 도와 가깝게 되는 것입니다. 내려놓을수록, 낮은 곳에 거할수록 도와 가깝게 되는 것입니다. 영국의 시인 윌리엄 워즈워스는 “지혜는 우리가 몸을 곧추세울 때보다 굽힐 때 가까이 있는 경우가 더 많다.”라고 하였습니다. 《성경》에 “낮은 곳으로 임하소서.”라는 말이 있듯이, 도는 높은 곳이 아니라 낮은 곳에 있습니다. 먼 곳이 아니라 가까운 곳에 있습니다. 짚신처럼 낮고, 가까이에 있습니다. 짚신이 부처입니다. 낮은 자리에서 남몰래 선행하는 사람이 부처입니다.

지금이 그때

임제 스님의 말씀 중에 "즉시현금 갱무시절(卽是現今 更無時節)"이라는 말이 있습니다. 즉시 현금을 달라는 말이 아니고, "지금이 그때이고 다시 그 시절은 없다.", "바로 지금 여기일 뿐, 다른 좋은 시절은 없다."라는 말입니다. 지금이 가장 좋은 때라는 뜻입니다. 법정 스님이 좋아하셨다는 말씀입니다. 사람들은 때를 기다립니다. 성공하는 때, 시험에 합격하는 때, 집 사는 때, 아이가 대학에 들어가는 때를 기다리고 삽니다. 그러나 지금이 없으면 그때는 없습니다. 오늘이 없으면 내일도 없습니다. 내일의 가치는 커 보이고 오늘의 가치는 작아 보이지만, 오늘이 없으면 내일도 없습니다. 지나간 일이 아쉬울 수 있지만 지금이 없으면 그때도 없습니다. 사람의 한평생이 따로 있는 것이 아니고, 지금 이때가 사람의 한평생입니다. 지금 그때가 아닌 시간은 없습니다. 그래서 임제 스님이 "지금이 그때"라고 하신 것입니다. 따로 그때는 없습니다. 지금 그때밖에 없습니다. 이곳보다 더 나은 그곳은 없습니다.

한 승려가 조주 스님에게 가르침을 구합니다. 조주 스님이 "죽은 먹었느냐?" 하니 승려가 "죽을 먹었습니다."라고 대답합니다. 조주 스님이 "발우를 씻었느냐?" 하니 그 승려가 깨달았다고 합니다. 죽을 먹는 것도 지금이요, 발우를 씻는 것도 지금입니다. 죽과 발우가 다르지 않습니다. 다르다고 생각하니 자꾸만 구하는 것입니다. 지금이 따로 있고, 깨달음이 따로 있는 것이 아닙니다. 지금이 바로 그때입니다. 그것을 깨달은 것입니다. 죽을 먹는 것이나, 발우를 씻는 것이나, 깨달음이나 같은 것입니다. 그 승려는 죽 따로, 발우 따로, 깨달음 따로 생각했던 것입니다. 죽 먹는 것도 도(道)요, 발우 씻는 것도 도입니다. 도가 아닌 것이 없습니다. 조주 스님은 승려에게 지금 하고 있는 것이 바로 도(道)임을 가르쳐 주신 것입니다. 달리 도가 없습니다. 분별할수록 도와 멀어지는 것입니다. 밥이 익었으면 밥을 먹으면 되는데 계속 밥을 하는 것입니다. 그것이 구하는 마음입니다.

황벽 스님도 "중생은 모양에 집착하여 밖에서 부처를 구하기 때문에 부처와 멀어지고, 마음을 쉬고 생각을 잊어버리면 부처는 눈앞에 나타난다(衆生著相外求 求之轉失 息念忘慮 佛自現前)."라고 하였습니다. 지금이 바로 그때입니다. 지금이 바로 깨달음의 순간입니다. 《금강경》에 "부처님께서 탁발을 마치고 처소로 돌아와서 공양을 마치신 후 발우를 거두고 발을 씻은 후 자리를 펴고 앉으셨다(次第乞已 還至本處 飯食訖 收衣鉢 洗足已 敷座而坐)."라는 구절이 나옵니다. 여기에 부처님의 가르침이 모두 들어 있다고 합니다. 부처님이 탁발을 마치고 돌아와서 공양을 마치신 후 발우를 거두고, 발을 씻은 후 자리를 펴고 앉는 것이 불법을 보여 주신 것이라는 말입니다.

부처님은 아무런 생각도, 분별도 하지 않습니다. 그저 마음을 쉬고, 생각을 잊어버리고, 공양을 하고, 발우를 거두고, 발을 씻고, 자리를 펴고 앉으신 것입니다. 조주 스님이 말씀하신 대로 공양을 드시고, 발우를 씻은 것입니다. 공양을 드시는 것이 도요, 발우를 씻는 것이 도입니다. 지금 그때가 도입니다. 무심이 도인 것입니다. 달리 도가 없습니다. 공양을 드시는 것이 더 중요하고, 발우 씻는 것이 덜 중요하지 않습니다. 공양을 드시는 것이나, 발우를 씻는 것이나, 가르침이나 같습니다. 그래서 차별이 없습니다. 순간순간이 도인 것입니다. '즉시현금 갱무시절', 지금이 바로 그때이고, 다른 시절은 없습니다.

마세근

'본래무일물(本來無一物)'이라는 말이 있습니다. 본래 하나의 물건도 없다는 말입니다. 세상 만물이 있는데, 왜 한 물건도 없는 것일까요? 그것은 일체 망상이 없으면 분별이 없고, 분별이 없으면 크고 작고, 가깝고 멀고, 이것도 저것도 없어지기 때문입니다. 망상을 깨면 본래무일물이라는 것입니다. 공이라는 말입니다(一切皆空). 망상은 상상의 빌딩을 짓는 것입니다. 어제 일어난 일을 가지고 빌딩을 짓습니다. "이렇게 했으면 어땠을까? 저렇게 했으면 더 잘되지 않았을까?" 하면서 성을 쌓았다 허물었다 합니다. 그러나 망상으로 지은 성은 어디에도 없습니다. 망상이 없으면 멀고 가까움도 없고, 옳고 그름도 없고, 시간도 없습니다.

어제라는 시간은 사람이 만들어 낸 시간입니다. 어제라는 시간이 어디에 있습니까? 어제를 가져올 수 있나요? 사람이 허공에 금을 그어 놓고 어제라고 하는 것입니다. 오직 지금 현재밖에 없습니다. 지나간 것은 환상입니다. 지금 현재 여기 이외에는 환상입니다. 인간이 지어 놓은 망상입니다. 지난 것(過去)을 놓아 버리면 잡을 것이 없습니다. 아직 오지 않은 것(未來)을 놓아 버리면 잡을 것이 없습니다. 심지어 현재도 잡을 수가 없습니다. 달마 대사가 구년면벽(九年面壁)을 해도 아무것도 얻을 것이 없습니다. 본래무일물(空)이기 때문입니다. 인간은 본래무일물에서 와서 본래무일물로 돌아갑니다. 과거와 미래를 놓아 버리면 본래무일물입니다. 그런데 가진 것이 없는데 가진 것이 있다고 생각하는 것입니다. 가진 것이 있다면, 태어날 때도 가지고 태어나고, 죽을 때도 가지고 돌아가야 합니다. 그러나 누구나 빈손으로 왔다가 빈손으로 갑니다. 본래 무일물이기 때문입니다.

눈에 보이는 형상은 영원하지 않습니다. 가지고 태어날 수도 없고, 가지고 갈 수도 없습니다. 이 몸도 그렇고, 내가 가지고 있는 것도 그렇습니다. 잠시 이용할 뿐이고 번개처럼 사라집니다. 마치 통장에 월급이 들어왔다가 번개처럼 사라지는 것과 같습니다. 그것은 내 것이 아닙니다. 그것을 잡을 수가 없습니다. 그것을 잡았다가 신용불량자가 됩니다. 그것은 내 것이 아니므로 내가 소유하려고 해서도 안 됩니다. 나를 거쳐 가는 것일 뿐입니다. 시간도 잡을 수 없습니다. 시간도 나를 거쳐 갑니다. 모든 것이 나를 거쳐 갈 뿐이고, 잡을 수 있는 것이 아닙니다. 마음을 잡을 수 있나요? 생각을 잡을 수 있나요? 잡을 수가 없습니다.

잡을 수 있다는 것은 망상, 망념일 뿐입니다. 인생도 잡을 수 없습니다. 나를 거쳐 흘러가는 것입니다. 본래무일물은 아무것도 없다는 것이 아니라 잡을 수 있는 것이 아무것도 없다는 뜻입니다. 나를 거쳐 흘러가는 것이므로 내 입장에서는 본래무일물입니다. 흘러가는 것, 잡을 수 없는 것은 본래의 나가 아닙니다. 잡을 수 없는 것을 잡으려고 하는 것을 번뇌, 고통이라고 합니다. 그래서 망상이 없고, 지혜가 있으면 잡을 수 있는 것은 없다는 것을 알게 됩니다. 잡을 수 없는 것을 잡으려고 하지 말고 제 갈 길을 가도록 하는 것을 지혜라고 합니다. 그래서 오고 가는 것이 인연임을 알고, 오는 인연 오게 하고 가는 인연 가게 해서 망상에서 벗어나는 것이 본래무일물입니다.

어느 스님이 동산 스님에게 묻습니다. "어떤 것이 부처입니까?" 동산 스님이 대답합니다. "마 세 근"(僧問 如何是佛 山云 麻三斤). 제자가 조주 스님에게 묻습니다. "만물이 하나로 돌아간다고 하는데 그 하나는 어디로 돌아갑니까?" 조주 스님이 대답합니다. "내가 청주에 살 때 무명옷을 지었는데 무게가 일곱 근이었지."(僧問趙州 萬法歸一 一歸何處 州云 我在青州 作一領布衫 重七斤)라고 하였습니다. 동산 스님도, 조주 스님도 망상을 짓지 않는 것이 부처이고, 본래무일물임을 가르쳐 주신 것입니다. 조선 시대 괄허 취여 스님도 "허깨비로 왔다가 허깨비로 떠나니 허깨비 속의 사람으로 오고 가는구나. 헛것 속에 헛것이 아닌 그것이 본래부터 있었던 나의 몸일세(幻來從幻去 來去幻中人 幻中非幻者 是我本來身)."[102]라고 하였습니다. 인연을 쉬고, 분별과 망상을 쉬고 남는 그것이 본래의 나, 본래무일물(無一物)입니다. 어디에도 얽매이지 않는 깨달음의 경지가 본래무일물입니다.

개구리와 연못

바쇼의 개구리에 관한 하이쿠가 있습니다. “오래된 연못, 개구리 뛰어드는 소리, 풍덩!(古池や蛙飛び込む水の音)”이라는 시입니다. 개구리에게서 눈을 뗄 수가 없습니다. 개구리가 물에 뛰어들기에 거기에 집중할 수밖에 없습니다. 그리고 ‘풍덩!’ 하는 소리와 함께 장면은 끝납니다. 초집중 상태입니다. 개구리가 뛰어들 것인가, 뛰어들지 않을 것인가? 긴장됩니다. 뛰어들면 언제 뛰어들 것인가? 숨죽이며 지켜보게 됩니다. 뛰어드는 순간 카메라 셔터를 눌러야 할 것입니다. 내 마음에도 그 순간은 저장해야 하므로 딴생각을 할 틈이 없습니다. 틈이 없으므로 완벽합니다. 틈이 있으면 완벽하지 않습니다. 너와 나 사이에도 틈이 없으면 완전합니다. 완전한 하나입니다. 좋은 영화는 숨 돌릴 틈이 없습니다. 숨 돌릴 틈 없이 몰아쳐서 손에 땀을 쥐게 하는 것입니다. 목 뒷덜미에 흐르는 땀을 닦으면 영화는 끝납니다. 감동이 물결 되어 흘러야 명화입니다.

그림도 보는 순간 빠져드는 그림이 있습니다. 이중섭 〈황소〉의 타는 듯한 석양빛의 붉은 바탕은 그 강렬함에 넋을 잃게 합니다. 반

고흐 〈밀밭에서 수확하는 사람〉의 바람에 흔들리는 밀밭의 황금색은 숨을 쉬지 못하게 합니다. 샤갈의 코발트색은 눈을 뗄 수가 없게 합니다. 이것이 완전함입니다. 온전히 대상에 집중하는 것, 자신과 대상이 하나가 되는 것이 물아일여(物我一如), 몰아(沒我)의 경지입니다. 신과 하나가 되는 것이고, 개구리와 내가 하나가 되는 것입니다. 밀밭도 없고, 황소도 없고, 이중섭도 없고, 고흐도 없고, 샤갈도 없고, 나도 없습니다. 춤추는 사람은 없고 춤만 남은 것입니다.

현재와 나 사이, 너와 나 사이에 틈이 없습니다. 완벽하게 하나가 되는 것입니다. 그것이 완전한 합일입니다. 그때 나도 없고, 너도 없게 됩니다. 합일의 순간은 '풍덩!' 하는 소리와 함께 깨집니다. '풍덩!' 하는 소리와 함께 현실로 돌아옵니다. 그러나 완전했던 순간은 영원한 것입니다. 개구리와 내가, 그림과 내가 하나 되었던 그 순간은 내 마음속에 그대로 있는 것입니다. 마조(馬祖) 스님의 건강이 좋지 않자 원주 스님이 마조 스님에게 물었습니다. "요즘 몸은 어떠신가요?" 마조 스님이 대답했습니다. "일면불 월면불"(馬大師不安 院主問 和尙近日尊候如何 大師云 日面佛月面佛). 낮에도 부처님, 밤에도 부처님, 늘 부처님과 함께 사는 것입니다. 망상 없이 지금 이 순간에 사는 것입니다. 틈이 없는 것입니다. 지금도 개구리가 오래된 연못에 뛰어들고 있습니다. 영원의 연못에 뛰어듭니다. 우리도 지금, 여기 영원의 연못에 함께 뛰어듭시다. 풍덩!

그 마음을 바쳐라

동국대 총장을 지낸 백성욱(白性郁) 박사는 "그 마음을 바쳐라."라고 합니다. 어떤 마음이 일어나면 그 마음을 부처님께 바치라는 말입니다. 일어나는 마음은 모두 환영이고 꿈입니다. 그러므로 일어나는 그 마음을 잡고 있으면 번뇌가 생기고 병이 생기는 것입니다. 그래서 마음이 일어나면 그 마음을 바치라고 하는 것입니다. 그 마음을 바치고 나면 나는 아무 마음도 가지고 있지 않습니다. 이것이 《금강경》에서 말하는 '응무소주(應無所住)', 아무것도 가지고 있지 않은 것입니다. 《금강경》의 '응무소주이생기심(應無所住 而生其心)', "아무것에도 머무르지 말고 그 마음을 내라."는 말은 "아무것도 붙잡지 말고 그 마음을 바쳐라."는 말과 같은 말씀입니다. 그 마음을 바치고 나면 나는 아무것도 붙잡고 있지 않게 됩니다.

이것저것 붙잡는 마음이 잡념이고 번뇌이고 집착입니다. 마음은 원래 공한 것인데, 이것저것 붙잡고 있으면 깨끗한 마음이 오염됩니다. 이러한 집착, 잡념, 번뇌를 모두 부처님께 바쳐 버리고, 무심한 마음을 가지면 번뇌에서 벗어날 수 있습니다. "걱정, 번뇌는 모두

저 흘러가는 강물에 흘려보내라."라는 말이 있습니다. 강물이나 부처님은 받은 것을 모두 그냥 흘려보내기 때문에 우리 중생같이 걱정이나 번뇌를 붙잡고 있지 않습니다. 우리도 올라오는 마음을 부처님께, 허공에, 흘러가는 강물에 바치게 되면 허공과 같이 자유로워지게 됩니다.

"이리로 갈까, 저리로 갈까, 이것이 옳은가, 저것이 옳은가, 이 사람이 옳은가, 저 사람이 옳은가?" 마음속에 다투게 되면 이것이 마음의 병이 됩니다. 승찬 스님도 《신심명》에서 "서로 다투는 마음이 마음의 병이 된다(違順相爭 是爲心病)."고 하였습니다. 그러므로 다투는 마음이 일어나면 이 마음을 부처님께, 허공에 바쳐야 합니다. 그러면 나는 아무것도 가지지 않은, 잡념과 번뇌를 가지지 않은 자유인이 되는 것입니다. '진인사대천명(盡人事待天命)'이라는 말이 있습니다. 자신의 일을 다한 다음에 천명을 기다리라는 말입니다. 사람은 사람의 일을 다하는 것이 중요한 것이지, 이것을 잘했느니, 못했느니 따지는 것은 사람의 일이 아닙니다. 그것은 하늘이 결정할 일입니다. 인간이 할 수 있는 것은 단지 최선을 다하고, 그 평가는 하늘이 하고, 허공이 하고, 부처님이 하는 것입니다.

그러므로 하늘에, 허공에, 부처님께 맡겨야 하는 것입니다. 내가 가지고 있다고 한들, 그것은 한낱 잡념, 번뇌에 불과합니다. 옳고 그름, 이득과 손실을 따지는 것은 번뇌의 시작입니다. 영원히 옳은 것도 없고, 영원히 틀린 것도 없습니다. 허공은 이해득실도 없고,

옳고 그름도 없습니다. 로마 제국도 무너졌고, 진시황도, 나폴레옹도 사라졌습니다. 단지 허공만 남아 있는 것입니다. 허공에 그들의 역사만 남아 있습니다. 모든 것은 허공으로 돌아가는 것입니다. 그러므로 허공에, 부처님께 일어나는 생각을 모두 바쳐야 하는 것입니다. 《법구경》에도 "만약 욕망과 근심이 쌓여 있다면 마치 처음부터 그것이 없었던 것처럼 여겨라."라고 하였습니다. 어떤 선사가 대중 앞에서 "이것은 주장자가 아니다. 그대들은 이것을 무엇이라고 부르겠느냐?"라고 물었습니다. 제자가 대중 앞으로 나와 그 주장자를 빼앗아 부러뜨리고 마당으로 던져 버렸습니다. 선사의 질문은 분별에 갇힌 질문입니다. 제자가 분별을 부수어 마당에 던져 버린 것입니다. 분별을 던져 버리고, 욕망과 근심을 모두 바치고 나면 한 점 구름 없이 맑고 가볍게 살 수 있습니다. 분별을 부수지 못하더라도 번뇌나 근심이 있다면 모두 부처님께 바치세요. 부처님께서 다 알아서 해 주실 것입니다.

떡 파는 노파

점심(點心)은 마음에 점 하나 찍는 것이라고 해서 점심이라고 합니다. 옛날 중국이나 한국에서는 하루에 두 번 식사를 해서 1일 2식을 했다고 합니다. 그래서 아침과 저녁 사이에 배고플 때 가볍게 요기를 했는데, 마음에 점 하나 찍듯이 가볍게 했다고 해서 점심이라고 합니다. 점심과 관련하여 재미있는 이야기가 전해져 옵니다. 중국에 《금강경》에 통달해서 주금강(周金剛)이라 불리는 덕산(德山) 스님이라는 분이 계셨습니다. 점심을 떡으로 때우려는 덕산 스님에게 떡 파는 노파가 제안을 합니다. "내가 묻는 물음에 답을 하면 떡을 공짜로 줄 것이고, 답을 하지 못하면 떡을 먹지 못할 것입니다." 《금강경》에 자신이 있던 덕산 스님은 흔쾌히 이에 응합니다. 떡 파는 노파가 덕산 스님에게 묻습니다. "《금강경》에 과거심도 얻을 수 없고, 현재심도 얻을 수 없고, 미래심도 얻을 수 없다고 하는데(過去心不可得 現在心不可得 未來心不可得), 스님은 어느 마음에 점을 찍으시렵니까?" 덕산 스님은 아무런 답도 하지 못하고 점심을 굶게 됩니다.

점심은 마음에 점 하나 찍는 것인데, 《금강경》에 과거의 마음도,

미래의 마음도, 현재의 마음도 얻을 수 없다고 하니 어느 마음에 점을 찍을 것인가를 노파가 덕산 스님에게 물은 것입니다. 과거심, 현재심, 미래심은 모두 분별에서 나옵니다. 마음을 잡을 수가 없는데, 어느 마음에 점을 찍을 수 있겠습니까? 마음은 공한 것이어서 분별할 수 없다는 것을 가르쳐 주는 이야기입니다. 오늘 기분이 좋지 않았다면 마음이 공한 것임을 깨닫고 툴툴 털어 버리라는 말입니다. 마음이 심란할 때 바다를 보거나 호수를 바라보면 마음이 차분히 가라앉습니다. 바다와 호수는 무심하기 때문입니다. 모두 받아들이기 때문입니다. 누가 더 잘났다고 하지 않습니다. 분별을 쉬는 것입니다. 바다는 공한 것입니다. 그래서 나도 공한 것입니다.

《오등회원(五燈會元)》에 나오는 이야기입니다. 조주 스님이 법당에 있는 제자에게 물었습니다. "무엇을 하느냐?" "예불합니다." "예불은 해서 뭐 하느냐?" "예불은 좋은 일입니다." "아무리 좋은 일도 일 없음만 못하다."[103] 아무리 좋은 일도 분별을 쉬는 것만 못하다는 말씀입니다. 《종용록(從容錄)》에 나오는 이야기입니다. 지장(智藏) 스님이 법안(法眼) 스님에게 묻습니다. "어디로 가는가?" "여기저기로 행각(行脚)을 다니렵니다." "행각 해서 무엇 하게?" "모르겠습니다." "모른다는 것이 가장 가까운 길이다."[104] 아무것도 모르는 것이 분별을 쉬는 것입니다. 내가 잘났다, 네가 잘났다 하지 않는 것이 분별을 쉬는 것입니다. 분별을 쉬는 것이 도에 가장 가까운 길입니다. 숭산 스님은 늘 "오직 모를 뿐"을 강조하였습니다. 알음알이를 내지 말라는 말입니다. 알음알이가 분별입니다. 내가 잘났다, 못났다

하는 분별이 알음알이입니다. 분별을 내려놓으면 마음이 쉬게 됩니다. 마음을 쉬는 것이 무심이고 부처인 것입니다.

용아 거둔(龍牙 居遁) 선사는 "금생에 쉬지 않고 언제 쉴까, 쉬는 것은 금생의 일임을 모두 알아야 하리. 마음이 쉬는 것은 다만 망상이 없어짐이니 망상이 끊어져 마음이 쉬면 그게 바로 쉬는 때이네(此生不息息何時 息在今生共要知 此息只緣無妄想 妄除心息是休時).", "소를 찾으려면 발자국부터 찾아야 하고 도를 배우려면 무심부터 찾아야 한다. 발자국이 있으면 소는 있기 마련이고 무심해지면 도를 쉽게 찾으리라(尋牛須訪跡 學道訪無心 足在宇牛還在 無心道易尋).", "문 앞의 나무는 새가 깃들고 날아가는 것 잘도 포용하네, 오는 것 부르지 않고 날아가는 것 돌아오기를 기다리지 않네. 사람의 마음이 나무와 같다면, 도와 서로 멀어지지 않으리(惟念門前樹 能容鳥泊飛 來者無心喚 騰身不慕歸 若人心似樹 與道不相遠)."라고 하였습니다. 거둔 선사의 지극한 당부의 말씀처럼 쉬는 것은 금생의 일임을 알아야 하겠습니다.

미로에서 탈출하기

어느 날 마조 스님이 혜장(慧藏) 스님에게 물었습니다. “무엇을 하느냐?” 혜장 스님이 답합니다. “소를 돌보고 있습니다.” 그러자 마조 스님이 다시 묻습니다. “어떻게 돌보고 있느냐?” 혜장 스님이 답합니다. “한 번이라도 미망에 떨어지면 단번에 코끝을 잡아 끌어당깁니다.” 마조 스님이 만족하면서 말합니다. “너는 소 기르는 법을 제대로 알고 있구나.” 《마조어록(馬祖語錄)》에 나오는 이야기입니다. 여기서 소는 마음속에 있는 본래의 자기를 말합니다. 혜장 스님은 본래의 자기가 한 번이라도 미망에 떨어지면 단번에 코끝을 잡아당겨 제정신을 차리게 한다는 것입니다. 세상을 살다 보면 누구나 세상일에 미혹될 수 있습니다. 욕심이 일어나고, 화가 일어나고, 번뇌가 일어납니다. 이때 소의 코끝을 잡아당겨야 합니다. 망상이 주인 행세를 하지 않도록 본래의 자기를 깨워야 하는 것입니다.

당나라 유학자 이고(李翺)가 남전(南泉) 선사에게 “병을 깨뜨리지 않고 병 안에 들어 있는 병아리를 꺼내는 방법이 있습니까?” 하고 물었습니다. 그러자 남전 선사가 갑자기 “이고!” 하고 불렀습니다.

그러자 이고가 엉겁결에 "예." 하고 대답하니, 남전 선사가 "나왔다."라고 하였습니다. 망상에서 나왔다는 말입니다. 망상에 빠져 있는 이고를 남전 선사가 구해 낸 것입니다. 인생의 문제는 푸는 것이 아니라 빠져나오는 것입니다. 빠져나오면 문제가 풀립니다. 문제가 문제가 아니라 망상임을 아는 것입니다. 욕심과 망상과 분노에 물들어 있는 본래의 자기를 깨우는 것입니다. 본래의 자기가 망상에 빠지지 않도록 혜장 스님과 같이 코끝을 당기고, 남전 선사와 같이 이름을 부릅니다. 그래서 미망에서, 망상에서 본래의 자기를 구출하는 것입니다. 인생의 문제는 푸는 것이 아니라 본래의 자기를 찾는 것입니다.

부처님은 독화살의 비유로 이를 설명하셨습니다. 독화살 맞은 사람이 이 독화살을 누가, 왜 쏘았는지, 독의 성분은 무엇인지, 화살의 재질은 무엇인지 알기 전까지는 독화살을 뽑지 않겠다고 하면 어떻게 되겠느냐고 물었습니다. 독화살이 어디서 날아왔는지 규명하는 것이 우선이 아니라 독화살을 뽑는 것이 우선이라고 하신 것입니다. 미로에서 탈출하기 위해서는 미로에서 벗어나는 것이 먼저이듯이, 번뇌에서 벗어나기 위해서는 번뇌를 뿌리 뽑는 것이 우선입니다. 그다음에 번뇌가 어디서 왔는지, 그 재료가 무엇인지, 왜 왔는지를 밝히면 됩니다. 미로에서 탈출하는 방법은 미로를 연구하는 것이 아니라 미로에서 벗어나는 것입니다. 미로에서 벗어나야 미로도 연구할 수 있습니다.

문제는 푸는 것이 아니라 문제에서 나오는 것입니다. 어려운 문제가 있으면 이고(李翱)처럼 먼저 문제에서 빠져나와야 합니다. 문제가 풀리지 않으면 생각을 바꾸어야 합니다. 길을 잘못 들었으면 바른길로 다시 가면 됩니다. 바른길을 찾았으면 그 길을 믿고 계속 걸어가면 됩니다. 바른길로 가면 두려움이 없습니다. 두려운 것은 바른길이 아니기 때문입니다. 진리의 길이 바른길입니다. 조선시대 함월 해원 스님은 "마음은 만법 따라 생겨나고, 만법은 마음 따라 사라지는구나. 마음의 법은 본래부터 텅 비었거니 다시금 한 물건조차 전할 것이 없네(心從萬法生 萬法從心滅 心法本來空 更無傳一物)."[105]라고 하였습니다. 마음을 비우면 문제도 비고, 나도 모두 비게 됩니다.

몽중인

당나라 때 홍주자사(洪州刺史) 배휴(裴休)가 법당 벽에 고승(高僧)의 그림이 그려져 있는 것을 보고 황벽 스님에게 물었습니다. "스님의 초상화는 여기 있는데, 지금 그 스님은 어디에 있습니까?" 그러자 황벽 스님이 "배휴!" 하고 소리쳤습니다. 깜짝 놀란 배휴가 "예." 하고 대답했습니다. 황벽 스님이 "어디에 있습니까?" 하고 물었습니다.

배휴 당신은 어디에 있냐는 것입니다. 그림 속의 고승이 어디에 있는지 묻는 당신은 어디에 있나요? 자신이 어디에 있는 줄도 모르고 그림 속의 고승은 왜 찾느냐는 것입니다. 자신이 있어야 그림 속의 고승도 있습니다. 자신이 어디 있는지는 찾았느냐는 사자후(獅子吼)인 것입니다. 배휴는 그 자리에서 깨달았습니다. 배휴는 초상화의 스님이 어디에 있는지 관념, 미망 속에 빠져 있었던 것입니다. 황벽 스님이 "배휴!" 하고 부름으로써 배휴는 관념, 미망에서 깨어난 것입니다. 자기가 어디에 있는지 깨달은 것입니다. 깨어 있는 자신을 본 것입니다. 배휴의 물음은 관념, 상상에 근거한 물음입니다.

꿈속의 물음인 것입니다.

혹시 우리는 꿈속에서 살고 있지 않나요? 마치 배휴처럼 꿈속을 헤매고 있지 않나요? 괄허 취여 스님은 "선방은 고요하고 깨끗해 먼지 하나 없어 반나절 구름 같은 꿈만 꾸었네. 애석하다 인간 세상 모두 다 꿈이려니, 꿈속에서 다시금 꿈속 사람 되었구나(禪房闃寂淨無塵 半日雲牕一夢身 可惜人間都是夢 夢中還作夢中人).", "꿈속에서 꿈속 일을 말하지 말 것이니 꿈이 가면 꿈이 오고 꿈이 쉬지 않기 때문이다. 근심하면 근심한다 말하지 말 것이니 근심 가면 근심 오고 근심이 다시 근심되기 때문이다(夢裏莫說夢裏事 夢去夢來夢不休 愁中莫說愁中語 愁去愁來愁復愁)."라고 하였습니다.

복권에 당첨되면 꿈인지 생시인지 몰라 뺨을 꼬집어 봅니다. 황당한 일을 당하면 우리는 묻습니다. "여기는 어디, 나는 누구?" 평소에도 물어보아야 합니다. 내가 살아 있는지, 꿈속을 헤매는지 말입니다. 과거와 미래의 꿈속을 헤매고 있지 않은지, 현재를 살고 있는지, 물어봐야 합니다. 조선 시대 월봉 무주 스님은 "살고 죽고 늙고 병드는 네 가지 일이 인간 세상 어디엔들 없으랴. 삼악도의 괴로움을 면하려거든 시시때때로 마음의 주인을 찾아보게나(死生老病四 人世孰能空 欲免三途苦 時時覓主翁)."[106]라고 하였습니다.

《무문관(無門關)》에 나오는 이야기입니다. 서암 사언(瑞巖 師彥) 선사가 날마다 자신에게 "주인공아!" 하고 부르고, 스스로 "예." 하고 대답합니다. 그러고는 "깨어 있어라." "예." "언제 어느 때든 남에게 속아서는 안 돼." 하고 말하고 "예, 예." 하고 대답합니다. 내 마음속의 주인공을 불러내는 것입니다. 무상한 것에 현혹되지 않도록 자신의 주인공을 매일 불러냅니다. 나는 내 이름을 부르고 "어디에 있습니까?" 하고 물어봅니다. 그리고 "예." 하고 대답합니다. 그리고 내가 살아 있음에 감사합니다. 주인공은 자신의 본래 모습입니다. 일체의 망상, 미망에서 벗어난 진짜 자신의 모습입니다. 헛된 것에 속지 않도록 내 마음의 주인공을 매일 불러내야 하겠습니다.

내려놓는 기쁨

중국의 계침(桂琛) 선사가 제자들에게 뜰 앞에 있는 돌을 가리키며 "이 돌이 마음 안에 있는가 마음 밖에 있는가?" 하고 묻습니다. 이에 제자인 법안 선사가 "마음 안에 있습니다."라고 하자, 계침 선사가 "무슨 연유로 무거운 돌덩이를 마음에 담고 다니는가?" 하고 말합니다. 이에 법안 선사가 크게 깨달았다는 이야기가 있습니다. 현대인은 마음에 온갖 걱정거리를 안고 다닙니다. 계침 선사가 말했듯이 무거운 돌덩이를 안고 다니는 것입니다. 무거운 돌덩이를 담고 다니면 매우 무겁습니다. 그런데 우리는 걱정이 가볍다고 생각해서 안고 다닙니다. 새털 같은 걱정은 없습니다. 새털도 많으면 무겁습니다. 내 마음에 걱정이 있으면 이것이 돌덩이라고 알아차려야 합니다. 내가 무거운 돌덩이를 안고 있음을 알아차리고 즉시 내려놓아야 하는 것입니다. 그렇지 않으면 돌덩이가 나를 누르게 될 것입니다. 그러다 걱정의 바다에 빠지면 숨을 쉴 수 없게 될 것입니다.

현대인은 모두 돌덩이 몇 개씩은 가슴에 안고 다닙니다. 돌덩이 무게는 사람마다 다릅니다. 커다란 돌덩이를 안고 다니는 사람도 있고, 작은 돌멩이를 안고 다니는 사람도 있습니다. 무거운 돌덩이를 안고 다니는 사람은 발걸음이 무거울 수밖에 없습니다. 발걸음이 무거운 사람은 무거운 돌덩이를 안고 다니는 사람입니다. 내 발걸음이 가벼운지 확인하고 발걸음이 무겁다면 돌덩이를 내려놓아야 합니다. 머리에 걱정이 많을수록 발걸음이 무겁습니다. 마음속의 돌덩이를 내려놓고 한번 살아 보세요. 그래도 살아집니다. 무거운 돌덩이를 안고 살든, 가벼운 돌멩이를 안고 살든, 살아가는 시간은 똑같습니다. 물론 무거운 돌덩이를 안고 살면 생명이 단축될 수도 있습니다. 그러므로 건강하게 오래 살려면 내 마음속의 돌덩이부터 내려놓을 일입니다.

무심(無心)이라는 것은 마음속에 돌덩이가 없는 상태입니다. 내려놓으라는 말은 마음속에 돌덩이를 내려놓으라는 말입니다. 그러나 현대인은 마음속에 돌덩이를 한가득 안고 있으면서 무엇을 내려놓으라는 것인지 모릅니다. 자신이 무거운 돌덩이를 안고 있는지조차도 모르는 것입니다. 자신이 안고 있는 걱정, 불안, 번뇌를 모두 내려놓는 것이 무심입니다. 마음속 돌덩이를 내려놓으면 훨씬 마음이 가볍고, 행복해질 것입니다. 돌덩이가 무슨 보물이라고 가슴에 안고 다닐까요? 돌덩이는 마음 안에 있으면 무겁고, 마음 밖에 있으면 무겁지 않습니다. 돌덩이가 무거운 것은 그 돌덩이가 마음 안에 있기 때문입니다. "이 돌이 마음 안에 있나요? 마음 밖에 있나요?" 마음 안에 있으면 돌덩이요, 마음 밖에 있으면 아무것도 아닙니다. 돌덩이를 마음 밖으로 던지세요.

《화엄경》에 "생(生)과 사(死)는 마음으로 짓는 것이니, 마음이 없으면 생사도 없다(生死皆由心所作 心若滅者生死盡)."라고 하였습니다. 마음이 없으면 돌덩이도 없습니다. 아침마다 부처님께 삼배를 합니다. 그 시간이 가장 행복한 시간입니다. 모든 것을 내려놓고 자신을 가장 낮추기 때문입니다. 고려 시대 원감 충지 스님도 "배고파 밥 먹자 밥이 더욱 맛있고, 잠 깨어 차 마시니 차 더욱 달다. 궁벽하여 문 두드리는 사람도 없으니, 빈 암자에 부처님과 함께여서 기쁘다(飢來更飯飯尤美 睡起啜茶茶更甘 地僻從無人扣戶 庵空喜有佛同龕)."[107]라고 하였습니다.

소동파는 "마음은 이미 재가 된 나무와 같고 몸은 마치 묶이지 않은 배와 같네. 네가 평생 이룬 공이 무어냐고 묻는다면 황주, 혜주 그리고 담주이다(心似已灰之木 身如不繫之舟 問汝平生功業 黃州惠州儋州)."라고 하였습니다. 황주, 혜주, 담주는 소동파가 유배되었던 곳입니다. "만 리를 넘나다니며 피눈물로 옷깃을 흠뻑 적셨네. 스무 해를 떠돌고 보니 온갖 인연 텅 빈 것임을 깨닫게 되었네(我亦涉萬里 淸血滿襟袪 漂流二十年 始悟萬緣空)."[108], "몸이 없으니 병도 없네(無身則無疾)."[109]라고 하였습니다. 소동파는 유배지에서 온갖 고초를 겪고 나서 인연이 공함을 깨달은 것입니다. 마음도, 돌덩이도 모두 내려놓으세요. 무엇을 가져서 행복한 것이 아닙니다. 내려놓아야 행복합니다.

개와 사자

마조 스님과 백장 스님이 길을 가고 있었습니다. 들오리가 날자 마조 스님이 백장 스님에게 묻습니다. "이것이 무엇인가?" 백장 스님이 답합니다. "들오리입니다." 마조 스님이 묻습니다. "어디로 갔느냐? " 백장 스님이 답합니다. "날아갔습니다." 그러자 마조 스님이 백장 스님의 코를 비틉니다. 그리고 마조 스님이 말합니다. "뭐가 날아갔다고?" 이 말에 백장 스님이 깨닫습니다. 들오리에 마음이 빼앗긴 백장 스님이 마조 스님의 말에 마음을 되찾은 것입니다. 백장 선사의 백장야압(百丈野鴨)이라는 공안(公案)입니다.

방거사는 "해가 뜨면 공(空) 속을 걷고, 해가 지면 공(空) 속에 눕는다."라고 하였습니다. 사물이, 세상이 공한 것임을 꿰뚫은 것입니다. 또 "세상의 일은 그림자나 산의 메아리 같은 것(皆如影響)"이라고 하였습니다. 세상일이 메아리라면 그것에 집착할 것이 아닙니다. 메아리의 주체가 누구인지 살필 일입니다. 눈에 보이는 것은 그림자나 메아리입니다. 그러므로 그림자와 메아리인 현상에 집착할 필요가 없는 것입니다. "흙덩이를 던지면 개는 흙덩이를 쫓아가고, 사자는 흙덩이를 던진 사람을 문다(韓盧逐塊 獅子咬人)."라는 말이 있습니다. 무엇이 본질인지 보아야 합니다. 승찬 스님은 《신심명》에서 "둘은 하나로 말미암아 있는 것이니 하나 또한 지키지 말라. 한 마음도 생기지 않으면 만물에 허물이 없다(二由一由 一亦莫守 一心不生 萬法無咎)."라고 하였습니다. 둘도 하나로 말미암아 생기는 것이니, 하나든, 둘이든 집착하여 빠지지 않는 것이 중도의 길입니다.

지금 하늘에 보이는 별은 수백 년, 수천 년 전의 별이 비추는 것이듯이 그것은 벌써 끝난 일입니다. 그것은 업과 인연에 따라 일어난 것과 같습니다. 업과 인연은 이미 지어진 것이고, 현재 나타나는 것은 업과 인연의 그림자와 메아리일 뿐입니다. 그래서 날아간 들오리에, 그림자 같은 세상사에 마음을 빼앗기지 말아야 합니다. 백장 스님처럼 빼앗긴 마음을 되찾아야 하는 것입니다. 그것이 현재를 사는 것입니다. 그래서 방거사는 "일상사 마음 밖에 있지 않다. 오직 내가 스스로 짝하여 어울릴 뿐, 일일이 취하거나 버리지 않으니, 마음에 들거나 거슬릴 것이 없네. 부귀영화 누가 구하는가? 한 점의 먼지인 것을, 신통과 묘용은 물 긷고 나무해오는 일에 있네(日用事無別 唯吾自偶諧 頭頭非取捨 處處勿張乖 朱紫誰爲號 丘山絕點埃 神通并妙用 運水及搬柴)."라고 하였습니다. 부귀영화는 한 점 먼지이고, 신통묘용은 멀리 있는 것이 아니라 현재 하고 있는 일이 신통하고 묘용한 일입니다.

당신은 누구세요

화가 날 때 화를 내는 나는 누구일까요? 화를 내는 내가 진짜 '나'일까요? 언제는 기분이 좋아서 즐거워했다가, 언제는 기분이 좋지 않아서 화를 내거나 슬퍼합니다. 즐거워했다가 화를 내는 나는 같은 사람일까요, 아닐까요? 같은 사람 같기도 하고 아닌 것 같기도 합니다. 어떻게 생각하세요? 이렇게 해 봅니다. 화가 날 때 "화를 내는 나는 누구인가?" 하고 묻습니다. "화를 내는 '나'가 진짜 나인가?" 하고 묻습니다. "이렇게 화를 내는 것이 '나'일 리가 없다." 하고 답합니다. 늘 상냥했던 내가 이렇게 화를 낼 리가 없습니다. 그렇습니다. 화를 내는 나는 진짜 '나'가 아닌 것입니다. 가짜 내가 나의 행세를 하는 것입니다.

그래서 "누구인가?" 하고 물어야 합니다. 짜증 날 때는 "짜증 내는 나는 누구인가?" 하고 묻습니다. 평소에는 짜증을 내지 않는데 유독 짜증이 나는 날이 있습니다. 그때 "짜증 내는 나는 누구인가?" 하고 묻습니다. 그렇다면 나는 누구일까요? 짜증 내는 내가 진정한 내가 아니라면 진정한 나는 누구일까요? 화가 날 때 "화를 내는 나는 누구인가?" 하고 묻는 사람이 진짜 나입니다. "화를 내는 내가 진짜 나일까?" 하고 묻는 사람이 진정한 나입니다. 화를 내는 내가 진짜 내가 아님을 아는 사람이 진짜 나, 살아 있는 나, 변하지 않는 나입니다. 그러므로 "누구인가?" 하고 물어야 합니다. 누구인가를 묻는 사람이 진짜 나이기 때문입니다.

화가 날 때도, 짜증 날 때도, 화를 내는 나, 짜증 내는 나는 가짜 나입니다. 가짜 나에게 속지 말아야 합니다. 진짜 나를 찾아보세요. 몸이 아프고 힘들 때 아픈 사람은 누구인지, 힘든 사람은 누구인지 물어보세요. "아픈 나는 누구인가?", "힘든 나는 누구인가?" 하고 물으면 그것을 묻는 '나'가 있을 겁니다. 그 '나'가 진짜 나입니다. 아픈 나, 힘든 나는 진짜 '나'가 아닙니다. 가짜 나입니다. "아프냐?", "힘드냐?" 하고 물어보세요. 그 묻는 것이 진짜 '나'입니다. 진짜 나를 찾고 싶으면 "누구인가요?" 하고 물어보세요. 그러면 진짜 나가 나타날 것입니다. 나는 누구인가요? 눈에 보이지 않고 "나는 누구인가요?" 하고 묻는 그것이 바로 진짜 나입니다.

눈에 보이는 내가 '나'가 아니라, 눈에 보이지 않는 내가 진짜 나인 것입니다. 껍데기가 아닌 껍데기 속에 들어 있는 진짜 나를 만나 봅시다. "누구세요?" 하고 물어봅시다. 그것이 진짜 나입니다. 화가 날 때, 짜증 날 때, "누구세요?" 하고 물어보세요. 화를 내는 사람, 짜증 내는 사람이 진짜 '나'가 아닙니다. 가짜 나에 속지 말아야 하겠습니다. 진짜 나는 물들지 않는 나입니다. 화에, 번뇌에,

짜증에, 고통에 물들지 않는 '나'가 진짜 나입니다. 진짜 나를 만나 보세요.

산은 산, 물은 물

성철 스님이 종정 취임 때 하신 "산은 산이요, 물은 물이로다."라는 유명한 화두가 있습니다. 그것은 중국 송나라 때 청원 유신(青原 惟信) 선사의 법어인데, 선사는 "노승이 삼십 년 전에 참선을 하기 전에 산을 보니 산은 산이었고 물은 물이었습니다. 후에 선지식을 친견하고 깨달음을 조금 얻고 보니 산은 산이 아니었고 물은 물이 아니었습니다. 그런데 지금 마음을 쉬고 보니 그대로 산은 산이고 물은 물입니다. 여러분, 이 세 견해는 같은 것입니까, 다른 것입니까?(老僧三十年前未參禪時 見山是山見水是水 及至後來親見 知識有箇入處 見山不是山 見水不是水 而今得箇休歇處 依然見山只是山見水只是水 大衆 這三般見害 是同是別)"라고 하였습니다.

처음의 산은 분별의 산이요, 두 번째 산은 무분별의 산이고, 세 번째 산은 분별과 무분별을 넘어선 공(空)의 산입니다. 사람들은 "맞다, 틀리다, 이익이 된다, 이익이 되지 않는다."는 분별의 색안경을 쓰고 세상을 봅니다. 그래서 색안경으로 산을 보고, 물을 봅니다. "있다, 없다, 맞다, 틀리다"라는 분별의 눈으로 바라보니 산은 산이요, 물은 물입니다. 산과 물이 다릅니다. 그러나 세상을 살다 보면 세상일은 늘 맞는 것도 아니고, 늘 틀린 것도 아니며, 늘 이익이 되거나, 늘 손해가 되는 것이 아닙니다. 오늘 이익이 내일 손해가 되기도 하고, 오늘 손해가 내일 이익이 되기도 합니다. 오늘 있던 것이 내일 없어지기도 하고, 오늘 없던 것이 내일 생기기도 하며, 오늘 맞는 것이 내일 틀리기도 하고, 오늘 틀린 것이 내일 맞는 것이 되기도 합니다. 내가 보고, 알고 있는 것이 영원하지 않은 것입니다. 세상에 영원한 것은 없습니다. 즉, 무상한 것입니다. 그래서 산은 산이 아니고, 물은 물이 아닙니다. 산이 물이 되기도 하고, 물이 산이 되기도 하는 것이니, 산과 물의 경계가 무너지는 것이 무분별입니다.

그런데 색안경을 벗고 보면 분별도 집착이고, 무분별도 집착입니다. 무심한 마음으로 보니 옳고 그름이 없는 것입니다. 분별도 없고, 무분별도 없는 그대로의 산이요, 그대로의 물인 것입니다. 분별이든, 무분별이든, 마음을 내니 산이 산이고 물이 물인 것이며, 산이 산이 아니고 물이 물이 아닌 것입니다. 산을 산으로 부르든, 물로 부르든 상관없이 산은 그대로 산이고, 물은 그대로 물입니다. 갑돌이를 갑돌이로 부르든, 갑순이로 부르든, 갑돌이가 다른 사람이 되는 것이 아닙니다. 갑돌이는 그냥 갑돌이일 뿐입니다. 단지 사람들이 그 사람을 갑돌이라고 부를 뿐이고, 무엇이라고 부르든 갑돌이는 갑돌이일 뿐입니다. 내가 분별하거나, 분별하지 않거나 상관없이 산은 산이고, 물은 물인 것입니다. 그래서 원래 그대로 산은 산이고, 물은 물입니다.

그래서 황벽 스님도 "분별이 없으면 산은 산이요, 물은 물"이라고 하였습니다. 무심으로 보면 산은 산이요, 물은 물이라는 말입니다. 진여는 있는 그대로라는 말입니다. 내가 낀 색안경을 벗고 보면 있는 그대로를 보는 것입니다. 진공묘유(眞空妙有)라는 말이 있습니다. 만물이 실체가 없는 공이라는 말입니다. 실체가 없으니 있는 것에도, 없는 것에도 집착하지 말라는 말입니다. 《반야심경》에도 "색이 즉 공이고, 공이 즉 색이며, 공 속에 색이 있고, 색 속에 공이 있다(色不異空 空不異色 色卽是空 空卽是色)."고 하였습니다. 유신 선사의 말대로 분별을 쉬면 있는 그대로의 진실이 보입니다. 분별을 쉬는 것은 색안경을 끼지 않고, 사물을 보는 것입니다. 내가 낀 색안경을 벗는 것이 진실을 보는 첩경입니다. 그래서 모든 편견을 놓고 보면 그대로 산은 산이요, 물은 물입니다. 산은 산, 물은 물, 그대로 진실 되고 존귀한 것입니다. 임제 스님도 "눈에 티끌이 없으면 허공에 꽃이 없다(眼中無翳 空裏無花)."라고 하였습니다. 눈에 티끌이 없으면 진리를 보게 되는 것입니다.

참고 문헌

1) 안도현, 그리운 여우, 창작과비평사, 1994, 94쪽.

2) 이문재 엮음, 꽃이 져도 너를 잊은 적 없다, 이레, 2007, 64쪽.

3) 안도현 ,외롭고 높고 쓸쓸한, 문학동네, 2011.

4) 스즈키 다이세쓰, 불교의 대의, 정우서적, 2017, 20쪽.

5) 위베르 망시옹, 마지막 나무가 사라진 후에야, 흐름출판, 2012.

6) T.T. 문다켈, 소박한 기적, 위즈덤하우스, 2005, 178쪽.

7) 다니카와 슌타로, 이십억 광년의 고독, 문학과지성사, 2021, 25쪽.

8) 자브리나 플라이슈, 인생을 바꾸는 질문들, 디자인하우스, 2022, 366쪽.

9) 일본초등학교 1학년 국어교과서선, 다락원, 2011, 10~13쪽.

10) 김영미, 붕어빵과 달, 파란정원, 2017.

11) 정민, 우리 선시 삼백수, 문학과지성사, 2017. 232쪽.

12) 박상설, 잘 산다는 것에 대하여, 토네이도, 2014, 68쪽.

13) 정운, 명상 마음치유의 길, 참글세상, 2013, 158~159쪽.

14) 틱낫한, 천천히 가라, 숨 쉬며 그리고 웃으며, 담앤북스, 2022, 52쪽.

15) 에픽테투스, 삶의 기술, 류시화역, 예문, 1996, 10~11쪽.

16) 구상, 개똥밭, 홍성사, 2004.

17) 장경렬, 즐거운 시 읽기, 문학수첩, 2014, 65쪽.

18) 교황 프란치스코와 친구들, 세월의 지혜, 이냐시오 영성연구소, 2019, 151쪽.

19) 매기 스미스, 푸름이 밀려온다, 좋은 생각, 2021.

20) 한용운 채근담, 부글, 2012, 15쪽.

21) 법정, 말과 침묵, 샘터, 1994, 법정, 진리의 말씀, 이레, 2009, 법정, 숫타니파타, 이레, 2005.

22) 최영미, 시를 읽는 오후, 해냄, 2017, 225쪽.

23) 최영미, 앞의 책, 151쪽.

24) 노치허, 선객 소동파, 명문당, 2015, 182쪽.

25) 법정, 말과 침묵, 샘터, 1994, 전재성, 법구경 담마파다, 한국빠알리성전협회, 2008, 전재성, 숫타니파타, 한국빠알리성전협회, 2015.

26) 알루보볼레 스마나사라, 잡착에서 벗어나기, 웅진서가, 2014, 111~112쪽.

27) 걀왕 드룩파, 앞의 책, 186쪽.

28) 허췐펑, 힘들었던 날들을 좋았던 날로, 미래지향, 2020, 117쪽.

29) 허췐펑, 앞의 책, 121쪽.

30) 아잔 브람, 마음의 성으로 들어가기, 내외신서, 2017, 37쪽.

31) 마르쿠스 아우렐리우스, 앞의 책, 2018.109, 135, 179쪽.

32) 노치허, 앞의 책, 60쪽.

33) 걀왕 드룩파, 발 밑에 꽃핀 줄도 모르고, 다른세상, 2013, 144쪽.

34) 아잔 브람, 앞의 책, 50쪽.

35) 필립코틀러외, 마지막 강의, 마인더브, 2023, 137쪽.

36) 1분 안에 행복해지는 명상 테라피 365, 베이직북스, 2012, 91쪽.

37) 1분 안에 행복해지는 명상 테라피365, 69쪽.

38) 1분 안에 행복해지는 명상 테라피365, 44쪽.

39) 홍수평외, 여래선, 운주사, 2002, 146쪽.

40) 걀왕 드룩파, 앞의 책, 73쪽.

41) 윤재근, 논어 I, 동학사, 2004, 590쪽.

42) 윤재근, 앞의 책, 573쪽.

43) 마르쿠스 아우렐리우스, 명상록, 현대지성, 2018, 237쪽.

44) 감산 덕청, 심재원 역해, 장자, 그 선의 물결, 정우서적, 2012, 165쪽.

45) 장일순, 나락 한알 속의 우주, 녹색평론사, 2016.

46) 다니카와 슌타로, 앞의 책, 92쪽.

47) 팀패리스, 지금 하지 않으면 언제 하겠는가, 토네이도, 2018, 214쪽.

48) 리처드 칼슨, 사소한 것에 목숨걸지 말라. 도솔, 2004.

49) 이해인, 인생의 열 가지 생각, 마음산책, 2023, 39쪽.

50) 웨인 다이어, 인생의 태도, 더퀘스트, 2020, 227쪽.

51) 정민, 앞의 책, 34쪽.

52) 페마 쵸드론, 모든 것이 산산이 무너질 때, 한문화, 2017.

53) 우 조티카 사야도, 붓다의 무릎에 앉아, 한언, 2003, 69쪽.

54) 아잔 브람, 아무것도 남기지 않기, 불광출판사, 2018, 380쪽.

55) 이해인, 앞의 책, 123쪽.

56) 정민, 앞의 책, 64쪽.

57) 한암 정수, 선묵향기, 정우서적, 2015, 283쪽.

58) 마스노 순묘, 버리는 기쁨 다시 찾은 행복, 지니의 서재, 2024, 73쪽.

59) 아잔 브람, 슬프고 웃긴 사진관, 김영사, 2013, 89쪽.

60) 이갑규, 퇴계의 길에서 길을 묻다, 푸른역사, 2021, 163쪽.

61) 정민, 앞의 책, 26쪽.

62) 알루보몰레스 스마나사라, 앞의 책, 136~140쪽.

63) 정민, 앞의 책, 330쪽.

64) 뤼시앵 레뇨, 내 연인은 광야에서 산다오, 바오로딸, 1993.

65) 우종영, 나는 나무에게서 인생을 배웠다. 메이븐, 2019, 235쪽.

66) 다니카와 슌타로, 앞의 책.

67) 장경렬, 즐거운 시 읽기, 문학수첩, 2014, 161쪽.

68) 정민, 앞의 책, 404쪽.

69) 임제록, 모과나무, 2017, 252쪽.

70) 정민, 앞의 책, 158쪽

71) 무비 스님, 직지심경 강설, 불광출판사, 2011, 30쪽.

72) 무비 스님, 앞의 책.

73) 노치허, 앞의 책, 180쪽.

74) 조세프 응우엔, 당신이 생각하는 모든 것을 믿지 말라, 서삼독, 2023, 44쪽.

75) 허휀펑, 앞의 책, 85쪽.

76) 아잔 브람, 혼자 걷는 기쁨, 내외신서, 2017, 64쪽.

77) 아잔 브람, 앞의 책, 69쪽.

78) 아잔 브람, 아무것도 남기지 않기, 203쪽.

79) 법구경, 김달진 옮김, 현암사, 2005.

80) 진고응, 노장신론, 소나무, 1997.

81) 배철러, 고독한 나에게, 유노북스, 2020, 96쪽.

82) 레너드 코렌, 와비사비, 안그라픽스, 2019, 30~31쪽.

83) 레너드 코렌, 앞의 책, 66~67쪽.

84) 레너드 코렌, 앞의 책, 71쪽.

85) 서정윤, 견딜 수 없는 사랑은 견디지 마라, 이가서, 2009, 163쪽.

86) 다나카와 슌타로, 앞의 책, 92쪽.

87) 무라카미 하루키, 먼 북소리, 문학사상사, 2010, 216쪽.

88) 최영미, 앞의 책, 99쪽.

89) 다니카와 슌타로, 앞의 책, 178쪽.

90) 법륜스님의 금강경 강의, 정토출판, 2012, 283쪽.

91) 김재은, 부드러움의 미덕, 푸른사상, 2022, 25쪽.

92) 노치허, 앞의 책, 83쪽.

93) 노치허, 앞의 책, 18쪽.

94) 알루보물레 스마나사라, 앞의 책, 60~61쪽.

95) 정민, 앞의 책, 16쪽.

96) 나태주, 앞의 책, 78쪽.

97) 정민, 앞의 책, 450쪽.

98) 정민, 앞의 책, 292쪽.

99) 켄첸 빨덴 셰랍 린포체, 깨달음을 얻는 티베트 수행요결, 운주사, 2016, 92쪽.

100) 감산 덕청, 앞의 책, 93쪽.

101) 벽암록 52칙.

102) 정민, 앞의 책, 440쪽.

103) 장웅연, 한국인이 가장 좋아하는 선문답, 불광출판사, 2016, 90쪽.

104) 장웅연, 앞의 책, 88쪽.

105) 정민, 앞의 책, 406쪽.

106) 정민, 앞의 책, 340쪽.

107) 정민, 앞의 책, 38쪽.

108) 노치허, 앞의 책, 158쪽.

109) 노치허, 앞의 책, 166쪽.